I0153178

Zrobiłem to "Jego droga"

Osobiste świadectwo
napisane przez

Elizabeth Das

Polish

© Copyright Elizabeth Das 2024

Prawa do audiobooków, ebooków i książki w miękkiej oprawie "Zrobiłem to "Jego droga" są zastrzeżone. Jakiekolwiek powielanie tej książki jest surowo zabronione bez pisemnej zgody, z wyjątkiem krótkich cytatów w artykułach krytycznych i recenzjach. Ponieważ Internet nieustannie ewoluuje, adresy internetowe lub linki wymienione w tej książce mogły ulec zmianie od czasu jej publikacji i mogą być teraz nieaktualne. Wszystkie osoby przedstawione na zdjęciach stockowych z Think-stock są modelami, a zdjęcia te są wykorzystywane wyłącznie do celów ilustracyjnych. Niektóre zdjęcia stockowe są © Think stock.

Fragment książki Elizabeth DAS. Zrobiłem to"Jego droga"

ISBN Paperback: 978-1-961625-55-6
ISBN Ebook lub wersja cyfrowa:978-1-961625-56-3

Numer kontrolny Biblioteki Kongresu:
"TA KSIĄŻKA ma ocenę "A" w świecie chrześcijańskim i religijnym"
Contact:nimmidas@gmail.com; nimmidas1952@gmail.com
Kanał YouTube "Codzienna duchowa dieta Elizabeth Das
https://waytoheavenministry.org
1. youtube.com/@dailyspiritualdietelizabet7777/videos
2. youtube.com/@newtestamentkjv9666/videos
https://waytoheavenministry.org

Oprócz innych formatów, książki "Zrobiłem to"Jego droga" są dostępne na platformach audiobook, paperback i e-book. Książki są dostępne w ponad 30 różnych językach.

Coroczna lektura "Codzienna Dieta Duchowa" autorstwa Elizabeth Das jest dostępna w wielu językach. Jest dostępna zarówno w formie e-booka, jak i w miękkiej oprawie.

NAGRODA

"Bo myśli moje nie są myślami waszymi ani wasze drogi moimi drogami, mówi Pan. Bo jak niebiosa są wyższe niż ziemia, tak drogi moje są wyższe niż drogi wasze i myśli moje niż myśli wasze".
(Izajasza 55:8-9)

Książka ta jest zbiorem wspomnień i krótkich świadectw pani Elizabeth Das, która poświęciła się służbie ewangelizacji i nauczania Słowa Pana. Poszukując "Jego drogi" poprzez determinację i moc modlitwy, pani Das zabierze cię w osobistą podróż przez własne doświadczenia zmieniające życie. Urodzona i wychowana w Indiach, pani Das regularnie oddawała cześć przy rodzinnym ołtarzu. Nie była zadowolona z religii, ponieważ jej serce mówiło jej, że musi być coś więcej dla Boga. Często odwiedzała kościoły i dołączała do organizacji religijnych, ale nigdy nie była w pełni usatysfakcjonowana.

Pewnego dnia wyruszyła na poszukiwanie prawdy w odległym kraju, daleko od jej rodzinnego domu, w Indiach. Jej podróż rozpoczyna się w Ahmadabadzie w Indiach, gdzie miała głębokie pragnienie odnalezienia Jedynego Prawdziwego Boga. Ze względu na ówczesne swobody w Ameryce i z dala od religijnych kultur i tradycji swojej ojczyzny, pani Das udała się do Ameryki w celu odnalezienia prawdy o tym Żywym Bogu. Nie dlatego, że nie można znaleźć Boga nigdzie poza Ameryką, ponieważ Bóg jest wszechobecny i wszechmocny. To było jednak miejsce, do którego Pan zabrał panią Das, ponieważ ta książka wyjaśni drogę do jej zbawienia i jej głębokiej miłości do kochanka jej duszy.

"Proście, a będzie wam dane; szukajcie, a znajdziecie; kołaczcie, a otworzą wam. Każdy bowiem, kto prosi, otrzymuje, a kto szuka, znajduje, a kołaczącemu otworzą".(Mateusza 7:7-8)

Osobiście znam panią Das od prawie 30 lat, kiedy po raz pierwszy weszła do małego kościoła, do którego uczęszczałem w południowej Kalifornii. Miłość do jej ojczyzny i mieszkańców Indii jest pilną posługą dla pani Das, która ma głębokie pragnienie pozyskiwania dusz ze wszystkich kultur i środowisk dla Pana.

"Owoc sprawiedliwych jest drzewem życia, a kto pozyskuje dusze, jest mądry". (Przysłów 11:30)

Pani Das aktywnie rozpowszechnia Słowo Boże ze swojego domowego biura w Wylie w Teksasie. Jej stronę internetową można odwiedzić pod adresem lub <u>waytoheavenministry.org</u>, gdzie można uzyskać studia biblijne przetłumaczone z języka angielskiego na gudżarati. Można tam również znaleźć lokalizacje kościołów w Indiach. Pastorzy tych kościołów podzielają tę samą miłość do prawdy, co pani Das. Współpracuje ona z pastorami apostolskimi w Stanach Zjednoczonych i za granicą w celu pozyskiwania mówców na doroczne konferencje, które odbywają się w Indiach. Służba i praca pani Das w Indiach są dobrze znane. Obejmują one utworzenie Apostolskiego Kolegium Biblijnego w Indiach, sierocińca i ośrodków opieki dziennej. Z Ameryki pani Das pomagała w zakładaniu kościołów w Indiach, gdzie wielu poznało Pana Jezusa Chrystusa. Jest kobietą wielkiej wiary, stałą i niezawodną w modlitwic. Osiągnęła to, będąc całkowicie zależną od Boga we wszystkim i żyjąc na rencie inwalidzkiej. Jej skromne wsparcie finansowe jest świadectwem jej silnej woli i determinacji, która jest większa niż jej środki. Pani Das mówi z przekonaniem" :Bóg zawsze mnie wspiera i troszczy się o mnie". Tak, w jakiś sposób On to robi i obficie przekracza jej potrzeby!

Zajęta pracą dla Pana od świtu do zmierzchu, pani Das jest zawsze gotowa modlić się ze mną lub z każdym, kto potrzebuje pomocy. Bóg jest zawsze odpowiedzią. Stoi między tą przepaścią, natychmiast w głębokiej modlitwie, z autorytetem i wstawiennictwem. Bóg troszczy się o panią Das, ponieważ ma ona zamiłowanie do ewangelizacji. Słucha Jego głosu i nie sprzeciwia " sięJego drogom". Posłuszeństwo jest większe niż poświęcenie, posłuszeństwo z pasją, by podobać się Bogu.

To wyznaczony czas na napisanie tej książki. Bóg jest "Wielkim Strategiem". Jego drogi są doskonałe i skrupulatne. Rzeczy i sytuacje nie dzieją się przed wyznaczonym czasem. Módl się o kierunek w słuchaniu umysłu i odczuwaniu serca Boga przez Ducha Świętego. Ta książka będzie nadal pisana w sercach mężczyzn i kobiet, na których wpłynęła poprzez Jego drogi.

Rose Reyes,

PODZIĘKOWANIA

Wyrażam moje najgłębsze uznanie: mojej rodzinie i przyjaciołom, zwłaszcza mojej mamie Esther Das. Jest ona najwspanialszym przykładem chrześcijanki, która pomogła mi w dalszej służbie i zawsze wspiera mnie w każdym kierunku.

Dziękuję mojej przyjaciółce Rose za wsparcie i pomoc w przygotowaniu części tej książki.

Chciałbym również podziękować mojej partnerce modlitewnej, siostrze Venedzie Ing, za to, że jest dla mnie dostępna przez cały czas; ale przede wszystkim dziękuję jej za żarliwe modlitwy.

Dziękuję Bogu za wszystkich, którzy okazali tak wielką pomoc w tłumaczeniu i redagowaniu. Dziękuję Bogu za wielu innych, którzy poświęcili swój czas, aby pomóc mi w przygotowaniu tej książki.

Spis treści

DROGI PANA

- *Co do Boga, jego droga jest doskonała: słowo Pana jest wypróbowane: jest puklerzem dla wszystkich, którzy mu ufają.*
  - *(Ps. 18:30)*

- *Lecz On zna drogę, którą kroczę; gdy mnie wypróbuje, wyjdę jak złoto. Stopa moja trzyma się Jego kroków, Jego drogi się trzymam i nie zbaczam z niej. Nie cofnąłem się też przed przykazaniem jego ust; słowa jego ust ceniłem bardziej niż mój niezbędny pokarm." (Job 23:10-12)*

- *Czekaj na Pana i trzymaj się Jego drogi, a wywyższy cię, abyś odziedziczył ziemię; kiedy bezbożni zostaną odcięci, zobaczysz to. (Psalm 37:34)*

- *Pan jest sprawiedliwy na wszystkich swoich drogach i święty we wszystkich swoich dziełach. (Psalm 145:17)*

- *Pan ustanowi cię ludem świętym dla siebie, jak ci przysiągł, jeśli będziesz przestrzegał przykazań Pana, Boga twego, i chodził Jego drogami. (Powtórzonego Prawa 28:9)*

- *I wielu ludzi pójdzie i powie: Chodźcie, chodźmy na górę Pańską, do domu Boga Jakuba, a On to uczyni. naucz nas Jego dróg, a będziemy chodzić Jego ścieżkami, bo z Syjonu wyjdzie zakon, a słowo Pańskie z Jeruzalemu".*
  (Izajasza 2:3)

- *Cichych poprowadzi w sądzie, a cichych nauczy swojej drogi.*
  (Psalm 25:9)

Odniesienia do książek: BIBLIA ŚWIĘTA, Wersja Króla Jakuba

Rozdział 1

Początek: W poszukiwaniu Ducha Prawdy.

W czerwcu 1980 roku przybyłem do Stanów Zjednoczonych z silnym pragnieniem znalezienia prawdy o Bogu, stwórcy wszystkich rzeczy. Nie było tak, że nie mogłem znaleźć Boga w Indiach, ponieważ Bóg jest wszędzie i wypełnia wszechświat swoją obecnością i chwałą; ale to mi nie wystarczało. Chciałem poznać Go osobiście, jeśli byłoby to możliwe.

"I usłyszałem jakby głos wielkiego tłumu i jakby głos wielu wód, i jakby głos potężnych grzmotów, mówiących: Alleluja, bo Pan Bóg wszechmogący króluje". (Objawienie 19:6)

Byłem w trakcie niezwykłej podróży, kiedy Bóg zaprowadził mnie do Stanów Zjednoczonych. Myślałem, że to miejsce, które wybrałem, ale czas pokazał, że się myliłem. Zrozumiałem, że Bóg miał więcej wspólnego z tą decyzją, niż mi się wydawało. To był "Jego sposób" na zmianę moich myśli i życia.

Ameryka jest krajem, który oferuje wolność wyznania, fuzję wielokulturowych ludzi, ze swobodami i ochroną dla tych, którzy pragną korzystać z praw religijnych bez strachu przed prześladowaniami. Zacząłem przeskakiwać przez niespokojne wody w tym kraju, gdy Bóg zaczął mną kierować. To było tak, jakby kładł kamienie, które mnie prowadziły. Te "kamienie" położyły podwaliny pod długą i burzliwą podróż prowadzącą do objawienia, od którego nie będzie odwrotu. Nagroda będzie warta życia Jego Drogami, na każdym kroku i na każdym teście mojej wiary.

"Dążę do celu, do nagrody wysokiego powołania Bożego w Chrystusie Jezusie. Przeto i my, gdy tylko staniemy się doskonałymi, bądźmy tego samego zdania; a jeśli w czym innym jesteście, i to wam objawi Bóg. Niemniej jednak, do czego już doszliśmy, postępujmy według tej samej zasady, myślmy o tym samym".
(Filipian 3:14-16)

Kiedy przybyłem do Kalifornii, nie widziałem wielu Indian ze Wschodu w tym czasie. Dostosowałem się do życia w Ameryce i skupiłem się na tym, po co tu przyjechałem. Szukałem Żywego Boga Biblii, Boga apostołów Jana, Piotra i Pawła oraz innych, którzy nieśli krzyż i podążali za Jezusem.

Odważyłem się znaleźć Boga Nowego Testamentu, który dokonał wielu cudownych cudów, znaków i cudów zgodnie z Pismem Świętym, Słowem Boga Żywego. Czy mógłbym być tak arogancki, by myśleć, że On naprawdę mnie zna? Bóg musiał być kimś więcej. Zacząłem odwiedzać wiele kościołów różnych wyznań w rejonie Los Angeles, metropolii położonej w południowej Kalifornii. Później przeprowadziłem się do miasta położonego na wschód od Los Angeles, zwanego West Covina i zacząłem odwiedzać kościoły również w tej okolicy. Pochodzę z bardzo religijnego kraju, w którym jest prawdopodobnie więcej bogów znanych człowiekowi niż w jakimkolwiek innym kraju na świecie. Zawsze wierzyłem w jednego Boga, Stwórcę. Moje serce pragnęło poznać Go w osobisty sposób. Pomyślałem, że z pewnością On istnieje i będzie w stanie mnie znaleźć z powodu mojego żarliwego pragnienia poznania Go osobiście. Nieustannie szukałem i czytałem Biblię, ale zawsze czegoś brakowało. W sierpniu 1981 roku zatrudniłem się w Urzędzie Pocztowym Stanów Zjednoczonych, gdzie zacząłem zadawać moim współpracownikom pytania na temat Boga. Zacząłem też słuchać chrześcijańskiego radia, w którym słyszałem różnych kaznodziejów dyskutujących na tematy biblijne, ale nigdy nie zgadzających się nawet między sobą. Pomyślałem: czy to na pewno nie może być Bóg zamieszania? Musiała istnieć prawdziwa odpowiedź na to religijne pytanie. Wiedziałem, że muszę przeszukiwać Pismo Święte i nadal się modlić. Wielu chrześcijańskich współpracowników również rozmawiało ze mną i dzieliło się swoim świadectwem. Byłem zaskoczony, że wiedzieli tak wiele o Panu. Nie wiedziałem wtedy, że Bóg wyznaczył już czas, w którym otrzymam objawienie Jego cudownej prawdy.

Mój brat był opętany przez demony i potrzebował cudu. Byłem zmuszony szukać wierzących w Biblię chrześcijan, którzy wierzyli w cuda i uwolnienie od tych demonicznych sił. Te demoniczne duchy bez litości dręczyły umysł mojego brata. Moja rodzina bardzo się o niego martwiła i nie mieliśmy innego wyjścia, jak tylko zabrać go do psychiatry. Wiedziałem, że to diabelska przyjemność dręczyć i niszczyć mojego brata. To była walka duchowa, o której mówi Biblia. W desperacji zabraliśmy brata do psychiatry. Po zbadaniu go zapytała nas, czy wierzymy w Jezusa. Odpowiedzieliśmy, że tak, po czym zaczęła zapisywać adresy dwóch kościołów wraz z numerami telefonów i wręczyła mi je. Po powrocie do domu położyłem oba dokumenty z informacjami na komodzie z zamiarem zadzwonienia do obu pastorów. Modliłem się, aby Bóg doprowadził mnie do właściwego kościoła i pastora. Słyszałem o wielu negatywnych rzeczach dotyczących kościołów w Ameryce, więc byłem bardzo ostrożny. Pan używa proroków, nauczycieli i kaznodziejów, aby prowadzić tych, którzy Go kochają, do całej prawdy. Pan stał się moją lampą i światłem, które rozjaśniło moją ciemność. Bóg z pewnością wyprowadziłby także mojego brata z jego ciemności. Naprawdę wierzyłem, że Bóg znajdzie mnie w tym, co wydawało się niekończącym się morzem ciemności; ponieważ był to bardzo mroczny i trudny czas dla mojej rodziny.

"Słowo twoje jest lampą nogom moim i światłością ścieżce mojej".
(Psalm 119:105)

"Modlitwa i post".

Umieściłem oba adresy na mojej komodzie. Zadzwoniłem do obu pastorów i nawiązałem z nimi kontakt. Jednocześnie modliłem się o wskazówki od Pana dla pastora, z którym mógłbym kontynuować rozmowę. W tym czasie zdałem sobie sprawę, że jeden numer z komody zniknął. Starannie go szukałem, ale nie mogłem go znaleźć. Teraz tylko jeden numer był dla mnie dostępny. Zadzwoniłem pod ten numer i rozmawiałem z pastorem kościoła znajdującego się w Kalifornii, zaledwie 10 minut od mojego domu. Zabrałem mojego brata do tego kościoła, myśląc, że mój brat będzie dziś wolny, ale tak się nie stało. Mój brat nie został całkowicie uwolniony tego dnia. Pastor zaproponował nam więc studium Biblii. Skorzystaliśmy z jego oferty i zaczęliśmy uczęszczać do jego kościoła, nie mając zamiaru zostać jego członkami, a jedynie gośćmi. Nie wiedziałem, że będzie to punkt zwrotny w moim życiu. W tym czasie byłem przeciwny zielonoświątkowcom i ich wierze w mówienie językami.

Święci kościoła byli bardzo szczerzy w swoich przekonaniach. Swobodnie oddawali cześć i byli posłuszni pastorowi, gdy wzywał do postu, ponieważ siły duchowe, które kontrolowały mojego brata, mogły się uwolnić tylko, jak mówi Słowo Boże, "przez modlitwę i post". Pewnego razu uczniowie Jezusa nie mogli wypędzić demona. Jezus powiedział im, że to z powodu ich niewiary i powiedział, że nie ma dla nich nic niemożliwego.

"Aczkolwiek ten rodzaj nie wychodzi inaczej, jak tylko przez modlitwę
i post". (Mateusza 17:21)

Kilkakrotnie pościliśmy po kilka dni i widziałem, że mój brat czuje się coraz lepiej. Kontynuowaliśmy studia biblijne w moim domu z pastorem, rozumiejąc wszystko, czego nas uczył; jednak kiedy zaczął wyjaśniać chrzest wodny, zaniepokoiła mnie jego interpretacja. Nigdy nie słyszałem o chrzcie w imię "Jezusa", chociaż wyraźnie pokazał nam Pismo Święte. Było tam napisane, ale ja tego nie widziałem. Być może moje zrozumienie było zaślepione.

Po wyjściu pastora zwróciłem się do mojego brata, mówiąc: "Czy zauważyłeś, że wszyscy kaznodzieje posługujący się tą samą Biblią mają różne pomysły? Naprawdę nie wierzę już w to, co mówią ci kaznodzieje". Mój brat zwrócił się do mnie, mówiąc: "On ma rację!". Bardzo zdenerwowałem się na brata i zapytałem go: "Więc zamierzasz wierzyć w nauczanie tego pastora? Ja w to nie wierzę". Spojrzał na mnie ponownie i powiedział: "On mówi prawdę". Odpowiedziałem ponownie: "Wierzysz wszystkim kaznodziejom, ale nie mnie!". Mój brat ponownie nalegał: "On ma rację". Tym razem widziałem, że twarz mojego brata była bardzo poważna. Później wziąłem Biblię i zacząłem studiować Księgę Dziejów Apostolskich, gdzie była opisana historia wczesnego kościoła. Studiowałem i studiowałem; wciąż nie mogłem zrozumieć dlaczego, Bóg miał SWOJĄ DROGĘ. Czy wierzysz, że Bóg postępuje z każdym człowiekiem inaczej? Szukałem Boga we wszystkich źródłach i mediach. W tym czasie usłyszałem, jak Bóg mówi do mojego serca: "Musisz zostać ochrzczony". Usłyszałem Jego polecenie i ukryłem te słowa w swoim sercu, nieznane nikomu innemu.

Nadszedł dzień, w którym pastor podszedł do mnie i zadał mi pytanie: "Więc teraz, czy jesteś gotowy na chrzest?". Spojrzałem na niego ze zdziwieniem, nigdy wcześniej nikt nie zadał mi takiego pytania. Powiedział mi, że Pan Jezus rozmawiał z nim o moim chrzcie, więc odpowiedziałem "tak". Byłem zdumiony, że Bóg przemówił do pastora w tej sprawie. Wyszedłem z kościoła, myśląc" :Mam nadzieję, że Bóg nie mówi mu wszystkiego, ponieważ nasze myśli nie zawsze są prawe, a nawet właściwe".

Chrzest na odpuszczenie grzechów.

Nadszedł dzień mojego chrztu. Poprosiłem pastora, aby upewnił się, że ochrzci mnie w imię Ojca, Syna i Ducha Świętego. Pastor powtarzał mi: "Tak, to jest imię Jezusa". Byłem zmartwiony i zdenerwowany; pomyślałem, że ten człowiek pośle mnie do piekła, jeśli nie ochrzci mnie w imię Ojca, Syna i Ducha Świętego. Powtórzyłem mu więc jeszcze raz, aby upewnił się, że wezwał mnie w imię Ojca, Syna i Ducha Świętego, ale pastor również się powtarzał. "Tak, ma na imię Jezus". Zacząłem myśleć, że ten pastor naprawdę nie rozumie, o co mi chodzi. Skoro Bóg powiedział mi, że mam przyjąć chrzest, nie mogłem być Mu nieposłuszny. Wtedy tego nie rozumiałem, ale byłem posłuszny Bogu, nie mając pełnego objawienia Jego imienia, ani nie rozumiałem w pełni, że zbawienie nie jest pod żadnym innym imieniem, jak tylko w Imieniu Jezus.

"Nie ma też w żadnym innym zbawienia, gdyż nie ma żadnego innego imienia pod niebem, danego ludziom, w którym moglibyśmy być zbawieni". (Dzieje Apostolskie 4:12)

*"Wy jesteście moimi świadkami, mówi Pan, i moim **sługą**, którego wybrałem, abyście mnie poznali i uwierzyli, i zrozumieli, że <u>Ja nim jestem</u>: przede mną nie było Boga ukształtowanego ani po mnie nie będzie. Ja jestem Pan, a poza mną **nie ma wybawiciela".** (Izajasza 43:10-11)*

Przed, po i na zawsze był, jest i będzie tylko jeden Bóg i Zbawiciel. Tutaj człowiek będzie pełnił rolę <u>sługi</u>, Jehowa Bóg mówi, że **Ja nim jestem**.

Który będąc w postaci Bożej, nie uważał za rzecz zbójecką być równym Bogu. Bóg: A nie mając żadnej reputacji, przyjął postać sługi i stał się podobny ludziom: A stawszy się podobnym do ludzi, uniżył samego siebie i stał się posłusznym aż do śmierci, i to śmierci krzyżowej". (Filipian 2:6-8)

Jezus był Bogiem w ludzkim ciele.

*I bez kontrowersji wielka jest tajemnica pobożności: **Bóg objawił się w ciele** (1 Tymoteusza 3:16).*

Dlaczego ten jeden Bóg, który był duchem, przyszedł w ciele? Jak wiadomo, duch nie ma ciała i krwi. Gdyby musiał przelać krew, potrzebowałby ludzkiego ciała.

Biblia mówi:

*Uważajcie tedy na samych siebie i na całą trzodę, nad którą was Duch Święty ustanowił nadzorcami, abyście paśli **zbór Boży, który nabył własną krwią**". (Dzieje Apostolskie 20:28)*

Większość kościołów nie naucza o jedności Boga i mocy imienia Jezus. Bóg, Duch w ciele jako człowiek Chrystus Jezus, dał wielkie polecenie swoim uczniom:

*"Idźcie więc i nauczajcie wszystkie narody, chrzcząc je w **imię** (liczba pojedyncza) od Ojca i Syna, i Ducha Świętego".*
(Mateusza 28:19)

Uczniowie najwyraźniej wiedzieli, co Jezus miał na myśli, ponieważ chrzcili w Jego imię, jak jest napisane w Piśmie Świętym. Byłem zdumiony, że wymawiali "W imię **Jezusa**" za każdym razem, gdy dokonywali chrztu. Pismo Święte potwierdza to w Księdze Dziejów Apostolskich.

Tego dnia zostałem ochrzczony w wodzie w pełnym zanurzeniu w imię Jezusa, wyszedłem z wody czując się tak lekko, jakbym mógł chodzić po wodzie. Ciężka góra grzechu została usunięta. Nie wiedziałem, że nosiłem ten ciężar na sobie. Co za cudowne doświadczenie! Po raz pierwszy w życiu zdałem sobie sprawę, że nazywałem siebie "chrześcijaninem z małymi grzechami", ponieważ nigdy nie czułem się wielkim grzesznikiem. Niezależnie od tego, w co wierzyłem, grzech wciąż był grzechem. Czyniłem i myślałem o grzechu. Nie wierzyłem już wyłącznie w istnienie Boga, ale doświadczałem radości i prawdziwego chrześcijaństwa, uczestnicząc w tym, co mówi Słowo Boże.

Wróciłem do Biblii i zacząłem przeszukiwać ten sam fragment. Zgadnij co? On otworzył moje zrozumienie i po raz pierwszy wyraźnie zobaczyłem, że chrzest jest tylko w IMIĘ JEZUSA.

Wtedy otworzył ich zrozumienie, aby mogli zrozumieć Pisma (Łukasza 24:45).

Zacząłem widzieć Pismo Święte tak wyraźnie i pomyślałem, jak przebiegły jest szatan, aby po prostu zniweczyć plan Najwyższego Boga, który przyszedł w ciele, aby przelać krew. Krew jest ukryta pod Imieniem **JEZUS**. Od razu zrozumiałem, że szatan zaatakował Imię.

*"Nawróćcie się i niech każdy z was ochrzci się w **imię Jezusa Chrystusa** na odpuszczenie grzechów, a otrzymacie dar Ducha Świętego." (Dzieje Apostolskie 2:38)*

Te słowa wypowiedział apostoł Piotr w dniu Pięćdziesiątnicy, na początku wczesnego kościoła w Nowym Testamencie. Po moim chrzcie otrzymałem dar Ducha Świętego w kościele jednego z moich przyjaciół w Los Angeles.

Zostało to zamanifestowane przez moje mówienie w nieznanym języku lub językach i zgodnie z Pismem Świętym na temat chrztu Duchem Świętym:

*"Gdy Piotr mówił te słowa, Duch Święty spadł na wszystkich, którzy słuchali tego słowa. A ci z obrzezania, którzy uwierzyli, byli zdumieni, jak wielu, którzy przyszli z Piotrem, ponieważ i na pogan został wylany dar Ducha Świętego. Słyszeli bowiem, jak mówili **językami** i wielbili Boga". (Dzieje Apostolskie 10: 44-46)*

Zrozumiałem wyraźnie, że ludzie zmienili ceremonię chrztu. Dlatego mamy dziś tak wiele religii. Pierwsi wierzący zostali ochrzczeni zgodnie z Pismem Świętym, które zostało później spisane. Piotr to głosił, a apostołowie tego dokonywali!

*"Czy może ktoś zabronić wody, aby nie byli ochrzczeni ci, którzy otrzymali Ducha Świętego, jak i my? I rozkazał im, aby byli **ochrzczeni w imię Pańskie**. Potem modlili się do niego, aby poczekał kilka dni". (Dzieje Apostolskie 10:47-48)*

Ponownie, dowód chrztu w imię Jezusa.

*Lecz gdy uwierzyli Filipowi głoszącemu rzeczy dotyczące królestwa Bożego i **imienia Jezusa Chrystusa, zostali ochrzczeni, zarówno mężczyźni, jak i kobiety** (bo jak dotąd na żadnego z nich nie spadł; **tylko oni zostali ochrzczeni w imię Pana Jezusa)."***
(Dzieje Apostolskie 8:12,16)

Dzieje Apostolskie 19

*I stało się, że gdy Apollos był w Koryncie, Paweł przeszedłszy przez górne wybrzeża przybył do Efezu, a znalazłszy pewne rzekł do uczniów: Czy otrzymaliście Ducha Świętego, odkąd uwierzyliście? A oni mu odpowiedzieli: Nie słyszeliśmy nawet, czy jest Duch Święty. Rzekł im: W co więc zostaliście ochrzczeni? A oni odpowiedzieli: Chrztem Jana. Wtedy rzekł Paweł: Jan zaprawdę chrzcił chrztem pokuty, mówiąc do ludu, aby uwierzył w tego, który miał przyjść po nim, to jest w Chrystusa Jezusa. Gdy to usłyszeli, przyjęli **chrzest w imię Pana Jezusa**. A gdy Paweł włożył na nich ręce, **Duch Święty zstąpił na nich i mówili językami**, i prorokowali".*
(Dzieje Apostolskie 19:1-6)

*Dzieje Apostolskie 19 były dla mnie bardzo pomocne, ponieważ Biblia mówi, że jest **jeden chrzest**. (Efezjan 4:5)*

Zostałem ochrzczony w Indiach i muszę powiedzieć, że zostałem pokropiony, a nie ochrzczony.

Prawdziwa doktryna została ustanowiona **przez apostołów i proroków**. Jezus przyszedł, aby przelać krew i dać przykład. (1Piotra 2:21)

*Dzieje Apostolskie 2:42 I trwali oni wytrwale w **nauce** apostołów i w społeczności, i w łamaniu chleba, i w*

*Efezjan 2:20 I są **zbudowani na fundamencie apostołów i proroków**, a głównym kamieniem węgielnym jest sam Jezus Chrystus;*

Gal. 1:8, 9 Ale gdybyśmy my albo anioł z nieba głosił wam Ewangelię inną niż ta, którą wam głosiliśmy, niech będzie przeklęty. Jak powiedzieliśmy wcześniej, tak i teraz powtarzam: Jeśli ktoś głosi wam inną ewangelię niż ta, którą otrzymaliście, niech będzie przeklęty.

(Jest to głębokie; nikt nie może zmienić doktryny, nawet apostołowie, którzy zostali już ustanowieni).

Te wersety otworzyły mi oczy, teraz zrozumiałem Ewangelię Mateusza 28:19.

Kościół jest Oblubienicą Jezusa, kiedy jesteśmy ochrzczeni w imię Jezusa, przyjmujemy Jego imię. Pieśń Salomona jest alegorią kościoła i pana młodego, w której oblubienica przyjęła Imię.

*Ze względu na smak twoich dobrych maści **twoje imię jest jak** wylana **maść**, dlatego dziewice cię kochają (Pieśń Solomana 1: 3)*

Teraz miałem chrzest, o którym mówi Biblia i tego samego Ducha Świętego. To nie było coś wyimaginowanego, to było prawdziwe! Czułem to i słyszałem, a inni byli świadkami manifestacji nowych narodzin. Nie znałem ani nie rozumiałem słów, które wypowiadałem. To było niesamowite.

*"Bo kto mówi w **nieznanym języku**, nie mówi do ludzi, ale do Boga;*
bo nikt go nie rozumie, chociaż w duchu mówi tajemnice".
(I List do Koryntian 14:2)

*"Bo gdy się modlę w nieznanym języku, duch mój się modli, ale **rozum***
*mój **jest bezowocny.**" (I List do Koryntian 14:14)*

Moja mama zeznała, że jakiś czas przed moimi narodzinami pewien misjonarz z południowych Indii ochrzcił ją w rzece i po wyjściu z wody została całkowicie uzdrowiona. Nie wiedząc, jak ten kaznodzieja ją ochrzcił, zastanawiałem się, jak została uzdrowiona. Wiele lat później mój ojciec potwierdził mi, że ten pastor ochrzcił ją w imię Jezusa, co jest biblijne.

Biblia mówi:

"Który odpuszcza wszystkie twoje winy, który leczy wszystkie twoje
choroby". (Psalm 103:3)

Po moich nowych narodzinach zacząłem prowadzić studia biblijne dla przyjaciół z pracy i mojej rodziny. Mój siostrzeniec otrzymał dar Ducha Świętego. Mój brat, kuzyn i ciotka zostali ochrzczeni wraz z wieloma członkami mojej rodziny. Nie wiedziałem, że w tej podróży było coś więcej niż tylko pragnienie bliższego poznania Boga. Nie zdawałem sobie sprawy, że takie doświadczenie jest możliwe. Bóg mieszka wewnątrz wierzącego poprzez Ducha Świętego.

Objawienie i zrozumienie.

Poświęciłem się studiowaniu Pisma Świętego i wielokrotnemu czytaniu Biblii, a Bóg wciąż otwierał moje zrozumienie.

"Wtedy otworzył im zrozumienie, aby mogli zrozumieć Pisma".
(Łukasza 24:45)

Po otrzymaniu Ducha Świętego moje zrozumienie stało się jaśniejsze, ponieważ zacząłem uczyć się i dostrzegać wiele rzeczy, których wcześniej nie widziałem.

*"Lecz Bóg **objawił nam** je **przez Ducha swego;** albowiem Duch bada wszystko, a nawet głębokie sprawy Boże". (1 Koryntian 2:10)*

Nauczyłem się, że musimy mieć zrozumienie Jego woli wobec nas, mądrość, by żyć według Jego Słowa, znać **"Jego drogi"** i zaakceptować, że posłuszeństwo jest wymogiem, a nie opcją.

Pewnego dnia zapytałem Boga: "Jak mnie wykorzystujesz?". Odpowiedział mi" :W modlitwie"

Dlatego, bracia, starajcie się raczej, aby wasze powołanie i wybranie było pewne; bo jeśli to czynicie, nigdy nie upadniecie:
(2 Piotra 1:10)

Dowiedziałem się, że chodzenie do kościoła może dawać poczucie fałszywego bezpieczeństwa. Religia nie jest zbawieniem. Religia sama w sobie może jedynie sprawić, że poczujesz się dobrze ze swoją własną sprawiedliwością. Sama znajomość Pisma Świętego nie przynosi zbawienia. Musisz zrozumieć Pismo Święte poprzez studiowanie, otrzymać objawienie poprzez modlitwę i mieć pragnienie poznania prawdy. Diabeł również zna Pismo Święte i jest skazany na wieczność w jeziorze płonącym ogniem. Nie daj się zwieść wilkom w owczej skórze, które mają **formę pobożności**, ale **zaprzeczają** *mocy Bożej*. Nikt nigdy nie powiedział mi, że potrzebuję Ducha Świętego z dowodem mówienia językami, o czym mówi Biblia. Kiedy wierzący otrzymują Ducha Świętego, dzieje się coś cudownego. Uczniowie zostali napełnieni Duchem Świętym i ogniem.

*Ale otrzymacie **moc**, gdy Duch Święty zstąpi na was, i będziecie mi świadkami w Jerozolimie i w całej Judei, i w Samarii, i aż po krańce ziemi". (Dzieje Apostolskie 1:8)*

Byli tak bardzo zapaleni do szerzenia ewangelii, że wielu chrześcijan w tamtych czasach, podobnie jak niektórzy nawet dzisiaj, straciło życie za Ewangelię prawdy. Dowiedziałem się, że jest to głęboka wiara i solidna doktryna, w przeciwieństwie do doktryn nauczanych obecnie w niektórych kościołach.

Po zmartwychwstaniu Jezus mówi w swoim słowie, że będzie to znak, że ktoś jest JEGO UCZNIEM.

> *".... będą mówić nowymi językami;" (Marka 16:17)*

Język w języku greckim to glossa, w języku angielskim nadprzyrodzony dar języka dany przez Boga. Nie chodzi się do szkoły, aby nauczyć się tego sposobu mówienia. Dlatego mówi się **o nowym języku.**

Jest to jeden ze znaków pozwalających rozpoznać ucznia Boga Najwyższego.

Czyż Bóg nie jest wspaniały? Sprawił, że Jego uczniowie są rozpoznawani w bardzo szczególny sposób.

Moc uwielbienia.

Dowiedziałem się o mocy uwielbienia i o tym, że podczas uwielbienia można poczuć obecność Świętego. Kiedy przyjechałem do Ameryki w 1980 roku, zaobserwowałem, że Indianie ze Wschodu wstydzą się swobodnie wielbić Boga. W Starym Testamencie król Dawid tańczył, skakał, klaskał i podnosił wysoko ręce przed Panem. Chwała Boża przychodzi, gdy lud Boży oddaje cześć z najwyższym uwielbieniem i wywyższeniem. Lud Boży tworzy atmosferę, w której obecność Pana może zamieszkać pośród nich. Nasze uwielbienie wysyła do Pana zapach, któremu nie może się On oprzeć. On przyjdzie i zamieszka w chwale swego ludu. Po modlitwie poświęć trochę czasu na chwalenie i wielbienie Go z całego serca, bez proszenia Go o rzeczy lub łaski. W Biblii jest On porównywany do Pana Młodego, który przychodzi po swoją oblubienicę (kościół). Szuka pełnej pasji oblubienicy, która nie wstydzi się GO wielbić. Dowiedziałem się, że możemy zaoferować uwielbienie, które dotrze do Sali Tronowej, jeśli porzucimy naszą dumę. Dzięki Bogu za kaznodziejów, którzy głoszą Słowo i nie powstrzymują się od mówienia o tym, jak bardzo ważne jest uwielbienie dla Boga.

> *"Ale nadchodzi godzina i teraz jest, kiedy prawdziwi Czciciele będą*
> *Czcijcie Ojca w duchu i w prawdzie, bo Ojciec takich szuka, którzy*
> *by Mu cześć oddawali". (Jana 4:23)*

Kiedy Boż aobecność zstępuje na Jego dzieci, zaczynają dziać się cuda: uzdrowienia, uwolnienia, języki i interpretacje, proroctwa, manifestacje darów ducha. Och, jak wiele mocy Bożej możemy zawrzeć w jednym nabożeństwie, jeśli wszyscy razem możemy ofiarować uwielbienie, wywyższenie i najwyższą chwałę. Kiedy nie masz już słów, aby się modlić, oddawaj cześć i składaj ofiarę uwielbienia! Diabeł nienawidzi, gdy oddajesz cześć jego Stwórcy, Jedynemu Prawdziwemu Bogu. Kiedy czujesz się samotny lub ogarnia cię strach, oddaj cześć Bogu i połącz się z Nim!

Na początku ten rodzaj uwielbienia i chwalenia był dla mnie bardzo trudny, ale później stało się to łatwe. Zaczęłam słyszeć Jego głos, który do mnie mówił. Chciał, abym była posłuszna Jego Duchowi. Moje religijne pochodzenie powstrzymywało mnie od swobodnego wielbienia Boga. Wkrótce zostałem pobłogosławiony w Duchu, przyszło uzdrowienie i zostałem uwolniony od rzeczy, których nie uważałem za grzech. To wszystko było dla mnie nowe; za każdym razem, gdy czułem obecność Boga w moim życiu, zaczynałem zmieniać się wewnętrznie. Wzrastałem i doświadczałem osobistej, skoncentrowanej na Chrystusie wędrówki z Bogiem.

Duch Prawdy.

Miłość do prawdy jest niezbędna, ponieważ religia może być zwodnicza i gorsza niż uzależnienie od alkoholu lub narkotyków.

"Bóg jest Duchem, a ci, którzy Mu cześć oddają, winni Mu ją
oddawać w duchu i w prawdzie". (Jana 4:24)

Łańcuchy niewoli religii spadły ze mnie, gdy Duch Święty mnie uwolnił. Kiedy mówimy nieznanymi językami lub językami w Duchu Świętym, nasz duch przemawia do Boga. Boż amiłość jest przytłaczająca, a doświadczenie nadprzyrodzone. Nie mogłem przestać myśleć o tych wszystkich latach, kiedy otrzymałem doktrynę biblijną, która była sprzeczna ze Słowem Bożym.

W mojej relacji z Bogiem objawiał On więcej prawdy, gdy wzrastałem w Jego Słowie i poznawałem **"Jego Drogi"**. To było jak wróbel, który karmi swoje młode małymi porcjami, a one rosną w siłę i konsekwentnie każdego dnia, aż nauczą się szybować w przestworzach. Szukaj Ducha Prawdy, a On poprowadzi cię do poznania wszystkich rzeczy. Pewnego dnia my również wzbijemy się w niebo z Panem.

"Gdy przyjdzie Duch Prawdy, wprowadzi was we wszelką prawdę".
(Jana 16:13a)

Święte namaszczenie:

Przez wiele smutku z powodu stanu mojego brata ze złymi duchami, znaleźliśmy tę cudowną prawdę. Przyjąłem tę prawdę, a Duch Święty dał mi moc do pokonania przeszkód, które kolidowały z moim nowym życiem w Chrystusie Jezusie, co dało mi święte namaszczenie do działania i usługiwania poprzez nauczanie ludzi. Nauczyłem się, że dzięki temu namaszczeniu Bóg porusza się poprzez duchową żarliwość i ekspresję. Pochodzi ono od Świętego, będącego samym Bogiem, a nie od obrządku religijnego czy formalnych święceń dających ten przywilej.

Namaszczenie:

Zacząłem odczuwać namaszczenie Boże w moim życiu i dawałem świadectwo tym, którzy chcieli słuchać. Stałem się nauczycielem Słowa dzięki Bożej mocy namaszczenia. Był taki czas w Indiach, kiedy chciałem praktykować prawo, ale Pan przemienił mnie w nauczyciela Jego Słowa.

Ale namaszczenie, które otrzymaliście od niego, trwa w was i nie potrzebujecie, aby was ktokolwiek uczył; ale jak to samo namaszczenie uczy was wszystkiego, i jest prawdą, i nie jest kłamstwem, i tak jak was nauczyło, będziecie w nim pomagać".
(1 Jana 2:27)

"Ale wy macie namaszczenie od Świętego i wiecie wszystko".
(1 Jana 2:20)

Oddałem się do dyspozycji Boga, a On zrobił resztę dzięki swojej mocy namaszczenia. Cóż za niesamowity Bóg! On nie pozostawi cię bezsilnym w wykonywaniu Jego dzieła. Zacząłem modlić się więcej, gdy moje ciało stało się słabe z powodu choroby, ale Duch Boży we mnie stawał się silniejszy każdego dnia, gdy wkładałem czas i wysiłek w moje duchowe chodzenie, modląc się, poszcząc i nieustannie czytając Jego Słowo.

Zmiana życia:

Patrząc przez chwilę wstecz, zobaczyłem, skąd Bóg mnie przyprowadził i jak moje życie było pozbawione Jego dróg. Miałem cielesną naturę bez mocy, by ją zmienić. Miałem inne duchy, ale nie Ducha Świętego. Nauczyłem się, że modlitwa zmienia rzeczy, ale prawdziwym cudem było to, że ja również się zmieniłem. Chciałem, aby moje drogi były bardziej podobne do **Jego dróg**, więc pościłem, aby zmienić moją cielesną naturę. Moje życie znacznie się zmieniło na tej przebytej drodze, ale to dopiero się zaczęło, gdy moje namiętne pragnienie Boga wzrosło. Inni, którzy dobrze mnie znali, mogli zaświadczyć, że się zmieniłem.

Duchowa walka:

Starałem się nauczać tylko prawdy, a nie religii. Nauczałem, że chrzest w imię Jezusa Chrystusa i Ducha Świętego (Ducha Świętego) jest koniecznością. Jest Pocieszycielem i mocą do pokonywania przeszkód i złych sił, które przychodzą przeciwko wierzącym.

Bądź zawsze gotowy do walki na kolanach o to, czego pragniesz od Boga. Diabeł chce zmiażdżyć ciebie i twoją rodzinę. Jesteśmy w stanie wojny z mocami ciemności. Musimy walczyć o zbawienie dusz i modlić się, aby Bóg dotknął serca grzesznika, aby mógł odwrócić się od mocy, które nad nim panują.

> *"Nie toczymy bowiem walki przeciw krwi i ciału, lecz przeciw Zwierzchnościom, przeciw Władzom, przeciw rządcom świata tych ciemności, przeciw duchowym złościom na wyżynach".*
> *(Efezjan 6:12)*

Żywa dusza.

Każdy ma żywą duszę; nie jest ona twoją własnością, należy do Boga. Pewnego dnia, gdy umrzemy, dusza powróci do Boga lub Szatana. Człowiek może zabić ciało, ale tylko Bóg może zabić duszę.

> *"Oto wszystkie dusze są moje; jak dusza ojca, tak i dusza syna jest moja; dusza, która grzeszy, ta **umrze**".*
> *(Ezechiela 18:4)*

> *"I nie bójcie się tych, którzy zabijają ciało, lecz duszy zabić nie mogą; ale raczej bójcie się tego, który jest w stanie zniszczyć i duszę, i ciało w piekle". (Mateusza 10:28)*

Duch miłości.

Jedno życie znaczy tak wiele dla Boga, ponieważ On troszczy się i kocha każdego z nas tak bardzo. Wierzący, którzy mają tę Ewangelię

Prawdy, są odpowiedzialni za mówienie innym o miłości Jezusa w Duchu **Miłości**.

*"Przykazanie nowe daję wam, abyście się wzajemnie **miłowali**; jak Ja was **umiłowałem**, abyście i wy się wzajemnie **miłowali**. Po tym wszyscy poznają, żeście uczniami moimi, jeśli **miłość mieć będziecie** jedni ku drugim". (Jana 13:34-35)*

Diabeł wystąpi przeciwko nam, gdy staniemy się dla niego zagrożeniem. Jego zadaniem jest zniechęcenie nas; mamy jednak obietnicę zwycięstwa nad nim.

"Ale dzięki niech będą Bogu, który daje nam zwycięstwo przez Pana naszego Jezusa Chrystusa". (1 Koryntian 15:57)

Podkreślę tutaj, że to, co Szatan uważał za zło, Bóg zamienił w błogosławieństwo.

Biblia mówi:

"A wiemy, że wszystkie rzeczy dopomagają ku dobremu tym, którzy Boga miłują, którzy według postanowienia jego powołani są".
(Rz 8:28)

Chwała niech będzie Panu Jezusowi Chrystusowi!

Rozdział 2

Potężny lekarz

Nauki medyczne donoszą, że istnieje łącznie trzydzieści dziewięć kategorii chorób. Weźmy na przykład raka, istnieje tak wiele rodzajów raka. Istnieje również wiele rodzajów gorączki, ale wszystkie należą do kategorii gorączki. Zgodnie ze starym prawem rzymskim i prawem Mojżesza, w ramach kary nie można było wymierzyć więcej niż 40 uderzeń (chłosty). Aby nie naruszyć tego rzymskiego i żydowskiego prawa, wymierzono tylko trzydzieści dziewięć uderzeń. Czy to przypadek, że Jezus otrzymał trzydzieści dziewięć uderzeń w plecy? Wierzę, podobnie jak wielu, że istnieje korelacja między tą liczbą a Jezusem.

"Czterdzieści uderzeń może mu zadać, ale nie więcej; aby nie przekroczył i nie pobił go ponad to wieloma uderzeniami, wtedy brat twój wydałby ci się nikczemny". (Powtórzonego Prawa 25:3)

"Który grzechy nasze sam na ciele swoim poniósł na drzewo, abyśmy obumarłszy grzechowi, żyli ku sprawiedliwości; którego ranami zostaliście uzdrowieni". (1 Piotra 2:24)

"Lecz on był zraniony za występki nasze, on był obity za nieprawości nasze; na niego spadło karanie za pokój nasz, a sinością jego jesteśmy uzdrowieni". (Izajasza 53:5)

W tej książce przeczytasz świadectwa dotyczące uzdrawiającej mocy Boga i mocy uwalniania od narkotyków, alkoholu i opętania demonicznego. Zaczynam od moich osobistych chorób, w których Bóg wcześnie pokazał mi, że nic nie jest dla Niego zbyt trudne ani zbyt wielkie. On jest Potężnym Lekarzem. Ciężkość mojego stanu fizycznego zmieniała się ze złego na gorszy poprzez bolesne choroby. To było i jest Słowo Boże i Jego obietnice, które podtrzymują mnie dzisiaj.

Przewlekłe zapalenie zatok.

Miałem problem z zatokami, który był tak poważny, że uniemożliwiał mi spanie. W ciągu dnia dzwoniłem i prosiłem ludzi o modlitwę za mnie. Chwilowo czułem się dobrze, ale w nocy problem powracał i nie mogłem spać.

Pewnej niedzieli poszedłem do kościoła i poprosiłem pastora o modlitwę za mnie. Położył rękę na mojej głowie i pomodlił się nade mną.

"Choruje kto między wami? Niech wezwie starszych zboru i niech się modlą nad nim, namaszczając go olejem w imię Pańskie" (Jakuba 5:14).

Kiedy rozpoczęło się nabożeństwo, zacząłem chwalić i wielbić Boga, ponieważ duch przyszedł na mnie tak swobodnie. Pan kazał mi tańczyć przed Nim. W Duchu zacząłem tańczyć przed Nim w posłuszeństwie, gdy nagle mój zatkany nos rozluźnił się i to, co blokowało kanały nosowe, wyszło. Natychmiast zacząłem oddychać i ten stan już nie powrócił. Zaakceptowałem ten stan zatok własnymi słowami i myślami. Jednak w końcu nauczyłem się, że zawsze powinniśmy wyrażać naszą wiarę i nigdy nie wyznawać ani nie wątpić.

Zapalenie migdałków.

Miałem przewlekłe zapalenie migdałków i nie mogłem spać z powodu okropnego, uporczywego bólu. Cierpiałem na tę chorobę przez wiele lat. Po wizycie u lekarza zostałem skierowany do hematologa. Przeprowadzenie stosunkowo niewielkiego zabiegu wycięcia migdałków byłoby dla mnie niebezpieczną i długotrwałą operacją ze względu na chorobę krwi, która utrudniała mojemu ciału krzepnięcie. Innymi słowy, mógłbym wykrwawić się na śmierć! Lekarz powiedział, że nie ma możliwości, abym zniosła tę operację lub ból. Modliłem się o własne uzdrowienie i prosiłem kościół, by się za mnie modlił. Pewnego dnia do mojego kościoła przybył kaznodzieja. Powitał zgromadzonych i zapytał, czy ktoś potrzebuje uzdrowienia.

Niepewny otrzymania własnego uzdrowienia, mimo wszystko udałem się na przód, ufając Bogu. Kiedy wróciłem na swoje miejsce, usłyszałem głos, który mi powiedział.

"Nie zostaniesz uzdrowiony".

Byłem zły na ten głos. Jak ten głos mógł śmiało wyrażać wątpliwości i niewiarę? Wiedziałam, że to podstęp diabła, by powstrzymać moje uzdrowienie. Odpowiedziałem temu głosowi, sprzeciwiając się mu,

"Otrzymam moje uzdrowienie!"

Moja odpowiedź była stanowcza i silna, ponieważ wiedziałem, że pochodzi od ojca wszystkich kłamstw, diabła. Duch Święty daje nam władzę nad diabłem i jego aniołami. Nie miałam zamiaru pozwolić mu na pozbawienie mnie uzdrowienia i spokoju. On jest kłamcą i nie ma w nim prawdy! Walczyłem Słowem i obietnicami Boga.

"Wy jesteście z ojca waszego, diabła, i pożądliwości ojca waszego czynić będziecie. Od początku był mordercą i nie mieszkał w prawdzie, bo nie ma w nim prawdy. Gdy mówi kłamstwo, mówi o sobie; bo jest kłamcą i ojcem tego". (Jana 8:44)

Natychmiast mój ból zniknął i zostałem uzdrowiony! Czasami musimy udać się do obozu wroga, aby walczyć o to, czego chcemy i odzyskać to, co wróg, diabeł, chce nam odebrać. Gdy ból mnie opuścił, diabeł powiedział: "Nie byłeś chory". Wróg próbował mnie przekonać przez "chmurę wątpliwości", że tak naprawdę nie byłem chory. Powodem tego kłamstwa diabła było to, że nie chciałem oddać Bogu chwały. Zdecydowanie odpowiedziałam szatanowi: "Tak, byłam chora!". Natychmiast Jezus poczuł ból po obu stronach moich migdałków. Odpowiedziałem" :Panie Jezu, wiem, że byłem chory, a Ty mnie uzdrowiłeś". Ból opuścił mnie na zawsze! Nigdy więcej nie cierpiałem. Natychmiast podniosłem ręce, chwaliłem Pana i oddałem Bogu chwałę. Jezus przyjął paski na swoje plecy, abym mógł zostać uzdrowiony tego dnia. Jego Słowo mówi również, że moje grzechy również zostaną odpuszczone. Tego samego dnia wstałem i zeznałem przed kościołem, jak Pan mnie uzdrowił. Przyjąłem moje uzdrowienie na siłę.

"A od dni Jana Chrzciciela aż dotąd królestwo niebieskie doznaje przemocy i gwałtownicy biorą je siłą". (Mateusza 11:12)

"A modlitwa wiary uratuje chorego i Pan go wskrzesi; a jeśli popełnił grzechy, będą mu odpuszczone". (Jakuba 5:15)

"Który odpuszcza wszystkie twoje winy, który leczy wszystkie twoje choroby". (Psalm 103:3)

Kiedy wstajemy i świadczymy o tym, co Pan uczynił, nie tylko oddajemy Bogu chwałę, ale także podnosimy wiarę innych, którzy potrzebują tego usłyszeć. Jest to również świeża krew przeciwko diabłu.

"I zwyciężyli go krwią Baranka i słowem świadectwa swego, i nie umiłowali życia swego aż do śmierci". (Objawienie 12:11)

Bóg czyni cuda zarówno duże, jak i małe. Pokonujesz diabła, gdy mówisz innym o tym, co Bóg dla ciebie uczynił. Sprawiasz, że diabeł ucieka, gdy zaczynasz wielbić Boga całym swoim sercem! Masz do dyspozycji broń wiary i moc Ducha Świętego, aby pokonać ojca wszelkiego kłamstwa. Musimy nauczyć się z nich korzystać.

Wada wzroku.

Miałem problem ze wzrokiem w 1974 roku, zanim przyjechałem do Ameryki. Nie mogłem rozróżnić odległości między mną a innym obiektem przede mną. Powodowało to silne bóle głowy i nudności. Lekarz powiedział, że mam wadę siatkówki, którą można skorygować ćwiczeniami, jednak nie przyniosło to żadnych rezultatów, a bóle głowy nie ustępowały.

Uczęszczałem do kościoła w Kalifornii, który wierzył w uzdrawiającą moc. Poprosiłem kościół o modlitwę za mnie. Ciągle słyszałam świadectwa uzdrowienia, które pomogły mi uwierzyć w uzdrowienie. Jestem bardzo wdzięczny, że kościoły zezwalają na składanie świadectw, aby inni mogli usłyszeć pochwalne relacje o cudach, których Bóg dokonał w życiu zwykłych ludzi. Słuchanie świadectw zawsze podnosiło moją wiarę. Dzięki świadectwom wiele się nauczyłem.

Później udałem się do okulisty, ponieważ Bóg poprosił mnie o wizytę.

Lekarz ten zbadał moje oczy i stwierdził ten sam problem, ale poprosił mnie o drugą opinię. Tydzień później poprosiłem o modlitwę, ponieważ miałem silny ból głowy i nieznośny ból oczu.

Poszedłem do drugiej opinii, która zbadała moje oczy i powiedziała, że nie ma nic złego w moich oczach. Byłem bardzo szczęśliwy.

Sześć miesięcy później jechałem do pracy i myślałem o tym, co powiedział lekarz i zacząłem ufać, że nic nie jest nie tak, a inny lekarz, który zdiagnozował niedoskonałość oczu, był w błędzie. Byłem uzdrowiony przez te wszystkie miesiące i zapomniałem o tym, jak bardzo byłem chory.

Bóg zaczął do mnie mówić: "Czy pamiętasz, że miałaś nieznośny ból, ból głowy i mdłości?".

Odpowiedziałem: "Tak". Wtedy Bóg powiedział: "Czy pamiętasz, kiedy byłeś w Indiach i lekarz powiedział, że masz wadę wzroku i nauczono cię ćwiczeń koordynacji wzroku? Czy pamiętasz, że w ciągu ostatnich sześciu miesięcy nie wróciłeś do domu chory z powodu tego problemu?".

Odpowiedziałem" :Tak".

Bóg powiedział do mnie: "Uzdrowiłem twoje oczy!".

Chwała Bogu, to wyjaśniło, dlaczego trzeci lekarz nie mógł znaleźć u mnie nic złego. Bóg pozwolił mi przejść przez to doświadczenie, aby pokazać mi, że jest w stanie wejść głęboko w moje oczy i je uzdrowić. Słowo Boże mówi: "Ja znam serce, a nie ten, kto je posiada". Ostrożnie zacząłem zastanawiać się nad tymi słowami w moim umyśle. Mogę być właścicielem mojego serca, ale nie znam własnego serca ani nie wiem, co mam w sercu. Z tego powodu modlę się, poszczę i nieustannie czytam Słowo, aby Bóg mógł znaleźć w moim sercu tylko dobroć, miłość i wiarę. Musimy uważać na to, co myślimy i co wychodzi z naszych ust. Medytujmy nad dobrem, ponieważ Bóg zna nasze myśli.

Niech słowa ust moich i rozmyślanie serca mego będą przyjemne przed obliczem twoim, Panie, mocy moja i Odkupicielu mój".
(Psalm 19:14)

Serce jest podstępne ponad wszystko i rozpaczliwie niegodziwe: któż może je poznać? Ja, Pan, badam serce, wypróbowuję wodze, aby oddać każdemu według jego dróg i według owocu jego uczynków."
(Jeremiasza 17: 9-10)

Modlę się za siebie Psalmem 51:

> *"Stwórz, o Boże, we mnie serce czyste i odnów we mnie ducha prawego"* (Ps 51:10).

Niepokój.

Przechodziłem przez okres, w którym doświadczałem czegoś, czego nie potrafiłem wyrazić słowami. Pamiętam, jak powiedziałam Bogu, że nie wiem, dlaczego tak się czuję. Modliłam się i prosiłam Boga, abym nie mogła zrozumieć tego przytłaczającego uczucia, ponieważ o nic się wtedy nie martwiłam. Uczucie to trwało przez jakiś czas i sprawiało, że czułam " sięwyłączona" psychicznie, ale nie fizycznie, co jest najlepszym sposobem, w jaki mogę to opisać. Później w pracy miałem w ręku tę małą książkę z inspiracjami.

Pan powiedział: "Otwórz tę księgę i czytaj".

Znalazłem temat o "niepokoju". Bóg powiedział, że to, co masz, to niepokój. Nie znałam tego słowa. Ponieważ nie miałam jasnego zrozumienia tego słowa, Jezus powiedział, żebym zajrzała do słownika. Znalazłam dokładnie te objawy, które miałam. Definicja brzmiała: niepokój lub troska o jakąś rzecz lub wydarzenie, przyszłe lub niepewne, które niepokoi umysł i utrzymuje go w stanie bolesnego niepokoju.

Powiedziałem" :Tak, Panie, dokładnie tak się czuję!".

Pracowałem na huśtawce i w dzień wolny kładłem się wcześnie spać. W tym czasie budziłem się wcześnie rano, aby się modlić i pewnego dnia Bóg kazał mi iść spać. Pomyślałem" :Dlaczego Bóg miałby to powiedzieć?". Na tym wczesnym etapie mojej wędrówki z Bogiem uczyłem się rozróżniać i słyszeć Jego głos. Ponownie powiedziałem sobie, dlaczego Bóg mówi mi, żebym poszedł spać? Myślę, że to diabeł.

Wtedy przypomniałem sobie, że czasami Bóg mówi do nas rzeczy, które mogą nie mieć żadnego sensu, ale przekazuje nam ważne przesłanie. Krótko mówiąc, Jego przesłanie było takie, że nie musimy być świętsi od ciebie.

"Bo myśli moje nie są myślami waszymi ani wasze drogi moimi drogami, mówi Pan. Bo jak niebiosa są wyższe niż ziemia, tak drogi moje są wyższe niż drogi wasze i myśli moje niż myśli wasze".
(Izajasza 55:8-9)

Innymi słowy, modlitwa jest właściwą drogą, ale w tamtym czasie tak nie było. On już wysłał Swojego Anioła, by mi usługiwał, a ja musiałam leżeć w łóżku. Jest czas na odpoczynek i czas na to, by Bóg napełnił nasze lampy świeżą oliwą poprzez modlitwę odnawiającą Ducha Świętego. W naturze potrzebujemy snu i odpoczynku, aby odświeżyć nasze ciała i umysły zgodnie z Bożym zamysłem. Jesteśmy świątynią Boga i musimy o siebie dbać.

Ale do którego z **aniołów** *powiedział kiedykolwiek: Siądź po prawicy mojej, aż nieprzyjaciół twoich uczynię podnóżkiem stóp twoich? Czyż nie są oni wszyscy* **duchami usługującymi, posłanymi, aby służyć tym, którzy mają być dziedzicami zbawienia***?*
(Hebrajczyków 1:13,14)

Kiedy ponownie zasnąłem, miałem sen o człowieku bez głowy. Bezgłowy mężczyzna dotknął mojej głowy. Później obudziłem się odświeżony i całkowicie normalny; wiedząc, że Bóg posłał Anioła Uzdrowienia, aby dotknął mojej głowy i uwolnił mnie od tego niepokoju. Byłam tak wdzięczna Bogu, że powiedziałam o tym każdemu, kto chciał słuchać. Doświadczyłem okropnych, wyniszczających objawów lęku, które wpłynęły na mój umysł. Każdego dnia budzisz się ze stanem lękowym, który nigdy nie daje ci spokoju, ponieważ twój umysł nie jest w pełni wypoczęty i zrelaksowany. Lęk jest również narzędziem diabła, które sprawia, że czujesz się przytłoczony strachem lub paniką. Występuje w wielu formach i możesz nawet nie wiedzieć, że go masz. Najlepszą rzeczą do zrobienia jest zmiana sposobu reagowania na stres i zastanowienie się,

czy dajesz swojemu ciału to, czego potrzebuje do codziennej odnowy.
Bóg zajmie się resztą, gdy ty zadbasz " oswoją świątynię".

*"Jeśli kto zbezcześci świątynię Bożą, tego zniszczy Bóg, bo świątynia
Boża jest święta, a wy nią jesteście". (1 Koryntian 3:17)*

Jego głos.

Kiedy masz Boga, jesteś pełny, ponieważ jesteś zanurzony w Jego
miłości. Im bardziej Go poznajesz, tym bardziej Go kochasz! Im więcej
z Nim rozmawiasz, tym bardziej uczysz się słyszeć Jego głos. Duch
Święty pomaga ci rozpoznać głos Boga. Musisz tylko słuchać tego
cichego głosu. Jesteśmy owcami z Jego pastwiska, które znają Jego
głos.

*"Wtedy Jezus im odpowiedział: Mówiłem wam, a nie uwierzyliście:
uczynki, które czynię w imieniu Ojca mego, one świadczą o mnie. Ale
wy wierzycie nie, bo nie jesteście z moich owiec, jak wam
powiedziałem. Owce moje głosu mego słuchają i Ja znam je, a one
idą za Mną: Ja daję im życie wieczne i nigdy nie zginą, i nikt nie
wyrwie ich z mojej ręki. Ojciec mój, który mi je dał, jest większy niż
wszyscy i nikt nie może ich wyrwać z ręki Ojca mego. Ja i Ojciec mój
jedno jesteśmy". (Jana 10:25-30)*

Są wśród nas tacy, którzy nazywają siebie Jego "owcami" i tacy, którzy
nie wierzą. Jego owce słyszą głos Boga. Religijne demony są
zwodnicze. Sprawiają, że czujemy się, jakbyśmy mieli Boga. Pismo
Święte ostrzega nas przed fałszywymi doktrynami.

*"mający pozór pobożności, ale zapierający się jej mocy".
(2 Tymoteusza 3:5)*

Bóg mówi: "Szukajcie Mnie całym swoim sercem, a znajdziecie
Mnie". Nie chodzi o znalezienie stylu życia, który nam odpowiada.
Podążaj za prawdą, a nie za tradycją religijną. Jeśli jesteś spragniony
Bożej prawdy, znajdziesz ją. Musisz czytać i kochać Słowo Boże,

ukrywać je w swoim sercu i pokazywać je w swoim stylu życia. Słowo zmienia cię wewnętrznie i zewnętrznie.

Jezus przyszedł, aby złamać moc tradycji i religii za cenę swojej krwi. Oddał swoje życie, abyśmy mogli otrzymać przebaczenie grzechów i mieć bezpośrednią komunię z Bogiem. Prawo zostało wypełnione w Jezusie, ale oni nie wyznali Go jako Pana i Zbawiciela, Mesjasza.

"Niemniej jednak wielu uwierzyło w Niego wśród głównych władców, ale z powodu faryzeuszy nie wyznali Go, aby nie zostali usunięci z synagogi: Umiłowali bowiem bardziej chwałę ludzką niż chwałę Bożą". (Jana 12:42, 43)

Grypa:

Miałem wysoką gorączkę, której towarzyszyły bóle ciała. Moje oczy i twarz były bardzo opuchnięte. Ledwo mogłem mówić i zadzwoniłem do starszego mojego kościoła, aby pomodlił się o moje uzdrowienie. Moje rysy twarzy natychmiast wróciły do normy i zostałam uzdrowiona. Dziękuję Bogu za ludzi wiary i pewność, jaką daje tym, którzy Mu ufają.

"Albowiem ewangelia nasza nie przyszła do was tylko w słowie, ale także w mocy i w Duchu Świętym, i w wielkiej pewności". (1 Tesaloniczan 1:5a)

Alergia oczu.

W południowej Kalifornii mamy poważny problem ze smogiem. Miałem podrażnienie oczu, które pogorszyło się wraz z zanieczyszczeniem powietrza. Swędzenie, zaczerwienienie i ciągły ból były nie do zniesienia; sprawiały, że miałem ochotę wyjąć oczy z gałek ocznych. Co za okropne uczucie. Wciąż rosłam i uczyłam się ufać Bogu. Myślałam, że to niemożliwe, by Bóg mnie uzdrowił, mimo że uzdrawiał mnie już w przeszłości. Trudno mi było uwierzyć Bogu w moje uzdrowienie. Myślałam, że skoro Bóg zna już każdą moją myśl, nie może uzdrowić moich oczu z powodu mojej niewiary, więc użyłam kropli do oczu, aby złagodzić swędzenie. Pan zaczął do mnie przemawiać, abym odstawiła krople do oczu. Ale swędzenie było bardzo silne i nie przestałem. Powtórzył to trzy razy, aż w końcu odstawiłam krople do oczu.

> *"Lecz Jezus spojrzał na nich i rzekł im: U ludzi to niemożliwe, ale u* **Boga wszystko jest możliwe"**. *(Mateusza 19:26)*

Kilka godzin później, gdy byłem w pracy, swędzenie mnie opuściło. Byłem tak szczęśliwy, że zacząłem opowiadać wszystkim w pracy o moim uzdrowieniu. Nigdy więcej nie musiałem martwić się o moje oczy. Tak mało wiemy o Bogu i o tym, jak On myśli. Nigdy Go nie poznamy, **ponieważ Jego drogi** nie są naszymi drogami. Nasza wiedza o Nim jest niezwykle mała. Dlatego tak ważne jest, by prawdziwi wierzący chodzili w Duchu. Nie możemy opierać się na naszym ludzkim zrozumieniu. Tego dnia Jezus był dla mnie łaskawy, cierpliwy i miłosierny. Jezus dawał mi wspaniałą lekcję. Wątpiłam w uzdrowienie, ale tego dnia byłam posłuszna i On mnie uzdrowił! On nigdy nie zrezygnował ze mnie i nigdy nie zrezygnuje z ciebie!

Po tej lekcji posłuszeństwa odstawiłam wszystkie rodzaje lekarstw. Uwierzyłam w swoim sercu, że mogę zacząć ufać Bogu, że uzdrowi mnie ze wszystkich moich chorób i dolegliwości. Z czasem nauczyłem się Mu wierzyć i wzrastałem w Panu. On nadal jest moim lekarzem.

Uraz szyi:

Pewnego popołudnia jechałem do kościoła, kiedy zostałem potrącony przez inny pojazd i doznałem urazu szyi, który wymagał zwolnienia lekarskiego z pracy. Chciałem wrócić do pracy, ale lekarz odmówił. Zacząłem się modlić: "Jezu, jestem znudzony, proszę, pozwól mi odejść". Jezus powiedział: "Wracaj do pracy i nikt nie będzie w stanie powiedzieć, że doznałaś urazu".

> *"Bo przywrócę ci zdrowie i uleczę cię z twoich ran, mówi Pan"* *(Jeremiasza 30:17a).*

Potem wróciłem do lekarza, a on pozwolił mi wrócić do pracy, ponieważ nalegałem. Znowu zaczęłam odczuwać ból i dostałam naganę za zbyt szybki powrót do pracy. Przypomniałem sobie, co Jezus mi powiedział i obiecał. Zaczęłam powtarzać sobie, by trzymać się Bożej obietnicy i z dnia na dzień było coraz lepiej. Zanim się obejrzałam, ból minął. Tego wieczoru mój przełożony poprosił mnie o pracę w nadgodzinach. Żartobliwie roześmiałam się i powiedziałam mu, że nie jestem wystarczająco zdrowa, aby pracować w nadgodzinach, ponieważ odczuwam ból. Przyznałem się, że mam coś, czego nie miałem. Ból natychmiast powrócił, a moja twarz stała się bardzo blada, więc mój przełożony kazał mi iść do domu. Przypomniałam sobie, jak wcześniej Bóg powiedział, że nic mi nie będzie i byłam zdeterminowana, by się tego trzymać. Powiedziałem przełożonemu, że nie mogę iść do domu z powodu Bożej obietnicy. Inna przełożona była chrześcijanką, więc poprosiłam ją o modlitwę za mnie. Nalegała, bym wróciła do domu. Zaczął ganić ból i wypowiadać słowa wiary. W autorytecie Ducha Świętego nazwałem diabła kłamcą. Natychmiast ból ustąpił.

"Wtedy dotknął ich oczu, mówiąc: Według wiary waszej niech wam się stanie". (Mateusza 9:29)

Wróciłem do mojej przełożonej i powiedziałem jej, co się stało. Zgodziła się, że diabeł jest kłamcą i ojcem wszystkich kłamstw. Ważne jest, aby nigdy nie wywoływać choroby lub bólu. Tego dnia Bóg dał mi bardzo ważną lekcję na temat żartowania z nieprawdy.

"Ale niech wasza komunikacja będzie: Tak, tak; Nie, nie; bo cokolwiek jest więcej niż te, pochodzi ze zła". (Mateusza 5:37).

Rozdział 3

Potężna broń Boga - modlitwa i post

Pewnego niedzielnego poranka, podczas nabożeństwa, leżałem na ostatniej ławce w potwornym bólu i ledwo mogłem chodzić. Nagle Bóg powiedział mi, abym podszedł do przodu i przyjął modlitwę. W jakiś sposób wiedziałem w swoim sercu i w Duchu, że nie zostanę uzdrowiony, ale ponieważ słyszałem Boż ygłos, byłem posłuszny. Jak czytamy w

1 Samuela 15:22b. Posłuszeństwo jest lepsze niż poświęcenie.

Powoli podszedłem do przodu i kiedy zacząłem iść boczną alejką, zauważyłem, że ludzie zaczęli wstawać, gdy ich mijałem. Byłem świadkiem, jak Duch Boży padał na każdą osobę i zastanawiałem się, jaki był cel Boga, aby wysłać mnie na przód.

"I stanie się, jeśli będziesz pilnie słuchał głosu Pana, Boga twego, aby przestrzegać i czynić wszystkie jego przykazania, które ci dziś nakazuję, że Pan, Bóg twój, postawi cię wysoko ponad wszystkimi narodami ziemi: I wszystkie te błogosławieństwa przyjdą na ciebie i

ogarną cię, jeśli będziesz słuchał głosu Pana, Boga twego".
(Powtórzonego Prawa 28:1-2)

Kiedy to się stało, uczęszczałem do mojego lokalnego kościoła, ale myślałem o tym konkretnym dniu przez jakiś czas. Później odwiedziłem kościół w mieście Upland. Siostra z naszego poprzedniego kościoła również tam uczęszczała. Zobaczyła moje ogłoszenie na samochodzie, w którym oferowałem korepetycje z matematyki i chciała mnie zatrudnić. Pewnego dnia, gdy uczyłam ją w moim domu, powiedziała mi: "Siostro, pamiętam dzień, kiedy byłaś chora w naszym starym kościele i podeszłaś do przodu, aby otrzymać modlitwę. Nigdy wcześniej nie doświadczyłam takiej obecności Boga, mimo że zostałam ochrzczona w Imię Jezusa i chodziłam do kościoła przez dwa lata. W dniu, w którym przechodziłeś, po raz pierwszy poczułem Ducha Bożego i było to tak silne. Pamiętasz, jak cały kościół wstawał, gdy Duch spadał na nich, gdy przechodziłeś?". Dobrze pamiętałam ten dzień, ponieważ wciąż zastanawiałam się, dlaczego Bóg posłał mnie na front, skoro ledwo mogłam chodzić. Czułem, że Bóg nie bez powodu pozwolił jej ponownie stanąć na mojej drodze. Przez nią Bóg odpowiedział na moje pytanie dotyczące tamtego dnia.

Cieszyłem się, że usłyszałem Boga i byłem posłuszny Jego głosowi.

"Chodzimy bowiem wiarą, a nie widzeniem" (2 Koryntian 5:7).

Po moim urazie we wrześniu 1999 roku nie mogłem już chodzić, więc pozostałem w łóżku, nieustannie modląc się i poszcząc dzień i noc, ponieważ nie spałem przez 48 godzin. Modliłem się dzień i noc, myśląc, że wolę mieć Boga w umyśle niż odczuwać ból. Nieustannie rozmawiałem z Bogiem. Jesteśmy naczyniami honoru lub hańby. Kiedy się modlimy, napełniamy nasze naczynie świeżym Bożym olejem, modląc się w Duchu Świętym.

Musimy mądrze wykorzystywać nasz czas i nie pozwalać, by troski życia powstrzymywały nas od utrzymywania duchowo intymnej relacji z naszym Stwórcą. Najpotężniejszą bronią przeciwko diabłu i jego armii jest modlitwa i post.

"Ale wy, umiłowani, budując się na najświętszej wierze, modląc się w Duchu Świętym" (Judy Vs.20).

Pokonujesz zło, gdy się modlisz i prowadzisz konsekwentne życie modlitewne. Konsekwencja jest wszechmocna. Post zwiększy moc Ducha Świętego i będziesz miał władzę nad demonami. Imię Jezusa jest tak potężne, gdy wypowiadasz słowa "W imię Jezusa". Pamiętaj również, że drogocenna "Krew Jezusa" jest twoją bronią. Poproś Boga, aby okrył cię Swoją Krwią. Słowo Boże mówi:

*"I od Jezusa Chrystusa, który jest świadkiem wiernym i pierworodnym z umarłych, i księciem królów ziemi. Tego, który nas umiłował i **obmył nas z naszych grzechów własną krwią**".*
(Objawienie 1:5)

*"Do tego stopnia, że wynosili chorych na ulice i kładli ich na łóżkach i leżankach, aby przynajmniej **cień** przechodzącego Piotra mógł przyćmić niektórych z nich". (Dzieje Apostolskie 5:15)*

Rozdział 4

Bóg, Wielki Strateg

Kto może poznać umysł Boga? W 1999 roku pracowałem na zmianę na poczcie, kiedy pochyliłem się, by odebrać przesyłkę i poczułem silny ból pleców. Szukałem mojego przełożonego, ale nie mogłem go znaleźć. Poszedłem do domu, myśląc, że ból ustąpi po modlitwie przed snem. Kiedy obudziłem się następnego ranka z bólem, zadzwoniłem do starszego kościoła, który modlił się o moje uzdrowienie. Podczas modlitwy usłyszałem, jak Pan mówi mi, abym zadzwonił do mojego pracodawcy na poczcie i powiadomił go o mojej kontuzji. Następnie poinstruowano mnie, abym po powrocie do pracy powiadomił mojego przełożonego. Kiedy wróciłem do pracy, zostałem wezwany do biura, aby wypełnić raport o urazie. Odmówiłem wizyty u ich lekarza, ponieważ nie wierzyłem w wizytę u lekarza. Ufałem Bogu. Niestety, mój ból pleców tylko się nasilił. Mój pracodawca potrzebował zaświadczenia lekarskiego potwierdzającego, że doznałem urazu, aby uzasadnić lekką pracę. W tym czasie składałem już kilka próśb o wizytę u ich lekarza, ale teraz nie byli skłonni mnie wysłać. Dopiero gdy zauważyli pewną poprawę, gdy chodziłem, uznali, że wróciłem do zdrowia. Teraz skierowali mnie do lekarza medycyny pracy, który później skierował mnie do specjalisty ortopedy. Potwierdził on, że doznałem trwałego urazu kręgosłupa.

To bardzo zdenerwowało mojego pracodawcę. Cieszyłam się, że tym razem zgodziłam się na wizytę u ich lekarza. Nie wiedziałem, co przyniesie mi przyszłość, ale Bóg to zrobił. Nie tylko dostałem lekki dyżur w pracy, ale teraz byli świadomi, że mam poważną niepełnosprawność. W miarę jak mój stan się pogarszał, mogłem pracować tylko sześć godzin, potem cztery, a następnie dwie. Mój ból stał się tak nieznośny, że dojazdy do pracy sprawiały mi trudność. Wiedziałem, że muszę polegać na Bogu, który mnie uzdrowi. Modliłem się i pytałem Boga, jaki jest Jego plan dla mnie? Odpowiedział: "*Wracasz do domu*". Pomyślałem, że na pewno wezwą mnie do biura i odeślą do domu. Później zostałem wezwany do biura i odesłany do domu, tak jak powiedział Pan. W miarę upływu czasu mój stan się pogarszał i potrzebowałem wsparcia, aby chodzić. Lekarz, który zdawał sobie sprawę z powagi mojego urazu, zalecił mi wizytę u lekarza Worker's Compensation, który zająłby się moją sprawą.

Pewnego piątkowego wieczoru, gdy otworzyłem drzwi wychodząc z poczty, usłyszałem głos Boga mówiący" :*Nigdy więcej nie wrócisz do tego miejsca*". Byłem tak zdumiony tymi słowami, że zacząłem myśleć, że może zostanę sparaliżowany lub nawet zwolniony. Głos był bardzo wyraźny i potężny. Wiedziałem bez wątpienia, że tak się stanie i nie wrócę już do miejsca, w którym pracowałem przez 19 lat. Nie miałem pewności, jak potoczą się moje sprawy finansowe. Jednak Bóg patrzy na wszystko z dystansu, stawiając kolejny krok na drodze, którą powinienem podążać.

Bóg powoli i umiejętnie kładł podwaliny pod moją przyszłość, niczym mistrzowski strateg na czas, gdy nie będę już pracował dla nikogo innego, tylko dla Niego. Po weekendzie znalazłem nowego lekarza ortopedę, który mnie zbadał. Uznał mnie za tymczasowo niezdolnego do pracy na prawie rok. Poczta wysłała mnie na badanie do jednego ze swoich lekarzy, a jego opinia była sprzeczna z opinią mojego lekarza. Powiedział, że nic mi nie jest i mogę podnosić ciężary do 100 funtów.

Nie mogłem nawet chodzić, stać ani siedzieć zbyt długo, nie mówiąc już o podnoszeniu ciężarów odpowiadających mojemu wątłemu ciału. Mój lekarz był bardzo zdenerwowany. Nie zgadzał się z oceną mojego zdrowia i możliwości fizycznych dokonaną przez drugiego lekarza. Dzięki Bogu, że mój lekarz zakwestionował to w moim imieniu i przeciwko lekarzowi mojego pracodawcy. Mój pracodawca skierował sprawę do trzeciego lekarza, który miał pełnić rolę mediatora. Sędzią tym był chirurg ortopeda, który później zdiagnozował u mnie niepełnosprawność. Nie było to spowodowane urazem w pracy, ale chorobą krwi. Teraz wszystko przybrało inny obrót. Urodziłem się z tą chorobą. Nie wiedziałem nic o emeryturze inwalidzkiej. Modliłam się o tę sytuację ze złością w sercu. Wiem, że jego zadaniem było zrobienie tego, co było sprawiedliwe dla pacjenta, a nie dla pracodawcy. W wizji zobaczyłem tego lekarza całkowicie obłąkanego.

Natychmiast poprosiłem Jezusa, aby mu wybaczył. Pan zaczął do mnie przemawiać, mówiąc, że lekarz zrobił wszystko, co w jego mocy dla twojego dobra. Poprosiłem Pana, aby mi to pokazał, ponieważ nie widziałem tego w ten sposób; jednak moja odpowiedź nadejdzie później. W międzyczasie złożyłem wniosek o zasiłek z tytułu trwałej niepełnosprawności, ponieważ nie mogłem już pracować. Nie miałem pewności, czy mój wniosek zostanie zatwierdzony. Zarówno mój pracodawca, jak i lekarz wiedzieli, że miałem nie tylko uraz kręgosłupa, ale także trzy guzy w dolnej części pleców i naczyniaka w kręgosłupie. Miałem chorobę zwyrodnieniową dysku i chorobę krwi. Stan mojego ciała pogarszał się szybko i bardzo boleśnie.

Bolesne objawy moich chorób i urazów odcisnęły na mnie swoje piętno. Okazało się, że nie jestem w stanie chodzić nawet z pomocą. Nie było wiadomo, co jest przyczyną paraliżu nóg, więc wysłano mnie na rezonans magnetyczny głowy. Lekarz szukał jakichkolwiek zaburzeń psychicznych. Któż może znać umysł Boga i wiedzieć, jakie kroki podejmuje w sprawie mojej przyszłości? Bóg jest wielkim strategiem, ponieważ nie wiedziałem wtedy, że wszystko to miało swój powód. Musiałem tylko zaufać Mu, że się mną zaopiekuje. Świadczenia z tytułu trwałej niezdolności do pracy mogą być zatwierdzone tylko dla osób, które mają osobisty stan zdrowia, który może być medycznie potwierdzony przez osobistego lekarza. Ponieważ mój nowy lekarz nie miał żadnej historii medycznej, odmówił dostarczenia pełnej oceny medycznej dotyczącej mojej niezdolności do pracy do Departamentu Niepełnosprawności. Stanąłem również przed dylematem dotyczącym moich finansów. Poszedłem do jedynego źródła, jakie znałem, aby uzyskać odpowiedzi. Pan powiedział: "*Masz wiele raportów medycznych, wyślij je wszystkie do lekarza*".

Nie tylko przekazałem lekarzowi wszystkie moje raporty medyczne, ale był on teraz gotowy do wypełnienia mojego wniosku o przyznanie stałej renty inwalidzkiej. Chwała Bogu! Bóg jest zawsze gotowy udzielić odpowiedzi, jeśli gorąco Go o to poprosimy. Ważne jest, aby zawsze być spokojnym i słuchać Jego odpowiedzi. Czasami nie przychodzi ona od razu. Czekałem, aż "Wielki Strateg" ułoży moje życie zgodnie z Jego wolą. Następne kilka miesięcy było dla mnie męczarnią i wyzwaniem. Nie tylko znosiłem ból fizyczny, ale także nie mogłem już przewrócić strony książki. Ponieważ moje uzdrowienie zależy od Boga, wierzyłem, że przechodzę przez to z jakiegoś powodu, ale na pewno nie umrę. Wierząc w to, codziennie dziękowałam Bogu za każdą chwilę życia i stan, w jakim się znajdowałam. Modliłam się i pościłam, aby przetrwać te chwile bólu. On był moim jedynym źródłem siły i miejscem schronienia w modlitwie.

Moje życie zmieniło się na gorsze. Nie byłem już w stanie pracować w tym wyniszczającym stanie. Każdego dnia modliłem się i błagałem, ale moja sytuacja zdawała się pogarszać, a nie poprawiać. Niemniej jednak wiedziałem, że Bóg jest jedyną odpowiedzią. Bez wątpienia wiedziałem, że On wszystko dla mnie rozwiąże. Dał mi poznać swoje istnienie i obecność, i wiedziałem, że mnie kocha. To wystarczyło, by trzymać się i czekać na "Mistrza Stratega", który miał konkretny plan dla mojego życia.

W tym czasie mieszkała ze mną moja matka, która miała 85 lat. Była również niepełnosprawna i potrzebowała pomocy i opieki w stanie przykutym do łóżka. W czasie, gdy moja kochająca matka potrzebowała mnie najbardziej, nie mogłem zaspokoić jej podstawowych potrzeb. Zamiast tego moja słaba matka musiała patrzeć, jak stan zdrowia jej córki pogarsza się na jej oczach. Dwie kobiety, matka i córka, w sytuacji, która wydawała się beznadziejna, a jednak obie wierzyłyśmy " wPotężnego Boga Cudów". Pewnego dnia moja matka zobaczyła, jak upadam na podłogę. Krzyczała i płakała, nie mogąc nic dla mnie zrobić. Ta scena była tak nieznośna i przerażająca dla mojej matki, że zobaczyła mnie na podłodze, ale Pan, w swoim miłosierdziu, podniósł mnie z podłogi. Mój brat, siostra i rodzina, słysząc o tym, byli bardzo zaniepokojeni, że mój stan osiągnął taką skrajność. Mój drogi i starszy ojciec, który był pod opieką gdzie indziej, tylko płakał i niewiele mówił, modliłem się do Pana, aby to wszystko się skończyło dla dobra nas wszystkich. To nie był tylko mój osobisty ból i próba do zniesienia; teraz dotykało to moich bliskich. To był najciemniejszy czas w moim życiu. Spojrzałem na Bożą obietnicę od samego początku:

"Gdy idziesz, twoje kroki nie będą skrępowane, a gdy biegniesz, nie potkniesz się". (Przysłów 4:12)

Z wielką radością w sercu myślałem o Bożym Słowie i obietnicy. Nie tylko będę w stanie zrobić krok, ale pewnego dnia będę w stanie biegać. Poświęciłem więcej czasu na modlitwę, ponieważ nie mogłem zrobić nic innego, jak tylko modlić się i szukać oblicza Boga. Stało się to moją obsesją dzień i noc. Słowo Boże stało się moją "kotwicą nadziei" na chwiejnym morzu. Bóg zaspokaja nasze potrzeby, więc znalazł dla mnie sposób na zdobycie zmotoryzowanego wózka inwalidzkiego, który ułatwił mi poruszanie się. Kiedy stałem, nie byłem w stanie utrzymać równowagi nawet z pomocą. Odczuwałem jedynie dyskomfort i ból w całym ciele, a wszelkie pocieszenie pochodziło od "Pocieszyciela", Ducha Świętego. Kiedy ludzie Boż ymodlili się nade mną, moje ciało odczuwało chwilową ulgę w bólu, więc zawsze szukałam modlitwy u innych. Pewnego dnia upadłam na podłogę i zabrano mnie do szpitala. Lekarz w szpitalu próbował przekonać mnie do przyjmowania leków przeciwbólowych. Był uparty, ponieważ widział, że mój ból był bardzo silny przez wiele dni. W końcu poddałem się jego instrukcjom i zacząłem przyjmować leki, ale było to sprzeczne z tym, w co wierzyłem.

Dla mnie Bóg był moim uzdrowicielem i lekarzem. Wiedziałem, że Bóg ma zdolność uzdrowienia mnie w każdej chwili, tak jak zrobił to wiele razy wcześniej, więc dlaczego nie miałby mnie uzdrowić teraz? Głęboko wierzyłam, że to Bóg jest odpowiedzialny za udzielenie mi pomocy. Tak właśnie myślałam i modliłam się w wierze i nikt nie mógł zmienić mojego sposobu myślenia na ten temat. Nie mogłam spojrzeć na to inaczej, więc czekałam na "Mistrza Stratega". Mój proces myślowy stawał się coraz silniejszy, opierając się na Bogu. Im więcej się modliłem, tym bardziej rosła moja relacja z Nim. Była tak głęboka i osobista, że nie da się jej wytłumaczyć komuś, kto nie zna duchowych dróg Boga ani Jego istnienia. On jest niesamowitym Bogiem! W dniu, w którym opuściłam szpital, zadzwoniłam po przyjaciółkę, by mnie odebrała. Położyła na mnie rękę i pomodliła się, a ja doświadczyłam chwilowej ulgi w bólu. To było jak zażycie Bożego lekarstwa na receptę. W tym czasie Bóg posłał pewną kobietę, by modliła się ze mną każdego ranka o 4.00. Kładła na mnie ręce i modliła się. Doświadczyłem tylko chwilowej ulgi, a teraz otrzymałem partnera modlitewnego. Wierzyłem z całego serca, że Bóg ma wszystko pod kontrolą.

Sytuacja pogarszała się, gdy stan mojego ciała stale się pogarszał. Z powodu uszkodzenia nerwów nie otrzymywałem wystarczającego dopływu krwi i tlenu do kończyn dolnych i górnych. Do listy objawów dołączyło również nietrzymanie moczu. Zacząłem mieć trudności z wymawianiem słów z powodu skurczów w ustach. Miałem uszkodzenie nerwu kulszowego, a lista objawów stale rosła.

Moje uzdrowienie nie przyszło szybko. Zastanawiałem się, co stało się z Jego obietnicą z Przysłowia 4:12. Pomyślałem, że może zgrzeszyłem. Poprosiłem " :więcPanie Jezu, proszę, daj mi znać, co zrobiłem źle, abym mógł okazać skruchę". Poprosiłem Boga, aby porozmawiał ze mną lub z moim przyjacielem, aby przesłał mi jakieś słowo. Nie byłem zły na Boga, ale prosiłem Go z pokornym sercem. Desperacko pragnąłem uzdrowienia.

Później tego dnia zadzwonił mój telefon, pomyślałem sobie, czy to może być moja odpowiedź? Ale ku mojemu rozczarowaniu, telefon był do kogoś innego. Poszedłem spać i obudziłem się o 4 nad ranem, aby się modlić. Moja partnerka modlitewna Sis. Rena przyszła pomodlić się ze mną. Spojrzałam na nią i zastanawiałam się, że może Bóg przemówił do niej i ona ma moją odpowiedź, ale ku mojemu rozczarowaniu nie nadeszła żadna odpowiedź.

Po jej wyjściu poszedłem do swojego pokoju, aby się położyć i odpocząć. Kiedy tam leżałem, o 9.00 usłyszałem, jak otwierają się tylne drzwi; to była Carmen, dozorczyni domu. Weszła i zapytała mnie *"jak się czujesz?"*. Odpowiedziałem *"czuję się okropnie"*. Potem odwróciłam się i wróciłam do swojego pokoju. Carmen powiedziała: *"Mam dla ciebie słowo"*. Kiedy modliłam się dzisiaj w kościele, Jezus przyszedł do mnie i powiedział: *"Siostra Elizabeth Das przechodzi próbę. Elizabeth Das przechodzi próbę, jest to jej ognista, długa próba i nie zrobiła nic złego. Wyjdzie z tego jako złoto i bardzo ją kocham"*. Wiem, że poprzedniej nocy byłam z Nim w sali tronowej, kiedy prosiłam o odpowiedź na moje pytanie.

Oto ręka Pańska nie jest skrócona, aby nie mogła zbawić; ani jego ucho ciężkie, aby nie mogło usłyszeć. (Izajasza 59:1)

W tym momencie mojego życia czułem się, jakbym miał oszaleć. Nie mogłem już czytać, zapamiętywać ani normalnie się koncentrować. Moim jedynym wyborem i powodem do życia było oddawanie czci Bogu i nieustanna modlitwa. Spałem tylko przez krótkie okresy około trzech do czterech godzin co drugi dzień. Kiedy spałem, Bóg był moim Shalom. Chwała, uwielbienie i cześć Jego Świętemu Imieniu! W moich modlitwach wołałem do Pana: "Boże, wiem, że mogę natychmiast z tego wyjść, ponieważ wierzę, że możesz mnie uzdrowić". Zacząłem myśleć o mojej próbie, że być może nie mógłbym z niej wyjść tylko dzięki mojej wierze. Próby mają swój początek i koniec.

Jest czas zabijania i czas leczenia, czas burzenia i czas budowania
(Kaznodziei 3:3).

Musiałem wierzyć, że kiedy to wszystko się skończy, będę miał potężne świadectwo wiary, które przetrwa na zawsze. Świadectwo wiary, którym podzielę się z wieloma jako świadek cudownych dzieł Wszechmogącego Boga! To wszystko będzie tego warte, powtarzałem sobie. Musiałam wierzyć w moją "kotwicę nadziei", ponieważ nie było innej drogi niż **Jego droga**! I to właśnie na **Jego drodze** doszło do tego, że zostałam zaprowadzona do Tego, który został obdarzony potężnym darem uzdrawiania, danym w Jego imię. Słowo Boże nigdy się nie zmienia, więc Bóg też się nie zmienia. On jest taki sam wczoraj, dziś i na wieki. Jako narodzeni na nowo wierzący musimy wyznawać naszą wiarę w miłości i kochać Słowo Boże.

"Narodzić się na nowo, nie ze zniszczalnego nasienia, ale z niezniszczalnego, przez słowo Boże, które żyje i trwa na wieki".
(1 Piotra 1:23)

Biblijni mężowie Boży również przechodzili próby. Dlaczego dzisiaj miałoby być inaczej, że Bóg miałby nas nie próbować? Nie porównuję się do pobożnych mężów z Biblii, ponieważ daleko mi do porównania ze świętymi uczniami. Jeśli Bóg testował wiarę ludzi setki lat temu, to będzie również testował mężczyzn i kobiety dzisiaj.

"Błogosławiony mąż, który znosi pokusę, albowiem gdy będzie **doświadczony***, otrzyma koronę żywota, którą Pan obiecał tym, którzy Go miłują". (Jakuba 1:12)*

Pomyślałem o biblijnej historii Daniela. Znalazł się on w sytuacji, w której jego wiara została wystawiona na próbę. Bóg ochronił Daniela w jaskini lwów, ponieważ nie był on posłuszny prawu króla Dariusza. Modlił się tylko do Boga i odmówił modlitwy do króla Dariusza. Następnie był Hiob, oddany człowiek, który kochał Boga, który stracił wszystko, co miał i cierpiał z powodu chorób w swoim ciele, ale Hiob nie przeklinał Boga. Biblia wspomina o wielu innych mężczyznach i kobietach. Bez względu na to, przez co przeszli, ich próba miała początek i koniec. Pan był z nimi przez to wszystko, ponieważ ufali Mu. Trzymam się lekcji z tych biblijnych relacji, które są nam dane jako przykład i inspiracja. Bóg jest odpowiedzią na wszystko. Zaufaj tylko Jemu i pozostań wierny Jego Słowu, ponieważ Jego Słowo jest wierne tobie!

Zachowując wiarę i dobre sumienie, które niektórzy odrzuciwszy w odniesieniu do wiary, rozbili (1 Tymoteusza 1:19).

Kiedy twoja wiara jest wystawiana na próbę, pamiętaj, by opierać się na Słowie Bożym. W każdym ataku wroga bitwa może zostać wygrana dzięki Mocy Jego Słowa.

Pan jest moją siłą i pieśnią, On stał się moim zbawieniem, On jest moim Bogiem (Wj 15:2a).

Bóg skałą moją, w Nim ufać będę, On tarczą moją i rogiem zbawienia mego, wieżą moją i ucieczką moją, wybawicielem moim; Tyś mnie wybawił od przemocy (2Sam. 22:3).

Pan jest skałą moją i twierdzą moją, i wybawicielem moim, Bogiem moim, mocą moją, w którym ufać będę, puklerzem moim i rogiem zbawienia mego, i wieżą moją wysoką". (Ps. 18:2)

Pan jest moim światłem i moim zbawieniem; kogo mam się bać? Pan jest siłą mojego życia; kogo mam się bać? (Ps. 27:1).

W Bogu pokładam moją ufność: Nie będę się bał tego, co człowiek może mi uczynić. (Ps. 56:11)

W Bogu jest moje zbawienie i moja chwała; skała mojej siły i moje schronienie jest w Bogu. (Ps. 62:7)

Rozdział 5

Wyrażanie swojej wiary

Przez jakiś czas miałem alergię na kurz, która powodowała swędzenie twarzy. Wierzyłem, że Bóg uzdrowi mnie z tej choroby. Pewnego dnia współpracownica spojrzała na mnie, mówiąc, że moja alergia jest bardzo poważna. Powiedziałem jej, że nie mam alergii, wyjaśniając, że wierzę, że Bóg już zajął się moją prośbą o uzdrowienie. To było moje przekonanie "nie nazywaj tego" i "nie domagaj się tego". Pan uhonorował moją prośbę tego samego dnia, usuwając chorobę i wszystkie objawy. Cóż za wspaniały Bóg, któremu służymy! Nie musimy spowiadać się ustami i nadawać imion naszym objawom. Kiedy otrzymujesz modlitwę, uwierz, że już się tym zajęto w niebie i że wysłano Anioła, aby przyniósł ci uzdrowienie. Wypowiadaj swoją wiarę, a nie swoje choroby i dolegliwości. Przypomina mi się biblijna historia Jezusa i setnika w Kafarnaum:

"A gdy Jezus wszedł do Kafarnaum, przyszedł do niego setnik, prosząc go i mówiąc: Panie, sługa mój leży w domu chory na porażenie, bardzo udręczony. I rzekł mu Jezus: Przyjdę i uzdrowię go. Odpowiedział setnik i rzekł: Panie, nie jestem godzien, abyś wszedł pod dach mój, ale powiedz tylko słowo, a będzie uzdrowiony sługa mój. Jestem bowiem człowiekiem pod władzą i mam pod sobą

żołnierzy; mówię temu człowiekowi: Idź, a on idzie; innemu: Przyjdź,
a on przychodzi; mojemu słudze: Zrób to, a on to robi". Gdy Jezus to
usłyszał, zdumiał się i rzekł do tych, którzy szli za nim: Zaprawdę
powiadam wam, nie znalazłem tak wielkiej wiary, nie w Izraelu ".
(Mat. 8:5-10)

Centurion przyszedł pokornie do Pana, wierząc w moc słów Jezusa.
Słowa Centuriona ujawniły Jezusowi jego wiarę w moc
"wypowiedzianego Słowa", które uzdrowiło jego sługę. Możemy
przynieść wiarę i nadzieję innym poprzez to, co do nich mówimy.
Musimy pozwolić Duchowi Świętemu przemawiać przez nasze usta,
gdy mamy okazję dawać świadectwo innym.

To jest Jego sposób na wykorzystanie nas do skutecznego dotykania
życia innych i zasiewania ziarna zbawienia. W takich chwilach Bóg da
nam słowa do wypowiedzenia z namaszczeniem, ponieważ zna nasze
serce i pragnienie dotarcia do grzesznika. Jestem bardzo wdzięczny za
Bożą Miłość, Miłosierdzie i Łaskę, które prowadzą nas do pokuty. On
jest gotowy przebaczyć nam nasze grzechy i zna nasze słabości,
ponieważ wie, że jesteśmy ludźmi.

"I rzekł do mnie: Wystarczy ci mojej łaski, gdyż moja siła jest
doskonała w słabości. Najchętniej więc będę się chlubił w moich
słabościach, aby spoczęła na mnie moc Chrystusa. Dlatego
rozkoszuję się w słabościach, w urąganiach, w potrzebach, w
prześladowaniach, w utrapieniach ze względu na Chrystusa; bo gdy
jestem słaby, wtedy jestem mocny" (2 Kor. 12:9-10).

I rzekł do nich Jezus: Z powodu waszej niewiary; zaprawdę
powiadam wam: Jeśli będziecie mieć wiarę jak ziarnko gorczycy,
powiecie tej górze: Usuń się stąd na tamto miejsce; i usunie się; i nic
nie będzie dla was niemożliwe. (Mateusza 17:20)

Tego wieczoru alergia skórna została całkowicie wyleczona, ponieważ
nie przyjąłem paczki szatana.

Rozdział 6

Uzdrawiająca moc Boga i Jego sługi

Chciałbym rozpocząć ten rozdział od krótkiej opowieści o bracie Jamesie Minie. Brat James miał warsztat naprawy obuwia w Diamond Bar w Kalifornii, gdzie również świadczył swoim klientom o mocy Boga. Kiedyś był ateistą, ale przyjął wiarę chrześcijańską. Później poznał doktrynę prawdy apostołów i obecnie jest mocno wierzącym człowiekiem ochrzczonym w imię Jezusa, który otrzymał Ducha Świętego i ma dowody mówienia innymi językami. Kiedy po raz pierwszy spotkałem brata Jamesa, opowiedział mi o swoim świadectwie i o tym, jak modlił się, prosząc Boga, aby użył go w darach, aby inni uwierzyli i poznali Boga poprzez cuda.

Jako chrześcijanie musimy działać w darach i nie bać się prosić Boga, aby nas użył. Dary te są również dla nas dzisiaj. Wczesny kościół Nowego Testamentu był wrażliwy na Ducha Bożego i służył w darach Ducha.

Jezus powiedział:

*"Zaprawdę, zaprawdę, powiadam wam: Kto we mnie wierzy, ten i ja
czynić będę dzieła, które Ja czynię, i **większe** od tych czynić będzie,
bo Ja idę do Ojca mego". (Jana 14:12)*

Módl się, aby twój przywódca kościelny pomógł ci zrozumieć te dary
i wspierał twój dar. Proś Boga, aby pomógł ci ich używać, ponieważ
pochodzą one bezpośrednio od Boga. Nie przejmuj się, jeśli twój dar
działa otwarcie w kościele. W przypadku niektórych darów Bóg użyje
cię jako naczynia, aby wykonać to, co chce. Możesz mieć kilka darów
i nie zdawać sobie z tego sprawy. Niektóre dary nie sprawią, że
będziesz bardzo popularny, ale będziesz musiał być posłuszny Bogu,
gdy On mówi. Wszystko zależy od daru. Módl się o mądrość, aby
używać swojego daru pod Jego mocą namaszczenia. Bóg wybrał cię
nie bez powodu i nie popełnia błędów. Dary służą budowaniu kościoła.

Jest tylko jeden prawdziwy kościół, który oddaje Mu cześć w duchu i
w prawdzie.

*"A są różne dary, lecz ten sam Duch. I są różnice w zarządzaniu, ale
ten sam Pan. I są różne działania, ale to ten sam Bóg, który działa we
wszystkich. Lecz objawienie Ducha jest dane każdemu człowiekowi,
aby z niego korzystał. Albowiem jednemu dane jest przez Ducha
słowo mądrości; innemu słowo poznania przez tego samego Ducha;
innemu wiara przez tego samego Ducha; innemu dary uzdrawiania
przez tego samego Ducha; innemu czynienie cudów; innemu
proroctwo; innemu rozróżnianie duchów; innemu różne rodzaje
języków; innemu tłumaczenie języków: Ale to wszystko sprawuje jeden
i ten sam Duch, rozdzielając każdemu według upodobania".
(I List do Koryntian 12:4-11)*

Brat James powiedział mi, że modlił się o te dary, aby działać w Duchu
Świętym ze znakami cudownych dzieł Bożych. Czytał Biblię dzień i
noc bez przerwy. Zdawał sobie sprawę, że poprzez działanie darów
Ducha, ziarno wiary zostanie zasiane w sercu niewierzącego. Musimy
być przykładem naszej wiary, tak jak sam Jezus powiedział, że
wierzący sami będą czynić te cuda i wiele więcej.

"A wiara jest treścią tego, czego się spodziewamy, dowodem tego, czego nie widzimy". (Hebrajczyków 11:1)

" Bez wiary zaś nie można podobać się Bogu; kto bowiem przystępuje do Boga, musi uwierzyć, że On istnieje i że nagradza tych, którzy Go szukają". (Hebrajczyków 11:6)

Brat James miał wizję, że Bóg obdarzy go duchowymi darami. Dziś działa on poprzez dary uzdrawiania i uwalniania. To dzięki posłudze brata Jamesa wyznaczony został w niebie dzień, w którym znów będę chodził, wolny od jakiejkolwiek pomocy. Brat James nie jest pastorem ani pastorem kościoła. Nie zajmuje żadnego wysokiego stanowiska w kościele, chociaż oferowano mu stanowiska i pieniądze z powodu darów duchowych. Jest pokorny wobec daru, który Bóg mu powierzył. Widziałem, jak Bóg używa go do wypędzania demonów z ludzi w imię Jezusa i uzdrawiania chorych. Demony są pod władzą Boga w imieniu Jezusa, kiedy brat James je przywołuje. Zadaje demonom pytania w imieniu Jezusa, a one odpowiadają bratu Jamesowi. Widziałem to osobiście wiele razy, zwłaszcza gdy prosił demony, by wyznały, kto jest prawdziwym Bogiem. Demon " :odpowieJezus". Ale dla nich jest już za późno, by zwrócić się do Jezusa. Wiele nauczyłem się o świecie duchowym, przechodząc przez tę próbę i polegając na Bogu w kwestii uzdrowienia.

"I rzekł im: Idźcie na cały świat i głoście ewangelię wszelkiemu stworzeniu. Kto uwierzy i przyjmie chrzest, będzie zbawiony, a kto nie uwierzy, będzie potępiony. A te znaki pójdą za tymi, którzy uwierzą: W imię moje będą wyrzucać diabły, nowymi językami mówić będą, węże brać będą, a jeśli co śmiertelnego wypiją, nie będzie im szkodzić, na chorych ręce kłaść będą, a ci odzyskają zdrowie".
(Marka 16:15-18)

Dzięki łasce Bożej brat James jest gotów świadczyć o Jezusie każdemu i o każdej porze. Działa w służbie uzdrawiania i uwalniania na spotkaniach domowych lub w kościołach, do których został zaproszony. Brat James cytuje z Biblii:

Niemniej jednak, bracia, napisałem do was z większą śmiałością w pewnym sensie, abyście pamiętali o łasce, która jest mi dana od Boga, że powinienem być sługą Jezusa Chrystusa dla pogan, służąc ewangelii Bożej, aby ofiara pogan była przyjemna, będąc uświęcona przez Ducha Świętego. Mam więc z czego chlubić się przez Jezusa Chrystusa w tych rzeczach, które odnoszą się do Boga. Nie ośmielę się bowiem mówić o żadnej z tych rzeczy, których Chrystus nie dokonał przeze mnie, aby uczynić pogan posłusznymi słowem i czynem, przez potężne znaki i cuda, mocą Ducha Bożego; tak że od Jerozolimy i wokół aż do Illyricum w pełni głosiłem ewangelię Chrystusa. (Rzymian 15:15-19)

W dniu, w którym go poznałem, brat James zadał mi kilka pytań na temat mojego zdrowia. Opowiedziałem mu o wszystkim i moich objawach. Pokazałem mu również, gdzie miałem trzy guzy. Jeden znajdował się na zewnątrz kręgosłupa, a drugi wewnątrz. Brat James sprawdził mój kręgosłup i wyjaśnił, że nie jest on prosty od środka. Sprawdził moje nogi, porównując je obok siebie i pokazał mi, że jedna noga była prawie 3 cale krótsza od drugiej. Jedna ręka również była krótsza od drugiej. Pomodlił się za mój kręgosłup i wrócił on do pierwotnego miejsca, w którym mógł poprowadzić palec równolegle do mojego kręgosłupa. Modlił się o moją nogę, która zaczęła się poruszać przed moimi oczami, a następnie przestała rosnąć, gdy zrównała się z drugą nogą. To samo stało się z moją ręką. Rosła równo z drugą ręką. Następnie brat James poprosił mnie, abym odłożył podpórkę do chodzenia i kazał mi wstać i chodzić w imię Jezusa. Zrobiłem to, o co prosił i zacząłem cudownie chodzić. Będąc tego świadkiem, moja przyjaciółka przybiegła krzycząc" :Liz trzymaj się mnie, trzymaj się swojej podpory, bo upadniesz!". Wiedziałam, że w tym momencie mam siłę, by chodzić i zrobiłam ten krok z wiarą. Byłam tak podekscytowana radością!

Miałem osłabione mięśnie nóg z powodu braku ćwiczeń spowodowanego niemożnością chodzenia przez tak długi czas. Minęło trochę czasu, zanim moje mięśnie wróciły do formy; nawet dzisiaj nie mam pełnej siły mięśni. Dzięki Bogu chodzę i prowadzę samochód.

Nikt nie może mi powiedzieć, że Bóg nie czyni dziś cudów. Dla Boga nie ma rzeczy niemożliwych. Z ogromną radością poszedłem odwiedzić lekarza, który wiedział o mojej niepełnosprawności. Gdy tylko wszedłem do gabinetu, wolny od jakiejkolwiek pomocy, laski czy wózka inwalidzkiego, personel medyczny był całkowicie zdumiony. Pielęgniarki pospieszyły po lekarza, który również był niewiarygodnie zaskoczony, że w ogóle wykonał zdjęcie rentgenowskie. Zobaczył, że guzy nadal tam były, ale z jakiegoś tajemniczego powodu byłem w stanie chodzić pomimo tego. Chwała Bogu! Wierzę, że te guzy również wkrótce znikną!

W dniu, w którym Bóg mnie uzdrowił, zacząłem mówić wszystkim, że Bóg jest naszym uzdrowicielem, a Jego plan zbawienia jest dla tych, którzy wierzą i podążają za Nim. Dziękuję Bogu za brata Jamesa i za wszystkie Boż edobrodziejstwa!

Moja pierwsza część obietnicy się spełniła.

"Gdy idziesz, kroki twoje nie będą skrępowane, a gdy biegniesz, nie potkniesz się". (Przysłowie 4:12)

Wiele razy myślałem, że upadnę, ale nigdy mi się to nie udało

"Błogosław, duszo moja, Pana i nie zapominaj o wszystkich Jego dobrodziejstwach: Który odpuszcza wszystkie nieprawości twoje, Który leczy wszystkie choroby twoje, Który odkupuje życie twoje od zguby, Który wieńczy cię dobrocią i czułym miłosierdziem, Który nasyca usta twoje dobrymi rzeczami, tak że młodość twoja odnawia się jak młodość orła". (Ps. 103:2-5).

Rozdział 7

Nie ustępować diabłu ani jego rzeczom

Pewnego ranka zadzwoniła do mnie moja przyjaciółka Rose z Kalifornii. Powiedziała mi, że poprzedniej nocy jej mąż Raul poszedł spać, a ona została w pokoju gościnnym, słuchając popularnego nocnego programu radiowego na temat tablicy Ouija. Światła były zgaszone, a w pokoju panowała ciemność. Nagle powiedziała, że poczuła obecność w pokoju. Spojrzała w stronę drzwi, gdzie stał mężczyzna przypominający jej męża. Postać ta szybko poruszyła się jak błyskawica i przygniotła ją płasko do łóżka, na którym się znajdowała. To "coś" następnie podciągnęło ją za ramiona do pozycji siedzącej twarzą w twarz. Wyraźnie widziała, że w oczodołach nie było oczu, a jedynie głęboka, pusta czerń. Ramiona, które wciąż ją trzymały, były szarawe jak śmierć, a żyły wystawały ze skóry. Natychmiast zdała sobie sprawę, że to nie był jej mąż, ale nieczysty upadły anioł.

Jak wiadomo, demon i upadły anioł mają zupełnie inne cechy. Upadłe anioły zostały wyrzucone z nieba wraz z Lucyferem i mają zupełnie inne zadania. Upadłe anioły mogą przenosić rzeczy tak jak ludzie, ale demon potrzebuje ludzkiego ciała, aby realizować swój plan. Demony są duchami ludzi, którzy umarli bez Jezusa; one również mają ograniczoną moc.

I ukazał się inny cud na niebie, a oto wielki czerwony smok, mający siedem głów i dziesięć rogów, a na głowach jego siedem koron. A ogon jego pociągnął trzecią część gwiazd niebieskich i zrzucił je na ziemię; i stanął smok przed niewiastą, która była gotowa do porodu, aby pożreć jej dziecię, gdy się urodzi". (Objawienie 12:3,4)

Rose wciąż była bezbronna i niezdolna do mówienia w stanie zamrożenia. Powiedziała, że próbowała wołać Raula, ale mogła tylko wydawać krótkie dźwięki, jakby ktoś zaciskał jej struny głosowe. Wciąż słyszała prowadzącego radio w tle i wiedziała, że nie śpi, ponieważ jej oczy były całkowicie otwarte i powtarzała sobie, żeby ich nie zamykać. Wcześniej pamiętała, że zamknęła oczy na krótko przed tym incydentem i zobaczyła wizję lub sen o dużych śladach pazurów rozdzierających tapetę.

Znam Rose od prawie 30 lat. Rose opuściła kościół około 10 lat temu i nie chodziła już z Panem. Zawsze utrzymywaliśmy kontakt i nadal modliłem się o jej powrót do Boga. Rose powiedziała mi, że co najmniej kilka razy mówiła językami z wielką mocą bez wyraźnego powodu, gdy wracała z pracy do domu. Uważała, że było to bardzo niezwykłe, ponieważ w ogóle się nie modliła. Zdała sobie sprawę, że Bóg działał na nią przez Ducha Świętego. Jego miłość docierała do niej, a ona wiedziała, że Bóg sprawuje kontrolę, ponieważ to On wybrał czas swoich nawiedzeń. Rose powiedziała, że zamknęła oczy i umysł i krzyknęła: "JEZUS!". W mgnieniu oka upadły anioł zeskoczył z jej ciała i odszedł, nie dotykając ziemi.

Pozostała w bezruchu, dopóki nie mogła się ponownie poruszyć. Obudziła Raula, który powiedział, że to był tylko zły sen. Położył ją na łóżku obok siebie i szybko zasnął. Rose zaczęła płakać i myśleć o horrorze, który właśnie się wydarzył i zauważyła, że jest w pozycji embrionalnej. Nagle zaczęła mówić językami, gdy nadprzyrodzona moc Ducha Świętego ogarnęła ją i zaprowadziła z powrotem do ciemnego pokoju. Zamknęła za sobą drzwi, zdając sobie sprawę, co dokładnie musi zrobić. Zaczęła głośno wielbić Boga i wywyższać Jego Imię, aż upadła na podłogę, czując się wyczerpana, ale z wielkim pokojem.

Kiedy otworzyła drzwi, ku jej zdumieniu, Raul stał w salonie z włączonymi wszystkimi światłami. Podeszła bezpośrednio do ich łóżka i spała z niesamowitym spokojem. Następnego wieczoru, podczas przygotowywania kolacji, Raul zapytał Rose, czy to "coś" z poprzedniej nocy powróci. Zaskoczona jego pytaniem, Rose zapytała, dlaczego miałby o to pytać, ponieważ nawet nie wierzył, że to się stało. Raul powiedział Rose, że po tym, jak poszła do pokoju, aby się pomodlić, coś przyszło po niego. To dlatego nie spał przy włączonych światłach. Po tym, jak pomodliła się i poszła spać, został zaatakowany przez coś okropnego, co nie pozwoliło mu zasnąć aż do 4:00 następnego ranka. Używał medytacji nucenia Om, walcząc od 23:00 do rana. Rose przypomniała sobie, że Raul miał tablicę Ouija w szafie w korytarzu, której nie chciał się pozbyć, kiedy po raz pierwszy wprowadziła się do domu. Powiedziała Raulowi, że nie wie, czy to wróci, ale powinien pozbyć się tablicy Ouija. Raul szybko wyrzucił ją do kosza na śmieci na zewnątrz. Rose powiedziała, że dopiero ten straszny incydent zmusił go do pozbycia się jej!

Kiedy Rose do mnie zadzwoniła, powiedziałem jej, że upadły anioł może nadal znajdować się w domu, więc musimy pomodlić się razem przez telefon. Rose wzięła oliwę z oliwek, aby namaścić dom ze mną na głośnomówiącym. Kiedy powiedziałem słowo "gotowy", powiedziałem jej, że natychmiast zacznie mówić językami w Duchu Świętym. Kiedy powiedziałem "gotowe", Rose natychmiast zaczęła mówić językami i odłożyła telefon, aby namaścić. Słyszałem, jak jej głos zanika, gdy modliła się w całym domu, namaszczając drzwi i okna w imię Jezusa. Rose była teraz poza zasięgiem mojego słuchu, kiedy coś kazało mi powiedzieć jej, żeby poszła do garażu. W tym samym momencie Rose powiedziała, że namaszczała pokoje i była przy tylnych drzwiach prowadzących do garażu. Kiedy namaściła drzwi, poczuła za nimi obecność zła. Wierząc w Bożą ochronę, Rose powiedziała, że otworzyła je i weszła do bardzo ciemnego garażu. Moc Ducha Świętego stawała się coraz silniejsza, gdy wchodziła do środka i czuła, że tam jest! Podeszła do kolejnych drzwi prowadzących na patio, gdzie znajdował się kosz na śmieci. Był to ten sam kosz, do którego Raul wyrzucił tablicę Ouija dzień wcześniej. Bez wahania Rose powiedziała, że wylała oliwę z oliwek na tablicę Ouija, modląc się głośno i żarliwie w Duchu Świętym, a następnie zamknęła pokrywę. Wróciła do salonu i usłyszała mój głos wołający do niej "idź do garażu, bo tam jest". Rose powiedziała mi, że już się tym zajęła. To potwierdziło, że zło było w garażu, gdy się modliliśmy.

Rose powiedziała, że teraz wszystko ma dla niej sens. Bóg w swoim czułym miłosierdziu i kochającej dobroci przygotowywał Rose na ten dzień, mimo że nie służyła Mu. Według Rose, to doświadczenie przywiodło ją z powrotem do Boga z takim zaangażowaniem, jakiego nigdy wcześniej nie czuła. Obecnie uczęszcza do Apostolic Lighthouse w Norwalk w Kalifornii. Była bardzo wdzięczna Bogu za Jego miłość i ochronę. Bóg sprawił, że była gotowa stawić czoła upadłemu aniołowi tamtej nocy z niezaprzeczalną duchową zbroją Ducha Świętego. Dla Rose to, co się wydarzyło, było nadprzyrodzoną manifestacją mocy Boga w Imieniu Jezusa. To była Jego miłość do Rose, aby powróciła na Jego drogi. Uwierz, że Jego ręka nie jest zbyt krótka, aby zbawić lub wybawić, nawet tych, którzy się sprzeciwiają, którzy nie chcą wierzyć w to, czego nie mogą zobaczyć ani poczuć. Nasz Odkupiciel zapłacił za nas cenę na krzyżu Swoją Krwią. On nigdy nie zmusi nikogo do kochania Go. Słowo Boże mówi nam, że musisz przyjść jako małe dziecko i obiecuje, że jeśli będziesz Go szukał z całego serca, znajdziesz Go. Niewierzący i sceptycy nie mogą zmienić tego, co jest i co ma nadejść. Pragnij sprawiedliwości Boga i pij Żywą Wodę Życia.

"Dlaczego, gdy przyszedłem, nie było nikogo? Gdy wołałem, nikt nie odpowiedział? Czy moja ręka jest w ogóle skrócona, że nie może odkupić? Lub Czyż nie mam mocy wybawić? Oto na moją naganę wysuszam morze, rzeki czynię pustkowiem; ich ryby cuchną, bo nie ma wody, i umierają z pragnienia ". (Izajasza 50:2)

"W łagodności pouczając tych, którzy się sprzeciwiają; jeśli Bóg przypadkiem da im skruchę do uznania prawdy; I aby mogli się wydostać z sideł diabła, którzy są przez niego zniewoleni według jego woli ". (2 Tymoteusza 2:25-26)

Rozdział 8

Dream And Vision - "Ostrzeżenie"

Pewnego ranka miałem sen o zbliżającym się niebezpieczeństwie podczas jazdy samochodem. W tym śnie przednia opona pękła z głośnym dźwiękiem. Był tak głośny, że mnie obudził. To było tak realne, że czułem się jakbym był na jawie lub gdzieś pomiędzy. Modliłem się o to w ciągu tygodnia i postanowiłem zabrać samochód na przegląd opon. Niestety, moje plany zostały pokrzyżowane i nie zdążyłem się tym zająć. W tym samym tygodniu wraz z przyjaciółmi poszliśmy modlić się za pewną hinduską rodzinę, która potrzebowała modlitwy. W drodze do ich domu opona mojego samochodu pękła na autostradzie przy cmentarzu. Natychmiast przypomniałem sobie sen, tak jak go widziałem. Byliśmy tutaj, w moim samochodzie z przebitą oponą, a rodzina nalegała, abyśmy przyjechali do ich domu. Po naprawieniu opony wróciliśmy po inny pojazd i kontynuowaliśmy spotkanie z rodziną. Rodzina miała problem ze swoim jedynym synem, który był zamieszany w sprawę sądową i groziła mu kara więzienia. Obawiali się, że zostanie on również deportowany do ich rodzinnego kraju. Matka młodego mężczyzny zadzwoniła do mnie wcześniej tego dnia, płacząc i wyjaśniając, jakie zarzuty zostaną mu postawione. Myśląc o najgorszym scenariuszu, była pewna, że zostanie uznany za winnego, a następnie deportowany, by nigdy więcej nie zobaczyć swojego syna. Powiedziała, że nie może pracować, ponieważ ciągle płacze przy swoich pacjentach. Kiedy płakała, zacząłem się z nią modlić przez telefon. Zacząłem mówić w Duchu Świętym w nieznanym języku lub językach, gdy Duch Boży się poruszył. Modliłem się, aż powiedziała, że jej serce nie jest już obciążone i czuje się pocieszona.

"Podobnie i Duch wspomaga nasze niemoce, bo nie wiemy, o co mamy się modlić, jak należy, ale sam Duch wstawia się za nami z jękami, których nie można wypowiedzieć, a Ten, który bada serca, wie, jaki jest zamysł Ducha, ponieważ wstawia się za świętymi zgodnie z wolą Bożą". (Rz 8:26-27).

Matka zapytała, czy może do mnie zadzwonić, zanim następnego ranka pójdzie na rozprawę. Powiedziałem jej, że tak i że będę się modlił o interwencję Boga. Poprosiłem ją, aby zadzwoniła do mnie po rozprawie, ponieważ chciałem wiedzieć, jakiego cudu dokonał Bóg. Następnego dnia matka młodego mężczyzny zadzwoniła do mnie z wielką radością, mówiąc: *"Nie uwierzysz w to, co się stało?".* Odpowiedziałem: *"Uwierzę, ponieważ takiemu Bogu służymy"*! Mówiła dalej, że nie mają żadnych danych na temat mojego syna. Adwokat powiedział, że sąd nie znalazł takiego nazwiska ani żadnych zarzutów przeciwko niemu, chociaż ona i adwokat mieli w ręku dowód w postaci dokumentów.

Bóg odpowiedział na nasze modlitwy. Jej wiara została tak podniesiona, że od tego dnia zaakceptowała, jak potężnemu Bogu służymy i jak Bóg troszczy się o rzeczy, jeśli z całego serca przynosimy je przed Niego w modlitwie. Stała się świadkiem Bożych cudów i dawała świadectwo o tym, co Pan dla nich uczynił. Jeśli chodzi o przebitą oponę, było to tylko małe niepowodzenie, które nie powinno się zdarzyć, gdybym wcześniej się tym zajął. Niemniej jednak Pan umożliwił nam dotarcie do tej rodziny dzięki ich uporowi, abyśmy przyszli i modlili się z nimi. Zawsze musimy być gotowi do kontrataku na siły, które powstrzymują nas przed wypełnianiem woli Bożej.

Musimy przeciwstawiać się każdemu planowi wroga, naszego przeciwnika, diabła, poprzez wytrwałość, zwłaszcza gdy widzimy przeszkody na naszej drodze.

Kiedy dotarliśmy do domu tej rodziny, pamiętam, że modliliśmy się i świadczyliśmy przed całą rodziną. Cieszyliśmy się wspaniałym czasem głoszenia i nauczania Słowa Bożego. Tego dnia radość Pana była i nadal jest naszą siłą! On błogosławi tych, którzy wypełniają Jego wolę.

Rozdział 9

Całonocne spotkanie modlitewne

Pewnej nocy wraz z przyjaciółmi postanowiliśmy modlić się przez całą noc. Następnie uzgodniliśmy, że będziemy modlić się raz w miesiącu na naszym "Całonocnym Spotkaniu Modlitewnym". Mamy wspaniałe doświadczenia podczas tych całonocnych spotkań modlitewnych. Nasz zjednoczony czas modlitwy w domu stał się tak potężny, że natychmiast ci, którzy później do nas dołączyli, poczuli różnicę w swoich własnych modlitwach. Nie była to już religijna rutyna, ale modlitwa w Duchu Świętym z manifestacjami Darów Ducha. Kiedy się modliliśmy, niektórzy zaczęli doświadczać, jak to jest zmagać się z diabłem. Siły nadciągały przeciwko nam, gdy osiągnęliśmy wyższy poziom w naszych modlitwach, które prowadziły nas przez duchowe pola bitew. Toczyliśmy wojnę z diabłem i zaczęliśmy ogłaszać dni postu. Dotarliśmy do czegoś, co było duchowo potężne i zmusiło nas do jeszcze większego poszukiwania Boga.

Podczas jednego z takich spotkań modlitewnych o 3:30 nad ranem, moja przyjaciółka Karen wstała po olej do namaszczania. Zaczęła nakładać olej na moje dłonie i stopy, a następnie zaczęła prorokować, mówiąc, że muszę udać się do wielu miejsc, aby zanieść Słowo Boże i że Bóg użyje mnie do swoich celów. Na początku byłam bardzo zdenerwowana na Karen, ponieważ nie było to możliwe i nie miało żadnego sensu. W tamtym okresie mojego życia nie wyjeżdżałem nigdzie przez prawie 10 lat, ponieważ nie mogłem chodzić. Moje mięśnie nóg były nadal słabe i miałem te bolesne guzy naciskające na kręgosłup. Zastanawiałam się nad słowami Karen, a wtedy Bóg przemówił do mnie, mówiąc: "Jestem Panem, który mówi do ciebie" przez jej usta. Zrozumiałam wtedy, że to nie tylko entuzjazm Karen przemawiał do mnie. Było mi przykro i poprosiłam Boga, by wybaczył mi moje myśli.

Kilka dni później otrzymałem telefon od kogoś z Chicago w stanie Illinois, kto potrzebował duchowej pomocy, więc zdecydowaliśmy się pojechać do Chicago w następnym tygodniu. To był wielki cud sam w sobie, ponieważ nie myślałem wtedy o wyjeździe. Z powodu proroczego przesłania wybrałem się do Chicago na podstawie czystej wiary. Bez proroczego przesłania na pewno bym tam nie pojechał. W tym tygodniu moje zdrowie fizyczne pogorszyło się i nie mogłem wstać z łóżka. Dowiedziałem się również, że w Chicago spadło dużo śniegu. Zdałem sobie sprawę, że moja wiara jest wystawiana na próbę. W tym czasie potrzebowałem wózka inwalidzkiego, aby się poruszać. Rodzina w Chicago doświadczała demonicznych sił, które nadciągały przeciwko nim. Niedawno zwrócili się do Boga i przestali praktykować czary. Wielu członków ich rodziny również zwróciło się do naszego Pana Jezusa Chrystusa. Pan uzdrowił ich i uwolnił od demonicznych sił, które trzymały ich w niewoli grzechu. Zdałem sobie sprawę, że Bóg będzie musiał dać mi wytrwałość, aby znieść taką podróż i szybko stało się oczywiste, że to była Boż awola, abym pojechał. Doświadczyłem dwóch snów, w których Bóg mówił mi, że muszę być posłuszny Jego głosowi. Nie byłem nieposłuszny Bogu i nauczyłem się Go nie kwestionować. Szybko nauczyłem się, że Jego drogi nie muszą mieć dla mnie żadnego sensu. W dniu, w którym przybyliśmy do Chicago, pogoda była upalna. Nie odczuwałem też bólu. Chodzimy wiarą, a nie widzeniem, jak mówi Pismo. Kiedy rzeczy wydają się nam niemożliwe, musimy wierzyć, że "u Boga wszystko jest możliwe". On zatroszczył się o wszystko i dał mi energię do wypełniania Jego woli w Chicago. Mieliśmy również czas na odwiedzanie innych rodzin i posługę w ich domach.

W drodze do domu rozpętała się burza, wiele lotów zostało odwołanych, ale dzięki Bogu, mimo że nasz lot był opóźniony, udało nam się wrócić do Kalifornii. Chwała Bogu! On jest naprawdę moją "Skałą i Tarczą", moim obrońcą przed duchowymi i naturalnymi burzami. Ta podróż była świadectwem wiary i błogosławieństwem dla nas wszystkich. Gdybym nie był posłuszny, nie doświadczyłbym błogosławieństw dzieła rąk Bożych. Bóg nigdy nie przestaje mnie zadziwiać tym, jak przemawia do nas dzisiaj. Bóg Wszechmogący wciąż przemawia do zwykłych ludzi, takich jak ja. Co za przywilej służyć naszemu Stwórcy i widzieć Jego potężne dzieła, dotykające życia dzisiejszych ludzi, którzy wierzą i wzywają Go. Potrzeba było proroczego przesłania i dwóch snów, zanim Bóg zwrócił moją pełną uwagę. Przypominam sobie, że nie rozumiemy w pełni myśli Boga i tego, jakie plany może mieć wobec kogoś. W takim momencie musimy być posłuszni, nawet jeśli nie ma to dla nas żadnego sensu ani powodu. Z czasem nauczyłem się słyszeć Jego głos i rozróżniać duchy. On nigdy nie każe ci robić czegoś, co jest sprzeczne z Jego Słowem. Posłuszeństwo jest lepsze niż poświęcenie.

"I rzekł Samuel: Czy Pan ma tak wielkie upodobanie w całopaleniach i ofiarach, jak w posłuszeństwie głosowi Pana? Oto posłuszeństwo jest lepsze niż ofiara, a słuchanie niż tłuszcz barani".
(1 Samuela 15:22)

"Bo myśli moje nie są myślami waszymi ani wasze drogi moimi drogami, mówi Pan. Bo jak niebiosa są wyższe niż ziemia, tak drogi moje są wyższe niż drogi wasze i myśli moje niż myśli wasze."
(Izajasza 55: 8, 9)

Rozdział 10.

Prorocze przesłanie

Błogosławieństwem jest mieć przyjaciół, którzy podzielają tę samą wiarę i miłość do Boga. Mam przyjaciółkę Karen, która kiedyś była moją współpracownicą, gdy pracowałem na poczcie. Karen poznała Pana, gdy złożyłem jej świadectwo. Później przyjęła apostolską doktrynę prawdy wczesnego kościoła. Karen jest miłą osobą z sercem oddanym pracy misyjnej w Bombaju w Indiach. Z całego serca kochała tamtejszą służbę i przekazała własne pieniądze na budowę kościoła w Bombaju.

Pewnego dnia, kiedy mieszkałem w West Covina, Karen przyprowadziła do mojego domu swoją przyjaciółkę Angelę. Jej przyjaciółka była bardzo podekscytowana i płonęła dla Boga. Opowiedziała mi swoje świadectwo o wcześniejszych próbach popełnienia samobójstwa poprzez wielokrotne cięcie się i o swojej przeszłości z prostytucją. Pokochałam jej słodkiego ducha i zapytałam, czy nie ma nic przeciwko modlitwie za mnie. "*Tutaj*"? zapytała. "*Tak, tutaj*", odpowiedziałem. Kiedy zaczęła się za mnie modlić, ogarnął ją Duch Proroctwa. Zaczęła mówić Słowo Pana: "*Bóg mówi ci, abyś skończył książkę, którą zacząłeś. Będzie ona błogosławieństwem dla wielu ludzi. Dzięki tej książce wielu ludzi zostanie zbawionych"*. Byłem bardzo szczęśliwy, ponieważ ani ona, ani Karen nie miały pojęcia, że zacząłem pisać swoje wspomnienia wiele lat temu. Po raz pierwszy zostałam zainspirowana do napisania tej książki rok temu przez panią Saroj Das i jej przyjaciółkę. Pewnego dnia siostra w Panu z lokalnego kościoła podeszła do mnie z piórem w ręku, nakazując mi: *"Pisz teraz!"*.

Zacząłem pisać, dopóki nie doświadczyłem więcej problemów ze zdrowiem, a potem przestałem, ponieważ było to dla mnie zbyt duże zadanie do wykonania. Teraz sprawa książki powróciła. Nikt nie wiedział o mojej próbie napisania książki. Moje doświadczenia miały zostać zebrane i spisane, aby inni mogli czerpać inspirację. Musiałem być posłuszny, ale jak to wszystko się stanie, wciąż było dla mnie wielką tajemnicą. Z wielu powodów nie mogłem fizycznie jej napisać, ale Bóg musiał znaleźć sposób, by to się stało. Miałem pragnienie i pilną potrzebę zrobienia tego po wysłuchaniu przesłania; jednak Bóg musiałby zrobić resztę. Moją początkową podróżą było znalezienie Żywego Boga, a On znalazł mnie! Jeśli nie napiszę o moich doświadczeniach z Bogiem, te prawdziwe relacje przepadną na zawsze. Życie tak wielu ludzi zostało dotknięte i w cudowny sposób poruszone, że ta książka nie pomieści wszystkich zdarzeń i cudów. Boż ecuda będą kontynuowane nawet wtedy, gdy będę nieobecny w tym ciele i obecny z Panem. Wiara gdzieś się zaczyna. Ma początek i jest nieograniczona, ponieważ istnieją różne miary wiary. Kiedy wiara jest zasiana, jest podlewana Słowem Bożym i karmiona świadectwami innych. Pomyślałem o Piśmie Świętym, które mówi, że jeśli mamy wiarę jak ziarnko gorczycy, możemy przenosić góry. Skąd mogłam wiedzieć, że ta podróż do Ameryki zabierze mnie przez labirynt zmieniających życie doświadczeń lub że pewnego dnia będę pisać o honorowaniu Jego dróg? Pewnego dnia wspomniałam mojej przyjaciółce Rose o Bożym przesłaniu i Jego planie dotyczącym tej książki. Rose słuchała i patrzyła na moje notatki. Znała mnie od lat i wiedziała już wiele o moim życiu w Ameryce. Pisanie przybrało formę, której dwie niedoświadczone osoby nie mogły sobie wyobrazić. Pan wybrał drogę i poprzez wiele trudności i bardzo "dziwnych" zdarzeń, książka została ukończona. Pan przemówił i teraz Jego plan się wypełnił.

Przyjaciółka Karen nadal prorokowała. Powiedziała mi: "*Bóg zrobi coś dla ciebie do końca tego miesiąca*". I wiele innych rzeczy Bóg mówił do mnie poprzez jej prorocze przesłania. Zaczęłam sobie przypominać, jak przeszłam przez wiele trudności dla tej prawdy. W dniu, w którym Bóg przemówił do mnie przez tę młodą kobietę, Bóg odpowiedział na pytanie mojego serca. Miałam czynić Jego wolę, a słowa zachęty popłynęły dalej. Słowa, które potrzebowałem usłyszeć. Przepowiedziała, że " jestem*naczyniem ze złota*". Bardzo mnie to upokorzyło. Przez wiarę staramy się chodzić w harmonii z Bogiem i z niepewnością, czy naprawdę Mu się podobamy. Tego dnia pobłogosławił mnie, dając mi znać, że Mu się podobam. Moje serce wypełniła wielka radość. Czasami zapominamy, o co prosimy, ale kiedy nasza modlitwa zostaje wysłuchana, jesteśmy zaskoczeni.

Musimy wierzyć, że On nie ma względu na osoby, jak mówi Biblia. Nie ma znaczenia, jaki jest nasz status czy pochodzenie, ponieważ u Boga nie ma żadnego systemu pochodzenia czy statusu w życiu. Bóg kocha nas wszystkich tak samo i chce, abyśmy mieli z Nim osobistą relację, a nie tradycje religijne przekazywane przez wiele pokoleń, które służyły bożkom i człowiekowi. Bożki nie widzą i nie słyszą. Religia nie może zmienić twojego życia ani serca. Religia tylko tymczasowo sprawia, że czujesz się dobrze z powodu samozadowolenia. Prawdziwy Bóg czeka, aby cię objąć i przyjąć. Jezus był ofiarnym Barankiem Bożym zabitym przed światem. Kiedy umarł na krzyżu, zmartwychwstał i żyje dziś i na wieki. Teraz możemy mieć bezpośrednią komunię z Bogiem przez Jezusa Chrystusa, naszego Pana i Zbawiciela. Istnieją różne poziomy naszej wędrówki z Bogiem. Musimy pragnąć Go więcej i nadal wzrastać w miłości, wierze i zaufaniu. To doświadczenie bardzo mnie upokorzyło. Moim pragnieniem i celem jest podobanie się Bogu. Istnieją duchowe poziomy dojrzałości w Bogu. Dojrzewasz z czasem, ale wszystko zależy od czasu i wysiłku, jaki wkładasz w swoją relację z Nim. Pod koniec miesiąca okoliczności skłoniły mnie do opuszczenia kościoła, do którego uczęszczałem przez 23 lata. Bóg zamknął jedne drzwi i otworzył drugie. Od tego czasu zamyka i otwiera drzwi, tak jak kamienie milowe, o których wspomniałem na początku tej książki. Bóg troszczył się o mnie przez cały czas. Przez krótki czas uczęszczałem do kościoła w West Covina, a potem otworzyły się przede mną kolejne drzwi.

Ta sama młoda kobieta przepowiedziała mi ponownie kilka lat później i powiedziała, żebym się spakowała, *"przeprowadzasz się"*. Byłam bardzo zaskoczona, ponieważ moja mama była w podeszłym wieku, a mój stan wciąż się nie poprawiał. Uwierzyłam Panu. Rok później stało się, przeprowadziłam się z Kalifornii do Teksasu. Miejsca, w którym nigdy nie byłem, ani nikogo nie znałem. To był początek kolejnej przygody w mojej życiowej podróży. Jako samotna kobieta byłam poddana Bożemu Głosowi i musiałam być posłuszna. Bóg nigdy niczego mi nie odebrał. Po prostu zastępował rzeczy i miejsca, a także wprowadzał do mojego życia nowe przyjaźnie i ludzi. Dzięki Ci Panie, moje życie jest dziś tak błogosławione!

Rozdział 11

Ruch wiary

W kwietniu 2005 roku przeprowadziłem się do stanu Longhorn w Teksasie. Bóg używał różnych ludzi poprzez prorocze przesłania. Przeprowadzka została potwierdzona i wszystko, co musiałem zrobić, to wykonać skok wiary. Po raz pierwszy zaczęło się to w 2004 roku, kiedy brat James i Angela, przyjaciółka w Panu, modlili się ze mną przez telefon. Siostra Angela zaczęła prorokować, mówiąc mi: *"Przeprowadzisz się do końca tego roku"*. Od stycznia do sierpnia tego roku nic się nie wydarzyło, a potem we wrześniu, pewnego popołudnia moja mama zawołała mnie do swojej sypialni. Powiedziała mi, że rodzina mojej siostry przeprowadza się do innego stanu i chcą, żebym przeprowadziła się z nimi. Decyzja, gdzie się przeprowadzić, nie została podjęta, ale do wyboru był Teksas, Arizona lub całkowite opuszczenie Ameryki i przeprowadzka do Kanady. Następnie zadzwoniłam do siostry Angeli i powiedziałam jej, co się stało. Powiedziałam jej, że zdecydowanie nie chcę jechać do Teksasu. Nigdy nie przyszło mi do głowy, by tam pojechać, więc nie było nawet opcji, by tam zamieszkać. Ku mojemu rozczarowaniu siostra Angela powiedziała, że Teksas jest tym stanem. Z posłuszeństwa zostało to ustalone i to właśnie sprawiło, że ostatecznie przeprowadziliśmy się do

Teksasu. Nie wiedziałam wtedy, że Boż ekamienie węgielne zostały już położone w tym kierunku. Po rozmowie z siostrą Angelą dokonałam rezerwacji lotniczej, by za dwa tygodnie znaleźć się w Teksasie. Nie wiedziałem, że rodzina mojej siostry była już w Teksasie, aby zobaczyć okolice Plano.

Siostra Angela modliła się nade mną i powiedziała mi, żebym się nie martwił, bo Jezus odbierze mnie z lotniska. Brat i siostra Blakey byli tak mili i cierpliwi, że przypomniało mi się proroctwo siostry Angeli. Chętnie odebrali mnie z lotniska i pomogli mi we wszystkich moich potrzebach w tak kochający i troskliwy sposób.

Siostra Angela mówiła dalej, że pierwszy dom, jaki zobaczę, spodoba mi się, ale nie będzie to mój dom. Przez Internet zacząłem dzwonić do Zjednoczonych Kościołów Zielonoświątkowych w tej okolicy i skontaktowałem się z pastorem Conkle, który jest pastorem Zjednoczonego Kościoła Zielonoświątkowego w mieście Allen w Teksasie. Wyjaśniłem pastorowi Conkle, co robię w Teksasie. Następnie poprosił mnie, abym zadzwonił do Nancy Conkle. Nie byłem pewien dlaczego i pomyślałem, że może jest jego żoną lub sekretarką. Okazało się, że Nancy Conkle jest matriarchą rodziny, troskliwą matką rodziny i kościoła. Siostra Conckle wychowała sześcioro własnych dzieci i pomagała w wychowaniu swoich braci i sióstr, których było w sumie jedenaścioro! Po rozmowie z Nancy Conkle zrozumiałem, dlaczego pastor Conkle kazał mi porozmawiać z tą silną i troskliwą kobietą, która sprawiła, że od razu poczułem się mile widziany. Siostra Conkle połączyła mnie następnie ze swoim drugim bratem, Jamesem Blakeyem, który jest pośrednikiem w handlu nieruchomościami i jego żoną Alice Blakey. Mieszkają oni w małym miasteczku Wylie w Teksasie, zaledwie kilka minut od Allen, na równninnych drogach.

Po zapoznaniu się z okolicą wróciłem do Kalifornii, aby wystawić dom na sprzedaż. Mój dom sprzedał się w ciągu dwóch miesięcy. Następnie wróciłem do Teksasu, aby rozpocząć poszukiwania domu. Modliłem się o to, w którym mieście Bóg chciałby, abym zamieszkał, ponieważ

było tak wiele małych miast i miasteczek. Bóg powiedział "Wylie".
Ważne jest, aby modlić się i prosić Boga o Jego wolę przed podjęciem
ważnych decyzji, ponieważ zawsze będzie ona właściwa.

*"Albowiem lepiej jest, jeśli taka jest wola Boża, abyście cierpieli z
powodu dobrego uczynku, aniżeli z powodu złego". (1 Piotra 3:17)*

Później wyjaśniłem Bratu i Siostrze Blakey o proroczych przesłaniach
i o tym, że chcę być posłuszny Bogu. Bardzo starannie uszanowali
moje życzenia i wysłuchali wszystkiego, co im powiedziałem, że Bóg
do mnie przemówił. Powiedziałam im również, że podczas mojej
pierwszej podróży do Teksasu Bóg powiedział: *"Nie wiesz, co dla
ciebie mam"*. Byli dla mnie tak cierpliwi, że zawsze będę im wdzięczny
za ich wrażliwość na sprawy Boże. Rodzina Blakey odegrała dużą rolę
w spełnieniu się tego proroczego przesłania i mojego nowego życia w
Teksasie. Zaczęliśmy oglądać domy w Wylie przez trzy dni, a trzeciego
dnia musiałem wieczorem wrócić do Kalifornii. Zabrali mnie, abym
zobaczył modelowy dom na nowym osiedlu i wtedy siostra Blakey
powiedziała" :To jest twój dom". Od razu wiedziałam, że tak jest
naprawdę. Szybko zaczęłam załatwiać formalności związane z
zakupem, po czym natychmiast pojechałam na lotnisko, wiedząc, że
wszystko jakoś się ułoży. W tym samym czasie Bóg kazał mi wyjechać
na trzy miesiące do Indii. Nie pytałem Go o zdanie, więc dałem
pełnomocnictwo bratu Blakeyowi, by kontynuował zakup domu w
Teksasie, a mojemu siostrzeńcowi Steve'owi, który zajmuje się
nieruchomościami, by zajął się moimi finansami w Kalifornii. Po
dziesięciu latach wracałem do mojego rodzinnego kraju, Indii. Dzięki
Bogu za moje uzdrowienie, ponieważ nie mógłbym tego zrobić bez
mobilności moich nóg. Leciałem do Indii i kupowałem dom w
Teksasie. Wszystko szybko zmieniało się w moim życiu.

Powrót do Indii.

Kiedy przybyłem do Indii, szybko zauważyłem, że wszystko zmieniło
się w stosunkowo krótkim czasie. Przez 25 lat modliłem się i pościłem
o przebudzenie w tym kraju. Indie to bardzo religijny kraj

bałwochwalstwa, kultu posągów z kamienia, drewna i żelaza. Religijne obrazy, które nie widzą, nie mówią ani nie słyszą i nie mają żadnej mocy. Są to tradycje religijne, które nie przynoszą zmian w umyśle ani w sercu.

I wypowiem moje sądy przeciwko nim, dotykając całej ich niegodziwości, którzy mnie opuścili i palili kadzidło innym bogom, i czcili dzieła swoich rąk". (Jeremiasza 1:16)

Chrześcijaństwo było mniejszością w tym kraju, w którym było tak wiele prześladowań i nienawiści między religiami, a zwłaszcza przeciwko chrześcijanom. Prześladowania chrześcijan tylko umacniały ich w wierze poprzez przelewanie niewinnej krwi, palenie kościołów, bicie i zabijanie ludzi. Niestety, matki i ojcowie odrzucali własne dzieci, jeśli te zwróciły się ku Jezusowi i porzuciły rodzinną religię. Być może wyrzutki, ale nie bez ojca, ponieważ Bóg jest naszym Ojcem Niebieskim, który otrze łzy z naszych oczu.

"Czy myślicie, że przyszedłem dać pokój na ziemi? Zaprawdę powiadam wam: Nie, ale raczej podział: Odtąd bowiem w jednym domu będzie pięcioro podzielonych, troje przeciwko dwojgu i dwoje przeciwko trojgu. Ojciec będzie skłócony z synem, a syn z ojcem; matka z córką, a córka z matką; teściowa z teściową, a teściowa z córką". (Łukasza 12:51-53)

Byłem tak zaskoczony, widząc wszędzie ludzi, którzy chodzili z Bibliami i słyszałem o spotkaniach modlitewnych. Było wiele kościołów jedności i wierzących w jednego Boga. Bóg przyszedł, aby żyć wśród nas w ciele, w ciele Jezusa Chrystusa. Tak samo jest z tajemnicą pobożności jedynego prawdziwego Boga.

*"I bez kontrowersji wielka jest tajemnica pobożności: **Bóg objawił się w ciele, został** usprawiedliwiony w Duchu, widziany przez aniołów, głoszony poganom, uwierzono w niego na świecie, przyjęty do chwały". (1 Tymoteusza 3:16)*

> *"Filip rzekł do Niego: Panie, pokaż nam Ojca, a to nam wystarczy.*
> *Jezus mu odpowiedział: Tak długo jestem z wami, a jeszcze Mnie nie*
> *poznałeś, Filipie? Kto Mnie widział, widział i Ojca; jakże więc*
> *mówisz: Pokaż nam Ojca? Czyż nie wierzysz, że Ja jestem w Ojcu, a*
> *Ojciec we Mnie? Słowa, które wam mówię, nie mówię od siebie, lecz*
> *Ojciec, który mieszka we mnie, dokonuje dzieł. Wierzcie mi, że Ja*
> *jestem w Ojcu, a Ojciec we mnie; albo wierzcie mi ze względu na*
> *same uczynki ". (Jana 14:8-11)*

Wierzysz, *że jest jeden Bóg; dobrze czynisz; diabły też wierzą i drżą".*
(Jakuba 2:19)

To była wielka radość widzieć ludzi spragnionych Boga. Ich uwielbienie było tak potężne. To były zupełnie inne Indie niż te, które opuściłem dwadzieścia pięć lat wcześniej. Ludzie młodzi i starzy pragnęli tego, co należy do Jehowy Boga. Młodzi ludzie często rozdawali chrześcijańskie ulotki podczas hinduskich uroczystości religijnych. W ciągu dnia chodzili do kościoła, a po nabożeństwie o 14:30 wracali około 3:00 nad ranem. Hindusi i muzułmanie również przychodzili na nasze nabożeństwa, aby uzyskać uzdrowienie i wybawienie. Ludzie byli otwarci na słuchanie kazań ze Słowa Bożego i otrzymywanie nauk z Pisma Świętego. Dowiedziałem się o tych indyjskich kościołach i komunikowałem się z ich pastorami przez telefon i e-mail. Nawiązałem współpracę ze Zjednoczonymi Kościołami Zielonoświątkowymi, aby znaleźć amerykańskich kaznodziejów, którzy byliby gotowi pojechać do Indii w imieniu indyjskich pastorów i przemawiać na ich dorocznych konferencjach. Z Bożą pomocą odnieśliśmy wielki sukces. Cieszyłem się, że amerykańscy kaznodzieje troszczą się o mój kraj, wspierając duchowo indyjskich kaznodziejów. Poznałem hinduskiego pastora bardzo małego i skromnego kościoła. Było tam tak wiele ubóstwa, a potrzeby ludzi były tak wielkie, że osobiście zobowiązałem się do wysłania pieniędzy. Jesteśmy tak błogosławieni w Ameryce. Uwierz, że "nie ma rzeczy niemożliwych". Jeśli chcesz dawać, rób to z wiarą i w tajemnicy. Przez wiele lat nikt nie wiedział o moim zobowiązaniu. Nigdy nie oczekuj, że będziesz dawać dla osobistych korzyści lub by otrzymać chwałę czy pochwałę od innych. Dawaj z czystym sercem i nie targuj się z Bogiem.

"Gdy więc dajesz jałmużnę, nie trąb przed sobą, jak obłudnicy czynią w synagogach i na ulicach, aby się chlubili przed ludźmi. Zaprawdę powiadam wam: Mają swoją nagrodę. Ale gdy czynisz jałmużnę, niech nie wie lewa twoja ręka, co czyni prawa: Aby jałmużna twoja była w ukryciu, a Ojciec twój, który widzi w ukryciu, odpłaci ci jawnie". (Mateusza 6:2-4)

Bóg pozwolił, by coś wydarzyło się w moim życiu, abym mógł zostać w domu. Patrzę wstecz ze zdumieniem na to, jak moje choroby postępowały, aż nie mogłem już chodzić, myśleć ani czuć się normalnie, aż do dnia, w którym brat James pomodlił się, a Bóg podniósł mnie z wózka inwalidzkiego. Wciąż uważany za niepełnosprawnego z powodu nowotworów i chorób krwi, żyłem ze skromnej miesięcznej renty inwalidzkiej. Mój czek nie miał znaczenia, ponieważ Bóg zabrał mi pracę, a moim zmartwieniem było to, jak zapłacę rachunki. Jezus przemówił do mnie dwa razy, mówiąc: "Zaopiekuję się tobą". Mieszkając w Kalifornii czy w Teksasie, Jezus zaspokoi wszystkie moje potrzeby. Bóg uczynił to ze swojego bogactwa i obfitości. Zaufałem Bogu we wszystkich moich codziennych potrzebach.

Ale szukajcie najpierw królestwa Bożego i sprawiedliwości jego, a to wszystko będzie wam dodane". (Mat. 6:33)

Zanim opuściłem Indie, niektóre panie z kościoła powiedziały mi, że nie kupują już luksusów dla siebie. Były zadowolone z tego, co miały na sobie, ponieważ czerpały tak wiele satysfakcji z dawania ubogim.

Ale pobożność z zadowoleniem jest wielkim zyskiem. Nic bowiem nie przynieśliśmy na ten świat i pewne jest, że nic z niego nie wyniesiemy. A mając żywność i odzienie, bądźmy z nich zadowoleni. (1 Tym.6:6-8)

Osoby starsze i małe dzieci były również zaangażowane w projekty miłości. Wspólnie przygotowywali paczki z prezentami dla ubogich. Byli bardzo zadowoleni z błogosławieństwa dawania.

"Dawajcie, a będzie wam dane; miarę dobrą, ściśniętą, utrzęsioną i opływającą wsypią w zanadrza wasze. Albowiem tą samą miarą, którą mierzyliście, będzie wam odmierzone". (Łukasza 6:38)

Wyobraź sobie, co wydarzyło się w tak stosunkowo krótkim czasie. Sprzedałem swój dom i kupiłem nowy w innym stanie. Widziałem, jak mój kraj zmienił się dzięki ludziom spragnionym Pana Jezusa Chrystusa. Teraz oczekiwałem rozpoczęcia nowego życia w Teksasie. Kiedy stawiamy Boga na pierwszym miejscu, Pan Chwały również będzie nam wierny.

Powrót do Ameryki.

Wróciłem z Indii trzy miesiące później. Poleciałem do Teksasu, gdy mój dom był gotowy. 26 kwietnia 2005 r., gdy mój samolot lądował na lotnisku Dallas-Ft. Worth, płakałem, ponieważ byłem całkowicie oddzielony od całej mojej rodziny i przyjaciół od czasu pierwszego przyjazdu do tego kraju. Wtedy Bóg dał mi następujący werset:

Ale teraz tak mówi Pan, który cię stworzył, Jakubie, i który cię ukształtował, Izraelu: Nie bój się, bo cię odkupiłem, wezwałem cię twoim imieniem, jesteś mój. Gdy będziesz przechodził przez wody, Ja będę z tobą, a przez rzeki nie zaleją cię, gdy będziesz szedł przez ogień, nie spłoniesz, a płomień nie zapali się nad tobą. Bo Ja jestem Pan, Bóg twój, Święty Izraela, twój Wybawca: Dałem ci Egipt na okup, Etiopię i Sebę za ciebie. Ponieważ byłeś cenny w moich oczach, byłeś honorowy i umiłowałem cię, dlatego oddam ludzi za ciebie i lud za twoje życie. Nie bój się, bo Ja jestem z tobą: sprowadzę twoje potomstwo ze wschodu i zgromadzę cię z zachodu; powiem na północy: Poddaj się, a na południu: Nie cofaj się; przyprowadź moich synów z daleka i moje córki z krańców ziemi; (Izajasza 43:1-6)

W dniu przyjazdu znalazłem się sam w tym wielkim, nowym domu. Rzeczywistość zatonęła, gdy stanąłem na środku salonu i zobaczyłem, że mój dom jest całkowicie pusty. Usiadłam na podłodze i zaczęłam płakać. Czułam się taka samotna i chciałam wrócić do domu, do Kalifornii, gdzie zostawiłam moją kochaną mamę. Mieszkaliśmy razem przez tak długi czas, a ona była dużą częścią mnie. Byłam tak przytłoczona uczuciem rozłąki, że chciałam pojechać na lotnisko i wrócić do Kalifornii. Nie chciałem już tego domu. Mój smutek był większy niż moja rzeczywistość. Gdy przechodziłem przez te uczucia, Bóg przypomniał mi, że muszę zadzwonić do brata Blakeya. Brat Blakey nie wiedział, jak się czułam w tamtej chwili, ale Bóg wiedział. Byłam zaskoczona, gdy powiedział: "Siostro Das, wiesz, że dzieli cię od nas tylko jeden telefon". Jego słowa były całkowicie namaszczone, ponieważ mój ból i cała moja rozpacz natychmiast zniknęły. Poczułam, że mam rodzinę, że nie jestem sama i że wszystko będzie dobrze. Od tego dnia rodzina Blakey przyjęła mnie do swojej rodziny w czasie, gdy nie miałem nikogo.

Moja siostra i jej rodzina przeprowadzili się później do Plano w Teksasie, zaledwie kilka mil od Wylie. Rodzina Blakey składa się z jedenastu braci i sióstr. Ich dzieci i wnuki traktowały mnie jak rodzinę. Liczyli blisko 200 osób i każdy wie o rodzinie Blakey w Wylie. Byli dla mnie ogromnym wsparciem i zawsze czułem się jak "Blakey"! Kiedy już zadomowiłem się w domu, musiałem znaleźć kościół. Zapytałem Boga, jakiego kościoła chce dla mnie. Odwiedziłem wiele kościołów. W końcu odwiedziłem kościół w mieście Garland, The North Cities United Pentecostal Church. Bóg wyraźnie powiedział: "To jest twój kościół". Wciąż się tam gromadzę. Kocham mój kościół i znalazłem wspaniałego pastora, Rev. Hargrove. Rodzina Blakey stała się moją dalszą rodziną, zapraszając mnie na lunch lub kolację po kościele. Włączają mnie również do swoich zjazdów rodzinnych i świąt rodzinnych. Bóg w cudowny sposób zapewnił mi wszystko, czego potrzebowałem.

Dziękuję Bogu za mojego nowego pastora, kościół i Blakey'ów, którzy przyjęli mnie do swojej rodziny. Mieszkam teraz wygodnie w moim nowym domu. Bóg dotrzymał swojej obietnicy" :Zatroszczę się o ciebie". Bóg wybrał to wszystko dla mnie, zgodnie ze swoją wolą dla mojego życia. Teraz pracuję dla Niego od momentu, gdy budzę się o 3:50, by się modlić. Jem śniadanie i przygotowuję się do pracy dla Pana w moim biurze w domu. Moi przyjaciele powiedzą ci: "Nigdy nie mów siostrze Liz, że nie ma prawdziwej pracy". Jaka jest moja odpowiedź? Pracuję dla Pana, spędzam długie godziny bez odliczania czasu i nie dostaję wypłaty. Bóg troszczy się o mnie, a moja nagroda będzie w niebie.

Doceniam swoją pracę i kocham to, co robię!

Rozdział 12

Demoniczne wyzwolenie i uzdrawiająca
moc Boga

Pewnego niedzielnego popołudnia otrzymałem telefon od pana Patela, który prosił, abyśmy poszli i pomodlili się za jego ojca, który został zaatakowany przez demoniczne duchy. Pan Patel jest inżynierem, który mieszka w Ameryce od ponad 30 lat. Słyszał o moim uzdrowieniu i był otwarty na słuchanie o Panu Jezusie Chrystusie. Następnego dnia udaliśmy się do domu jego brata, gdzie spotkaliśmy się z panem Patelem i jego rodziną (bratem, żoną brata, dwoma synami oraz jego ojcem i matką). Podczas gdy wszyscy słuchali, inny brat, który również był chrześcijaninem, zaczął mówić o tym, jak poznał Jezusa. Ojciec, starszy pan Patel, powiedział, że oddawał cześć bożkom, ale zawsze czuł się źle, kiedy to robił. Powiedział, że czuł się tak, jakby pręt wbijał mu się w brzuch, powodując ból, a kiedy chodził, czuł się tak, jakby miał kamienie pod stopami. Zaczęliśmy modlić się za niego w Imię Pana Jezusa Chrystusa. Modliliśmy się tak długo, aż został uwolniony od demonicznego ducha i poczuł się znacznie lepiej. Przed wyjazdem otrzymał studium Biblii, aby zrozumieć moc imienia Pana i jak pozostać wolnym od demonicznych ataków.

Byliśmy zadowoleni, gdy syn i jeden z wnuków nalegali, aby starszy pan Patel wezwał imię JEZUS, ale on nie chciał; chociaż nie miał żadnego problemu z powiedzeniem "Bóg" (Bhagvan). Wnuki nalegały" :Nie, mów w Imię Jezusa", gdy synowie ustawili się w kolejce do modlitwy. Jeden z wnuków, który miał dwadzieścia kilka lat, miał wcześniej wypadek samochodowy. Był u wielu chirurgów z powodu problemu z kolanem. Tego dnia Pan Jezus uzdrowił jego kolano, a młodszy brat pana Patela został bardzo dotknięty przez Ducha Bożego. Wszyscy otrzymali modlitwę i świadczyli o tym, jak zostali poruszeni przez Ducha Bożego, który tego dnia działał cuda uzdrowienia i uwolnienia. Kiedy Pan Jezus chodził wśród ludzi, nauczał i głosił ewangelię o Królestwie, które ma nadejść, i uzdrawiał wszelkiego rodzaju choroby i dolegliwości wśród ludzi. Uzdrawiał i uwalniał tych, którzy byli opętani i dręczeni przez demony, tych, którzy byli obłąkani i tych, którzy mieli porażenie mózgowe (Mt 4:23-24). Jako uczniowie Boga dzisiaj, kontynuujemy Jego dzieło i nauczamy innych o zbawieniu w imieniu naszego Pana Jezusa.

*"Ani w żadnym innym nie ma zbawienia; albowiem nie ma żadnego innego **imienia** pod niebem, danego ludziom, w którym moglibyśmy być zbawieni". (Dzieje Apostolskie 4:12).*

Służenie Żywemu Bogu przynosi wiele korzyści. Zamiast boga ze skały lub kamienia, który nie widzi i nie słyszy, mamy prawdziwego i żywego Boga, który bada serca mężczyzn i kobiet. Otwórz swoje serce i umysł na słuchanie Jego głosu. Módl się, aby dotknął twojego serca. Módl się, aby przebaczył ci odrzucenie Go. Módl się, aby Go poznać i zakochać się w Nim. Zrób to teraz, ponieważ drzwi wkrótce się zamkną.

Rozdział 13

Spowiedź i czyste sumienie

Pewnego dnia pewna hinduska para przyszła mnie odwiedzić i pomodlić się ze mną. Gdy przygotowywaliśmy się do modlitwy, żona zaczęła modlić się na głos. Mąż poszedł w jej ślady. Zauważyłem, że oboje modlili się w ten sam religijny sposób, ale mimo to z przyjemnością słuchałem ich elokwentnych słów. Poprosiłem Boga szczerze" :Chcę, abyś modlił się moimi ustami". Kiedy nadeszła moja kolej na głośną modlitwę, Duch Święty przejął nade mną kontrolę i modliłam się w Duchu.

"Podobnie i Duch wspomaga niemoce nasze, bo nie wiemy, o co się modlić powinniśmy, ale sam Duch wstawia się za nami z jękiem, którego nie można wypowiedzieć. A ten, który bada serca, wie, co jest zamysłem Ducha, ponieważ wstawia się za świętymi zgodnie z wolą Bożą ". (Rzymian 8:26, 27).

Modliłem się w Duchu z mocą Bożą w sposób, który obnażał grzech. Mąż, który nie mógł już dłużej tego znieść, zaczął wyznawać swój grzech żonie, która była zszokowana. Później rozmawiałem z nimi o oczyszczeniu poprzez wyznanie grzechu.

"Jeśli wyznajemy nasze grzechy, On jest wierny i sprawiedliwy, aby nam odpuścić grzechy i oczyścić nas od wszelkiej nieprawości. Jeśli mówimy, że nie zgrzeszyliśmy, czynimy Go kłamcą, a słowa Jego nie ma w nas." (1 Jana 1:9, 10)

Wyjaśniłam mężowi, że skoro się przyznał, Bóg mu wybaczy.

Pamiętaj także, aby wyznawać swoje grzechy tylko tym, którzy mogą się za ciebie modlić.

Wyznawajcie winy jedni drugim i módlcie się jedni za drugich, abyście byli uzdrowieni. Skuteczna żarliwa modlitwa sprawiedliwego wiele pomoże. (Jakuba 5:16)

Wyjaśniłem, że kiedy zostanie ochrzczony, Bóg usunie jego grzech i będzie miał czyste sumienie.

"Podobna figura, przez którą i teraz chrzest nas zbawia (nie przez usunięcie brudu ciała, ale przez odpowiedź dobrego sumienia wobec Boga) przez zmartwychwstanie Jezusa Chrystusa".
(1 Piotra 3:21)

Kilka dni później oboje przyjęli chrzest w imię Pana Jezusa. Mąż został całkowicie uwolniony, a jego grzechy przebaczone. Oboje stali się błogosławieństwem dla Królestwa Bożego.

"Nawróćcie się i niech każdy z was ochrzci się w imię Jezusa Chrystusa na odpuszczenie grzechów, a otrzymacie dar Ducha Świętego". (Dzieje Apostolskie 2:38)

Bóg szuka tych, którzy uniżą się przed Nim. Nie ma znaczenia, jak wymowne i piękne są słowa, którymi się modlisz, ale to, że modlisz się całym sercem. On również wie, co jest w sercu, gdy się modlisz. Usuń grzech, prosząc Boga o przebaczenie, w przeciwnym razie twoje modlitwy będą utrudniane przez Ducha Świętego. Jako wierzący codziennie przeszukujemy nasze serca i osądzamy samych siebie. Bóg jest zawsze tam, aby nam przebaczyć i oczyścić nas, gdy grzeszymy.

Rozdział 14.

Na krawędzi śmierci

Brat James, o którym mówiłem wcześniej, ma dar uzdrawiania dzięki mocy Bożego namaszczenia. Został zaproszony do modlitwy za Koreankę, która przebywała na oddziale intensywnej terapii szpitala Queen of the Valley. Według lekarzy była bliska śmierci. Jej rodzina przygotowywała już pogrzeb. Tego dnia towarzyszyłem bratu Jamesowi i zobaczyłem jej ciało na oddziale podtrzymywania życia; była nieprzytomna i bliska śmierci. Kiedy zacząłem się modlić, poczułem się tak, jakby coś chciało mnie złapać za nogę i wyrzucić z pokoju; ale moc Ducha Świętego była we mnie bardzo silna i nie pozwoliła temu duchowi działać.

Wy jesteście z Boga, dziatki, i zwyciężyliście ich, bo większy jest Ten, który jest w was, niż ten, który jest na świecie. (1 Jana 4:4)

Po modlitwie Pan przemówił przeze mnie i powiedziałem te słowa: "Ta maszyna się zmieni". Odnosiło się to do sprzętu podtrzymującego życie, który był podłączony do jej ciała. Usłyszałem, jak wypowiadam te słowa, ponieważ Bóg powiedział o losie tej bardzo chorej kobiety. Brat James modlił się za nią, a następnie rozmawialiśmy z rodziną tej kobiety o mocy modlitwy i Słowa Bożego. Słuchali, jak opowiadałem im o moim własnym uzdrowieniu i o tym, jak Bóg przeniósł mnie z wózka inwalidzkiego do ponownego chodzenia. Ich syn, który był pilotem linii lotniczych, również był obecny, ale nie mówił po koreańsku. Rozmawiałem z nim po angielsku, podczas gdy reszta rodziny rozmawiała po koreańsku. Co ciekawe, wyjaśnił mi, że jego matka miała podróżować do Kanady tego samego dnia, w którym ciężko zachorowała. Wyjaśnił, że wołała męża o pomoc i została zabrana do szpitala, chociaż odmówiła wyjazdu. Syn powiedział, że jego matka mówiła im: "Zabiją mnie w szpitalu". Była pewna, że umrze, jeśli zostanie zabrana do szpitala. Jej syn wyjaśnił nam, że powiedziała im, że każdej nocy ludzie ubrani na czarno przychodzili do domu. Każdej nocy jego matka krzyczała zarówno na niego, jak i na jego ojca i ze złością rzucała w nich naczyniami bez wyraźnego powodu. Zaczęła również wypisywać czeki w języku, którego nie mogli zrozumieć. Jej zachowanie było bardzo dziwaczne. Wyjaśniłem mu o demonicznych duchach, które mogą przejąć kontrolę i dręczyć człowieka. Zdziwiło go to, ponieważ, jak nam wyjaśnił, wszyscy chodzą do kościoła, a ona daje tak dużo pieniędzy, ale nigdy wcześniej o tym nie słyszeli. Demony są poddane prawdziwym wierzącym, którzy mają Ducha Świętego; ponieważ Krew Jezusa jest na ich życiu i usługują pod autorytetem Imienia Jezusa w mocy Jego Imienia.

Powiedziałem młodemu człowiekowi, że brat James i ja możemy modlić się w Imieniu Jezusa o wypędzenie demona, a on zgodził się na modlitwę o wybawienie dla swojej matki. Kiedy lekarz przyszedł zobaczyć swoją pacjentkę, był zdumiony, że ona reaguje i nie mógł zrozumieć, co się z nią stało. Rodzina powiedziała mu, że ktoś przyszedł modlić się za nią w nocy, a ona zaczęła reagować tak, jak im powiedziano. Kilka dni później mieliśmy kolejną okazję modlić się za tę samą kobietę. Uśmiechała się, gdy weszliśmy do pokoju. Położyłem rękę na jej głowie i zacząłem się modlić; odrzuciła moją rękę i podniosła głowę, wskazując na sufit, ponieważ nie mogła mówić. Jej wyraz twarzy zmienił się i wyglądała na przerażoną. Po naszym wyjściu jej stan się pogorszył. Jej dzieci zastanawiały się, co widzi i zapytały ją, czy widziała coś złego. Dała znak ręką "tak". Ponownie wróciliśmy, aby modlić się za nią, ponieważ była przerażona swoim dręczycielem, demonicznym duchem w jej pokoju. Po modlitwie tym razem została zwycięsko uwolniona od swoich dręczycieli. Dzięki Bogu, który odpowiada na modlitwę. Później dowiedzieliśmy się, że została zwolniona ze szpitala, przeszła program rehabilitacyjny i została odesłana do domu, gdzie nadal ma się dobrze. Wydostała się z krawędzi śmierci.

Idź świadczyć światu:

I przykazał im, aby nikomu nie mówili; ale im bardziej im przykazał, tym bardziej to **rozgłaszali;** *(Marka 7:36)*

Wróć do swego domu i pokaż, jak wielkie rzeczy uczynił ci Bóg". I poszedł swoją drogą, i **rozgłaszał** *po całym mieście, jak wielkie rzeczy Jezus mu uczynił. (Łukasza 8:39)*

Biblia mówi, że musimy iść i świadczyć. Ta koreańska rodzina złożyła świadectwo o tym cudzie innym rodzinom. Pewnego dnia br. James otrzymał telefon od innej Koreanki. Mąż tej rodziny zachowywał się agresywnie i nie wiedział, co robi. Jego żona była bardzo drobną i słodką kobietą. Czasami próbował ją zabić. Wiele razy musieli zabierać ją do szpitala, ponieważ bił ją niemiłosiernie. Kiedy dowiedziała się o tym cudzie, zaprosiła nas i poprosiła o mnie. Poszliśmy zobaczyć się z nią i jej mężem. Br. James poprosił mnie, abym przemówił, a on się pomodlił. Wszyscy zostaliśmy pobłogosławieni. Kilka tygodni później jego żona zadzwoniła i zapytała, czy przyjedziemy ponownie, ponieważ jej mąż czuje się lepiej. Poszliśmy więc ponownie i złożyłem świadectwo o przebaczeniu, a br. James modlił się nad nimi wszystkimi.

Podzieliłem się z nimi opowieścią o tym, jak pracowałem z kobietą przełożoną, która nękała mnie niemiłosiernie i nie mogłem spać w nocy. Pewnego dnia poszedłem do swojego pokoju, aby się za nią pomodlić. Jezus powiedział: "Musisz jej wybaczyć". Na początku wydawało mi się to trudne i pomyślałam, że jeśli jej wybaczę, ona nadal będzie robić mi to samo. Ponieważ słyszałam Jezusa mówiącego do mnie, powiedziałam: "Panie, wybaczam jej całkowicie" i Bóg w swoim miłosierdziu pomógł mi o tym zapomnieć. Kiedy jej wybaczyłem, zacząłem dobrze spać, ale nie tylko to, ale za każdym razem, gdy robiła coś złego, nie przeszkadzało mi to.

Biblia mówi.

Złodziej nie przychodzi po to, aby kraść, zabijać i niszczyć; Ja
przyszedłem po to, aby mieli życie i aby mieli je w obfitości
(J 10:10).

Byłem szczęśliwy, że teściowa była tam, aby usłyszeć to świadectwo, ponieważ jej serce było przepełnione smutkiem. To było niesamowite widzieć, jak ręka Boga wkracza i zmienia całą tę sytuację, a przebaczenie ogarnia ich serca i miłość pojawia się w nich.

*Jeśli zaś wy nie **przebaczycie**, to i Ojciec wasz, który jest w niebie, **nie***
***przebaczy** wam waszych przewinień".*
(Marka 11:26)

Brak przebaczenia jest bardzo niebezpieczny. Utracimy zdrowie umysłu i ciała. Przebaczenie jest dla twojego dobra, nie tylko dla twojego wroga. Bóg prosi nas o przebaczenie, abyśmy mogli lepiej spać. Zemsta należy do Niego, nie do nas.

Nie sądźcie, a nie będziecie sądzeni: nie potępiajcie, a nie będziecie
*potępieni; **odpuszczajcie**, a będzie wam **odpuszczone***
(Łk 6:37).

A modlitwa wiary uratuje chorego i Pan go wskrzesi; a jeśli popełnił
grzechy, będą mu odpuszczone. Wyznawajcie winy jedni drugim i
módlcie się jedni za drugich, abyście byli uzdrowieni. Skuteczna
żarliwa modlitwa sprawiedliwego wiele pomoże.
(Jakuba 5:15, 16)

W drugiej części powyższej historii usłyszeliśmy, że jej mąż został całkowicie uzdrowiony ze swoich problemów psychicznych i był tak miły i kochający dla swojej żony.

Chwalmy Pana! Jezus przyniósł pokój w ich domu.

Rozdział 15

Pokój w Bożej obecności

Obecność Boga może przynieść pokój duszy. Kiedyś modliłem się za mężczyznę, który był śmiertelnie chory w ostatnim stadium raka. Był on mężem pewnej kobiety z kościoła. Ta pani i jej syn mieszkali kiedyś u mnie w domu.

Należeli do kościoła, który nie wierzył w zmianę ich życia, dopóki nie obejrzeli filmu o czasach ostatecznych. Oboje otrzymali objawienie chrztu w imię Pana Jezusa i zaczęli szukać kościoła, który ochrzciłby ich w imię Jezusa. Wtedy znaleźli kościół, do którego uczęszczam. Szatan nie chce, aby ktokolwiek poznał prawdę, ponieważ prowadzi ona do zbawienia. Chce, abyś był w ciemności, myśląc, że jesteś zbawiony, wierząc w fałszywe doktryny i tradycje ludzkie. Wystąpi przeciwko tobie, gdy będziesz szukał Prawdy. W tej sytuacji narzędziem użytym przeciwko matce i synowi byli niewierzący mąż i ojciec, którzy nieustannie nękali ich i wyśmiewali się z ich wiary w Boga. Wiele razy przychodzili do mojego domu, by się modlić i w końcu zostawali. Pewnego dnia jego syn usłyszał, jak Pan mówi do niego: Jego dni są policzone. Ojciec przebywał w szpitalu Baylor w Dallas w Teksasie na oddziale intensywnej terapii (OIOM). Dał im jasno do zrozumienia, że nie życzy sobie modlitwy ani żadnych ludzi z kościoła, którzy przychodziliby się modlić. Pewnego dnia zapytałem żonę, czy mógłbym ją odwiedzić i pomodlić się za jej męża. Wyjaśniła mi, jak się czuje i odmówiła. Nadal modliliśmy się, aby Bóg zmiękczył jego zatwardziałe serce.

Pewnego dnia poszedłem do szpitala z synem i jego żoną i zaryzykowałem, że Bóg go zmienił. Syn zapytał ojca: *Tato, czy chcesz, aby siostra Elizabeth pomodliła się za ciebie? Ona jest wojowniczką modlitwy.* Ponieważ jego ojciec nie mógł już mówić, poprosił go, aby mrugnął oczami, aby mógł się z nim komunikować. Następnie poprosił go, aby mrugnął, aby zasygnalizować nam, czy chce, abym się za niego modlił, mrugnął. Zacząłem się modlić, prosząc, aby jego grzechy zostały obmyte we Krwi Jezusa. Zauważyłem w nim pewną zmianę i kontynuowałem modlitwę, aż w pokoju pojawił się Duch Święty. Po mojej modlitwie ojciec próbował komunikować się, wskazując na sufit, jakby coś nam pokazywał. Próbował pisać, ale nie mógł. Syn poprosił ojca, by mrugnął, jeśli widzi coś dobrego. Mrugnął! Następnie poprosił ojca, aby mrugnął, jeśli jest to światło, ale on nie mrugnął. Następnie zapytał go, czy to anioły, które widzi, i mrugnął. Ale on nie mrugnął. W końcu syn zapytał, czy to Pan Jezus. Wtedy jego ojciec mrugnął oczami.

W następnym tygodniu poszedłem do szpitala, aby zobaczyć go ponownie. Tym razem był zupełnie inny i miał spokojne oblicze. Kilka dni później zmarł w pokoju. Bóg w swoim miłosierdziu i miłości dał mu pokój przed śmiercią. Nie wiemy, co dzieje się między kimś tak bardzo chorym a jego Stwórcą. Obecność Pana była w tym pokoju. Widziałem człowieka, który był zatwardziały przeciwko Bogu i własnej rodzinie, ale u progu śmierci Pan dał mu się poznać, dając mu wiedzę o swoim istnieniu.

Dziękujcie Panu, bo jest dobry, bo Jego miłosierdzie trwa na wieki.
Dziękujcie Bogu bogów, bo Jego miłosierdzie trwa na wieki.
Dziękujcie Panu panów, bo Jego miłosierdzie trwa na wieki. Temu,

który sam czyni wielkie cuda, bo Jego miłosierdzie trwa na wieki.
(Psalm 136:1-4)

Rozdział 16.

Poświęcający się styl życia

W tym czasie prowadziłam studium biblijne na temat włosów, ubrań, biżuterii i makijażu. Powiedziałam sobie: "Ci ludzie są staromodni". W głębi·serca wiedziałam, że kocham Boga, więc to, co noszę, nie powinno mieć znaczenia. Czas mijał i pewnego dnia usłyszałam, jak Duch Boży przemawia do mojego serca: "Rób to, co czujesz w swoim sercu". W tym momencie otworzyły mi się oczy. Zrozumiałam, że mam w sercu miłość do świata i dostosowuję się do jego mody. (Ryma to oświecone i namaszczone Słowo Boże, które zostało wypowiedziane do ciebie w określonym czasie lub sytuacji).

O Panie, Ty mnie zbadałeś i znasz mnie. Ty znasz mój upadek i moje powstanie, Ty rozumiesz moją myśl z daleka. Ty wytyczasz moją ścieżkę i moje leże, i znasz wszystkie moje drogi. (Psalm 139:1-3)

Biżuteria:

Nie lubiłam biżuterii, więc nie było trudno pozbyć się kilku sztuk, które miałam.

*Podobnie i wy, żony, bądźcie poddane mężom swoim, aby jeśli kto nie
jest posłuszny słowu, mógł i bez słowa zostać pozyskany przez
rozmowę żon, gdy będą patrzeć na waszą czystą rozmowę połączoną
z bojaźnią. Których ozdobą niech nie będzie **zewnętrzna** ozdoba, jaką
jest zaplatanie włosów, noszenie złota lub wkładanie odzieży, ale
niech będzie ukryty człowiek serca, w tym, co nie ulega zepsuciu,
nawet **ozdoba** cichego i spokojnego ducha, która jest w oczach Boga
bardzo cenna. Tak bowiem w dawnych czasach święte niewiasty,
które ufały Bogu, przyozdabiały się, będąc poddane własnym mężom:
Tak jak Sara była posłuszna Abrahamowi, nazywając go panem:
którego córkami jesteście, o ile dobrze czynicie i nie boicie się
żadnego zdumienia. (1 Piotra 3:1-6)*

*Podobnie też, aby kobiety przyozdabiały się w skromne szaty, ze
wstydem i trzeźwością; nie z brokatowymi włosami, złotem, perłami
lub kosztowną szatą, ale (co przystoi kobietom wyznającym
pobożność) z dobrymi uczynkami. (1 Tymoteusza 2:9, 10)*

Włosy

*Czyż sama natura nie uczy, że jeśli mężczyzna ma długie włosy, jest to
dla niego wstydem? Lecz jeśli kobieta ma długie włosy, jest to dla niej
chwałą, gdyż włosy są jej dane jako **okrycie**.
(1 Koryntian 11:14, 15)*

W młodości zawsze miałem długie włosy. W wieku dwudziestu lat po
raz pierwszy się ostrzygłem i obcinałem włosy, aż stały się bardzo
krótkie. Tak więc nauczanie o nieobcinanych włosach było dla mnie
początkowo trudne do zaakceptowania. Nie chciałem pozwolić moim
włosom rosnąć, ponieważ lubiłem krótkie włosy. Łatwo było się nimi
zająć. Zaczęłam prosić Boga, by pozwolił mi nosić krótkie włosy. Ale
ku mojemu zaskoczeniu, Bóg zmienił mój sposób myślenia, wkładając
swoje Słowo w moje serce i nie było mi już trudno zapuścić włosy.

W tym czasie moja mama mieszkała ze mną. Ponieważ nie wiedziałam,
jak dbać o moje długie włosy, mama prosiła mnie o ich obcięcie,

ponieważ nie podobał jej się ich wygląd. Zaczęłam studiować Biblię na temat włosów. Otrzymałam lepsze zrozumienie i wiedzę, co pomogło mi umocnić moje przekonania w sercu.

Modliłam się i pytałam Pana: "*Co mam zrobić z moją mamą, skoro nie lubi moich długich włosów*"? On przemówił do mnie i powiedział: "*Módl się, aby jej myślenie się zmieniło*".

Zaufaj Panu całym swoim sercem i nie skłaniaj się ku własnemu zrozumieniu. Uznaj go na wszystkich twych drogach, a on pokieruje twymi ścieżkami. (Przysłów 3:5, 6)

Pan jest moim doradcą, więc nadal modliłam się, aby jej myślenie się zmieniło.

Jezus jest naszym doradcą;

*Albowiem Dziecię nam się narodziło, Syn nam się narodził, na Jego barkach spocznie władza, a imię Jego będzie brzmiało: Cudowny **Doradca**, Bóg mocny, Ojciec wieczny, Książę Pokoju".
(Izajasza 9:6)*

Nie obcinałam już włosów. Moje włosy nadal rosły i pewnego dnia mama powiedziała mi: "Ładnie wyglądasz z długimi włosami!". Byłam bardzo szczęśliwa słysząc te słowa. Wiedziałam, że Pan pokierował mną w modlitwie i odpowiedział na moją modlitwę. Wiem, że moje nieobcięte włosy są moją chwałą i otrzymałam moc na mojej głowie dzięki Aniołom.

Wiem, że kiedy się modlę, jest moc. Chwała Panu!!!

*Ale każda niewiasta, która się modli lub prorokuje z **odkrytą** głową, hańbi głowę swoją, bo jest tak, jakby była ogolona. Ale jeśli kobieta ma długie włosy, jest to dla niej chwałą, **ponieważ włosy są jej dane jako okrycie**. (1 Koryntian 11:5,15,)*

Pismo Święte wyraźnie mówi, że nieobcięte włosy są naszym okryciem, a nie chustą, czapką czy welonem. Reprezentują one nasze poddanie się autorytetowi Boga i Jego chwale. W całym Słowie Bożym można znaleźć informację, że aniołowie chronili chwałę Bożą. Gdziekolwiek była chwała Boża, tam byli obecni aniołowie. Nasze nieobcięte włosy są naszą chwałą, a Aniołowie są zawsze obecni, aby nas chronić z powodu naszego poddania się Słowu Bożemu. Aniołowie chronią nas i naszą rodzinę.

Z tego powodu kobieta powinna mieć władzę na głowie z powodu aniołów. (1 Koryntian 11:10)

1 List do Koryntian 11 to uporządkowana myśl i działanie Boga mające na celu utrzymanie jednoznacznego rozróżnienia między kobietą a mężczyzną.

Nowy Testament pokazuje, że kobiety miały nieobcinane długie włosy.

*A oto pewna kobieta z miasta, która była grzesznicą, gdy dowiedziała się, że Jezus zasiadł do posiłku w domu faryzeusza, przyniosła alabastrowe pudełko maści i stanęła u Jego stóp za Nim płacząc, i zaczęła obmywać Jego stopy łzami, i **wycierała je włosami swojej głowy**, i całowała Jego stopy, i namaszczała je maścią.*
(Łukasza 7:37, 38)

Lordowie mówią

"Obetnij włosy twoje, Jeruzalemie, i odrzuć je, i lamentuj na wyżynach, bo Pan odrzucił i opuścił pokolenie swego gniewu".
(Jeremiasza 7:29)

Obcięte włosy są symbolem wstydu, hańby i żałoby. Obcinanie włosów reprezentuje bezbożny i haniebny czyn odstępczego ludu Bożego. Jest to znak, że Pan ich odrzucił. Pamiętajmy, że jesteśmy Jego oblubienicą.

Encyklopedia Britannica, V, 1033 stwierdza, że po I wojnie światowej "włosy były czesane". Obcinanie włosów zostało przyjęte przez prawie wszystkie kobiety na całym świecie.

Słowa Boże są ustanowione na wieczność. Bóg wymaga od kobiet, by miały nieobcinane długie włosy, a od mężczyzn, by mieli krótkie włosy.

Odzież

Słowo Boże poucza nas również o tym, jak mamy się ubierać. Kiedy byłem nowo nawrócony i uczyłem się, jak powinniśmy się ubierać, nie byłem przekonany co do moich ubrań. Ze względu na rodzaj mojej pracy nosiłam spodnie. Pomyślałem sobie" :*Byłoby w porządku, gdybym nadal nosił spodnie tylko do pracy*". Kupiłam nowe spodnie i otrzymałam wiele komplementów na temat tego, jak ładnie w nich wyglądam. Wiedziałam już, że kobiety nie powinny nosić męskich ubrań. Spodnie zawsze były odzieżą męską, a nie damską. Gdy tylko Słowo Boże zostanie zaszczepione w twoim sercu, otrzymasz przekonanie na temat właściwego ubioru.

Kobieta nie będzie nosić tego, co należy do mężczyzny, ani mężczyzna nie włoży szaty kobiecej*; bo wszyscy, którzy to czynią,* **są obrzydliwością** *dla Pana, Boga twego.*
(Powtórzonego Prawa 22:5)

Zamieszanie zaczęło się, gdy mężczyźni i kobiety zaczęli nosić ubrania unisex. Następny krok doprowadzi cię, jak powiedział Bóg, do:

Kapłańska 18:22 Nie będziesz kłamał z ludźmi, tak jak z kobietami; to **obrzydliwość.**

To, co nosimy, będzie miało na nas wpływ. Słowo obrzydliwość jest używane do opisania kobiety, która nosi "to, co należy do mężczyzny" i mężczyzny, który zakłada "kobiecą szatę". Bóg zna każdy etap seksualnego zamieszania. Bóg uczynił obie płcie całkowicie odmiennymi w innym celu. Czy zauważyłeś, że to kobiety jako pierwsze zaczęły zakładać spodnie? To tak jak wtedy, gdy Ewa była nieposłuszna w ogrodzie Eden! To zamieszanie jest dowodem dzisiejszego społeczeństwa, w którym żyjemy. Czasami nie można odróżnić mężczyzn od kobiet.

Ponad 70 lat temu ubiór kobiet nie był problemem, ponieważ zasadniczo nosiły one długie sukienki lub długie spódnice. Nie było zamieszania. Gdy kobiety zaczęły nosić męskie ubrania, zaczęły zachowywać się jak mężczyźni, a mężczyźni jak kobiety. To jest zaburzenie.

Będą mieli lniane czepce na głowach i lniane bryczesy na biodrach; nie będą się przepasywać niczym, co powoduje pot (Ezechiela 44:18).

Dzisiejsze przewrotne, nieposłuszne pokolenie napędzane przez media uczy się od księcia powietrza, którym jest szatan. Nie są świadomi prawdy zawartej w Biblii. Ich zwolennikami są również fałszywi nauczyciele nauczający doktryn i przykazań ludzkich, a nie Bożych.

Oto uczyniłeś dni moje jak długość miecza, a wiek mój jest niczym przed Tobą; zaprawdę, każdy człowiek w swoim najlepszym stanie jest marnością. Selah. Z pewnością każdy człowiek chodzi w próżnym widowisku; z pewnością na próżno się niepokoją; gromadzi bogactwa, a nie wie, kto je zbierze.
(Psalm 39:5-6)

Kiedy Adam i Ewa okazali nieposłuszeństwo Panu i zjedli owoc z zakazanego drzewa, wiedzieli, że zgrzeszyli, a ich oczy otworzyły się na ich nagość.

I otworzyły się im obojgu oczy, i poznali, że są nadzy; i pozszywali liście figowe, i uszyli sobie fartuchy (Rdz 3:7).

Adam i Ewa okryli się liśćmi figowymi. Zrobili fartuchy z liści figowych, co było niewystarczające. Bóg ma swój standard okrycia i dlatego nie pochwalił ich niewłaściwego okrycia z liści figowych...... Dlatego przyodział ich w płaszcze ze skóry.

Również Adamowi i jego żonie Pan Bóg uczynił płaszcze ze skór i przyodział ich. (Rodzaju 3:21)

Wróg naszej duszy, diabeł, lubi powodować nieskromne eksponowanie ciała.

Łukasza 8:35 "Potem wyszli, aby zobaczyć, co się stało; i przyszli do Jezusa i znaleźli człowieka, z którego wyszły diabły, siedzącego u stóp Jezusa, __odzianego__ i zdrowego na umyśle; i bali się ".

Kiedy ktoś nie zakrywa swojego ciała, dowodzi to, że znajduje się pod wpływem złego ducha, który wytwarza złe motywy.

Bardzo ważne jest, abyśmy zawsze czytali Słowo Boże, nieustannie się modlili i pościli dla lepszego zrozumienia i prowadzenia Jego ducha. Przemiana przychodzi przez Słowo Boże, które najpierw przychodzi od wewnątrz, a następnie zmiana przychodzi na zewnątrz.

Ta księga zakonu nie wyjdzie z ust twoich; ale będziesz w niej rozmyślał dniem i nocą, abyś przestrzegał, aby czynić według wszystkiego, co w niej jest napisane; bo wtedy uczynisz swoją drogę pomyślną, a wtedy będziesz miał dobre powodzenie. (Jozuego 1:8)

Szatan atakuje Słowo Boże. Pamiętasz Ewę? Diabeł wie, co i kiedy zaatakować, ponieważ jest subtelny i przebiegły.

Bądźcie trzeźwi, czuwajcie, bo przeciwnik wasz diabeł jak lew ryczący chodzi, szukając kogo by pożreć (1 Piotra 5:8).

Kto ma przykazania moje i przestrzega ich, ten Mnie miłuje; a kto Mnie miłuje, będzie umiłowany przez Ojca mego, a Ja będę go miłował i objawię mu samego siebie". (Jana 14:21)

Jeśli będziecie zachowywać moje przykazania, będziecie trwać w miłości mojej; tak jak Ja zachowałem przykazania Ojca mego i trwam w Jego miłości". (Jana 15:10)

Tego wieczoru, gdy byłem w pracy, przyszła mi do głowy pewna myśl. Zastanawiałem się, jak wyglądam w oczach Boga. Nagle ogarnął mnie wstyd i nie mogłem podnieść wzroku. Czułem się tak, jakbym stał przed Panem, naszym Bogiem. Jak wiesz, słyszymy uszami, ale ja słyszałam Jego głos, jakby przemawiał przez każdą komórkę mojego ciała, mówiąc: "Kocham cię szczerze". Kiedy usłyszałam te piękne słowa od Boga "Kocham cię szczerze", znaczyło to dla mnie tak wiele. Nie mogłam się doczekać, aż wyjdę z pracy i wrócę do domu, by całkowicie wyczyścić szafę ze wszystkich moich przyziemnych ubrań.

Przez kilka tygodni słyszałem echo Jego głosu, który mówił mi: "Kocham cię szczerze". Później to zanikło.

Życie dla Boga to nie tylko to, co mówimy, ale to styl życia. Kiedy Bóg przemawiał do Mojżesza, mówił do niego bardzo wyraźnie. Mojżesz bez wątpienia znał głos Boga.

Słowo shamefacedness przetłumaczone z języka greckiego odnosi się do poczucia wstydu lub skromności, lub wewnętrznej przyzwoitości uznającej, że brak ubrania jest haniebny. Oznacza to, że nasz wygląd zewnętrzny odzwierciedla nasze wnętrze nie tylko dla nas samych, ale także dla innych. Dlatego Biblia mówi, że skromny ubiór jest podobny do wstydliwości

Prz 7:10 A oto spotkała go kobieta w stroju nierządnicy i podstępnego serca.

*Tak samo i kobiety przyozdabiają się w skromne szaty, **ze wstydem** i **trzeźwością**, a nie w rozwiane włosy, złoto, perły czy kosztowne ozdoby (1 Tymoteusza 2:9).*

Odzież musi zakrywać nagość. Trzeźwość powstrzymałaby człowieka od noszenia ubrań, które mają wyglądać seksownie lub które odsłaniają ciało. Dzisiejszy styl ubioru jest tak krótki, że przypomina ubiór prostytutki. Chodzi o to, jak seksownie się wygląda. Projektanci odzieży sprawiają, że styl odzieży jest bardziej odkrywczy i prowokujący.

Dziękuj Bogu za Jego Słowo, które ustanowił na wieczność; On zna pokolenia wszystkich wieków. Słowo powstrzyma cię od dostosowywania się do tego świata.

Definicja skromności zmienia się w zależności od kraju, czasu i pokolenia. Azjatyckie kobiety noszą luźne spodnie i długie bluzki zwane sukienkami Panjabi, które są bardzo skromne. Arabki noszą długie szaty z welonem. Zachodnie chrześcijanki noszą sukienki poniżej kolan.

Wciąż mamy bojące się Boga chrześcijanki, które uwielbiają być skromne i przestrzegać głoszenia i nauczania Boga.

> *Sprawdzajcie wszystko; trzymajcie się mocno tego, co dobre.*
> *(1 Tesaloniczan 5:21)*

Żyjemy w szokujących czasach, w których nie ma bojaźni Bożej.

> *Jeśli mnie miłujecie, przestrzegajcie moich przykazań. (Jana 14:15)*

powiedział Paul,

> Albowiem"*drogoście kupieni, przeto chwalcie Boga w ciele waszym*
> *i w duchu waszym, które są* Boże". *(1 Koryntian 6:20)*

Ubrania nie powinny być obcisłe, krótkie ani nisko wycięte. Obrazki na niektórych koszulkach i bluzkach są często umieszczane w niewłaściwy sposób.

Boż eidee zmuszające nas do noszenia ubrań mają być zakryte. Pamiętajmy, że Ewa i Adam byli nadzy. Nie jesteśmy już niewinni. Wiemy, że jest to pokusa dla oka mężczyzny. Dawid zobaczył Batszebę bez ubrania i popadł w cudzołóstwo.

Moda na ubrania dla młodych kobiet lub małych dziewczynek w naszych czasach jest nieskromna. Spodnie są obcisłe. Biblia mówi, by uczyć dzieci sprawiedliwości Bożej. Zamiast uczyć dziewczęta skromności, rodzice kupują nieskromne ubrania.

Świadoma chrześcijanka wybiera ubrania, które podobają się Chrystusowi i jej mężowi. Nie chce już nosić tego, co jest "modne".

Nieskromne ubrania, biżuteria i makijaż podsycają pożądliwość oczu, pożądliwość ciała i pychę życia.

Nie miłujcie świata ani tego, co jest na świecie. Jeśli kto miłuje świat,
*nie ma w nim miłości Ojca. **Albowiem wszystko, co jest na świecie,***
***pożądliwość ciała i pożądliwość oczu, i pycha żywota**, nie jest z Ojca,*
ale jest ze świata. A świat przemija i pożądliwość jego, lecz kto pełni
wolę Bożą, trwa na wieki". (1 Jana 2:15-17)

Szatan wie, że człowiek jest wizualnie zorientowany. Kobiety nie widzą intencji szatana. Nieskromność jest potężną pokusą i wabi mężczyzn. Nieskromne ubrania, biżuteria i makijaż wywołują podniecenie u mężczyzn. Pycha i próżność budują ludzkie ego. Kobieta czuje się potężna, ponieważ może przyciągać pożądliwą uwagę mężczyzn. Te rzeczy sprawiają, że kobieta jest dumna ze swojego wyglądu zewnętrznego.

Proszę was tedy, bracia, przez miłosierdzie Boże, abyście stawiali
ciała wasze ofiarą żywą, świętą, przyjemną Bogu, która jest rozumną
służbą waszą. I nie upodabniajcie się do tego świata, ale się
przemieniajcie przez odnawianie umysłu waszego, abyście umieli
rozpoznać, jaka jest ta dobra, przyjemna i doskonała wola Boża.
(Rzymian 12:1, 2)

Makijaż

Biblia zdecydowanie sprzeciwia **się** makijażowi. W Biblii makijaż jest zawsze kojarzony z bezbożnymi kobietami. W Biblii Jezebel była niegodziwą kobietą, która malowała swoją twarz.

Poprzez swoje Słowo Bóg dał nam, chrześcijanom, pisemne instrukcje dotyczące malowania twarzy, które obecnie nazywamy makijażem. Bóg poinformował nas o każdym szczególe, podając nawet odniesienia historyczne. Biblia uważa nas za światło tego świata; jeśli jesteśmy tym światłem, nie potrzebujemy malowania. Nikt nie maluje żarówki. Martwa rzecz potrzebuje malowania. Można pomalować ścianę, drewno itp.

W dzisiejszych czasach większość kobiet i małych dziewczynek nosi makijaż, nie znając historii ani Biblii. Makijaż był używany tylko na twarzy, ale teraz lubią malować i drukować różne części ciała, takie jak ramiona, dłonie, stopy itp. Czy makijaż jest grzeszny? Boga obchodzi, co robisz ze swoim ciałem. Bóg wyraźnie sprzeciwia się malowaniu i przekłuwaniu ciała, nakładaniu makijażu i tatuaży.

Nie będziecie czynić żadnych nacięć na waszym ciele dla zmarłych,
ani nie odciśniecie na sobie żadnych znaków*: Ja jestem Pan.*
(Księga Kapłańska 19:28).

Nigdy nie nosiłam makijażu, ale używałam szminki, ponieważ ją lubiłam. Kiedy usłyszałam kazanie na temat makijażu, zaczęłam nosić mniej szminki, a później całkowicie przestałam. W moim sercu wciąż miałam pragnienie, by ją nosić, ale tego nie robiłam.

W modlitwie zapytałam Boga, co sądzi o szmince. Pewnego dnia dwie kobiety szły w moją stronę i zauważyłem, że mają na sobie szminkę. W tym momencie zobaczyłam Jego duchowymi oczami, jak to wygląda.... Zrobiło mi się niedobrze. Byłam bardzo przekonana w swoim sercu i nigdy więcej nie miałam ochoty nosić szminki. Moim pragnieniem było zadowolić Go i być posłuszną Jego Słowu.

*"Tak mówcie i tak czyńcie, jak ci, którzy będą sądzeni przez prawo
wolności" (Jakuba 2:12).*

Mimo że mamy wolność czynienia tego, co wybieramy i życia tak, jak
byśmy chcieli, nasze serce jest zwodnicze, a nasze ciało będzie szukać
rzeczy tego świata. Wiemy, że nasze ciało jest wrogie Bogu i rzeczom
Bożym. Musimy zawsze chodzić w duchu, aby nie spełniać
pożądliwości ciała. Diabeł nie jest problemem. To my sami jesteśmy
problemem, jeśli chodzimy w ciele.

*Bo wszystko, co jest na świecie, pożądliwość ciała, pożądliwość oczu i
pycha żywota, nie jest z Ojca, ale jest ze świata. A świat przemija i
pożądliwość jego, lecz kto pełni wolę Bożą, trwa na wieki.
(1 Jana 2:16-17)*

Szatan chce być w centrum wszystkiego. Był doskonały w pięknie i
pełen pychy. Wie, co doprowadziło go do upadku i wykorzystuje to,
by doprowadzić do upadku ciebie.

*Synu człowieczy, podnieś lament nad królem Tyru i powiedz mu: Tak
mówi Pan Bóg: Tyś zapieczętował sumę, pełen mądrości **i doskonały
w piękności**. Byłeś w Edenie, ogrodzie Bożym; każdy drogocenny
kamień był twoim okryciem, sardius, topaz i diament, beryl, onyks i
jaspis, szafir, szmaragd i karbunkuł, i złoto; wykonanie twoich
tabernakulów i twoich rur zostało przygotowane w tobie w dniu, w
którym zostałeś stworzony (Ezechiela 28:12,13).*

Kiedy chodzimy w ciele, staramy się być w centrum uwagi. Widać to
w naszym ubiorze, rozmowach i działaniach. Łatwo wpadamy w
pułapkę szatana, dostosowując się do świata i jego światowych mód.

Pozwól, że podzielę się tym, jak i gdzie zaczął się makijaż lub
malowanie. Noszenie makijażu zaczęło się w Egipcie. Królowie i
królowe nosili makijaż wokół oczu. Egipski makijaż oczu był używany
do ochrony przed złą magią, a także jako symbol nowych narodzin w

reinkarnacji. Był również używany przez tych, którzy ubierali zmarłych. Chcieli, aby zmarli wyglądali, jakby po prostu spali.

Musisz wiedzieć, co Biblia wyraźnie mówi na ten temat. Jeśli makijaż jest ważny dla Boga, musi być wspomniany w Jego Słowie - zarówno konkretnie, jak i zasadniczo.

A gdy Jehu przybył do Jezreel, Jezabela dowiedziała się o tym,
pomalowała twarz, zmęczyła głowę i wyjrzała przez okno.
(2 Królów 9:30)

Młody człowiek, Jehu, udał się natychmiast do Jezreel, aby wykonać wyrok na Jezebel. Kiedy usłyszała, że jest w niebezpieczeństwie, nałożyła makijaż; ale jej makijaż nie uwiódł Jehu. Spełniło się to, co prorok Boży przepowiedział Jezabeli i jej mężowi, królowi Achabowi. Jej obrzydliwość dobiegła końca, gdy prorok Boży prorokował nad nimi. Kiedy Jehu kazał wyrzucić ją z okna, psy zjadły jej ciało; jak zapowiedział Bóg! Makijaż jest bronią autodestrukcyjną.

Nie pożądaj jej piękna w sercu swoim, ani niech cię nie pociąga
powiekami swymi (Prz 6:25).

A gdy będziesz zepsuty, cóż uczynisz? Choćbyś się przyoblekł w
karmazyn, choćbyś się przyozdobił złotem, Choćbyś twarz swą
malował, na próżno się upiększasz; kochankowie twoi wzgardzą tobą,
będą szukać twego życia". (Jeremiasza 4:30)

Historia mówi nam, że prostytutki malowały swoje twarze, aby można je było rozpoznać jako prostytutki. Z czasem makijaż i malowanie twarzy stały się powszechnie stosowane. Nie jest to już postrzegane jako niestosowne.

A ponadto, że posłaliście po ludzi, aby przybyli z daleka, do których
posłano posłańca; i oto przybyli; dla których umyłeś się,
pomalowałeś oczy i przyozdobiłeś się ozdobami.
(Ezechiela 23:40)

Makijaż " toprodukty, których nikt nie potrzebuje", ale pragnienie ich posiadania leży w ludzkiej naturze. Duma i próżność są powodem, dla którego wiele kobiet używa makijażu, aby dopasować się do świata. Taka jest ludzka natura. Wszyscy chcemy się dopasować!

Gwiazdy Hollywood są odpowiedzialne za tak drastyczne zmiany w myśleniu kobiet o wyglądzie zewnętrznym. Makijaż był noszony tylko przez aroganckie i zarozumiałe, dumne kobiety. Każdy chce wyglądać ładnie, nawet dzieci, które noszą makijaż.

Duma i próżność wypromowały branżę makijażu, przyjmując makijaż, stały się próżne. Gdziekolwiek pójdziesz, znajdziesz makijaż. Od najbiedniejszych do najbogatszych, wszyscy chcą wyglądać pięknie. Dzisiejsze społeczeństwo kładzie zbyt duży nacisk na wygląd zewnętrzny; z powodu wewnętrznej niepewności kobiety w każdym wieku stosują makijaż.

Wiele osób jest przygnębionych swoim wyglądem; próbują nawet popełnić samobójstwo. Piękno jest jedną z najbardziej podziwianych rzeczy dla tego pokolenia. Niektórzy ludzie noszą makijaż od razu po przebudzeniu. Nie podoba im się ich naturalny wygląd. Makijaż opętał ich tak bardzo, że bez niego czują się niechciani. Powoduje to depresję u młodego pokolenia, a nawet u małych dzieci.

Pomyśl teraz o najbardziej znanych sprawiedliwych kobietach Starego i Nowego Testamentu. Nie znajdziesz ani jednej, która nosiłaby makijaż. Nie ma wzmianki o Sarze, Rut, Abigail, Naomi, Marii, Deborze, Esterze, Rebece, Feebie czy jakiejkolwiek innej cnotliwej i łagodnej kobiecie, która kiedykolwiek stosowała makijaż.

On upiększy cichych zbawieniem (Ps 149:4b)

W rzeczywistości w Słowie Bożym jedynymi przykładami tych, które nosiły makijaż, były cudzołożnice, nierządnice, buntowniczki, odstępczynie i fałszywe prorokinie. Powinno to służyć jako wielkie ostrzeżenie dla każdego, kto troszczy się o Słowo Boże i pragnie podążać za biblijnym prawym przykładem, zamiast wybierać przykład bezbożnych kobiet.

Przyobleczcie się więc jako wybrani Boży, święci i umiłowani, w miłosierdzie, dobroć, pokorę, cichość, cierpliwość (Kol 3:12).

Ależ, człowiecze, kimże ty jesteś, że sprzeciwiasz się Bogu? Czyż rzecz ukształtowana może powiedzieć temu, który ją ukształtował: Dlaczego mnie takim uczyniłeś? (Rzymian 9:20)

Nasze ciało jest świątynią Boga; powinniśmy pragnąć podążać sprawiedliwymi drogami Boga. Dokonuje się to przez kobiety prezentujące się w świętym ubiorze, z otwartą twarzą (czystą twarzą) i odzwierciedlające Bożą Chwałę w naszych ciałach.

Czyż nie wiecie, że ciało wasze jest świątynią Ducha Świętego, który w was jest, a którego macie od Boga, i nie jesteście sami dla siebie? (1 Koryntian 6:19)

Ty i ja jesteśmy kupieni za pewną cenę, a Bóg stworzył nas na swój obraz. Prawa Boże mają nas chronić i powinny być zapisane w naszych sercach. Ty i ja mamy zasady i wytyczne, według których musimy żyć, tak jak my, którzy jesteśmy rodzicami, mamy zasady i wytyczne dla naszych dzieci. Kiedy zdecydujemy się przestrzegać praw i wskazówek Boga, będziemy błogosławieni, a nie karani.

"Wzywam niebo i ziemię, aby zapisały ten dzień przeciwko tobie, że postawiłem przed tobą życie i śmierć, błogosławieństwo i przekleństwo; wybierz więc życie, abyś żył ty i twoje potomstwo" (Pwt 30:19).

Pycha i bunt sprowadzą na nas choroby, finanse, ucisk i opętanie przez demony. Kiedy szukamy rzeczy tego świata poprzez pychę i bunt, przygotowujemy się na porażkę. Diabeł pragnie zepsuć nasze życie grzechem pychy. To nie jest Boża wola dla naszego życia!

Widziałam zmiany, jakie zachodzą, gdy światowe kobiety stają się Bożymi kobietami. Zmieniają swój wygląd ze starczego, przygnębionego, zestresowanego, udręczonego i nieszczęśliwego na młodzieńczy, piękny, żywy, spokojny i promienny.

Mamy jedno życie do przeżycia! Dlatego reprezentujmy Boga Abrahama, Jakuba i Izaaka...., przedstawiając nasze ciała jako ofiarę żywą, świętą i przyjemną w Jego oczach. To jest nasza rozumna służba wewnętrzna i zewnętrzna, nienaganna we wszystkim!

Kiedy jesteśmy nieposłuszni Słowu Bożemu poprzez pychę i bunt, sprowadzamy przekleństwa na siebie, nasze dzieci i dzieci naszych dzieci. Widać to na przykładzie nieposłusznych i buntowniczych działań Ewy; rezultatem był potop, który przyszedł na ziemię i wszystko zostało zniszczone. Samson i Saul sprowadzili zniszczenie na siebie i swoją rodzinę przez swoje nieposłuszeństwo. Nieposłuszeństwo Helego przyniosło śmierć jego synom i usunięcie z kapłaństwa.

Historia poprzez Słowo Boże mówi nam, że przed zniszczeniem mentalność rasy ludzkiej była wyniosła, egocentryczna i szukała własnej przyjemności.

*Ponadto Pan powiedział: Ponieważ **córki Syjonu** są wyniosłe i chodzą z wyciągniętymi szyjami i bezczelnymi oczami, chodząc i kręcąc się, i brzęcząc nogami: Dlatego Pan uderzy parchem w koronę głowy córek Syjonu, a Pan odkryje ich tajne części. W owym dniu Pan odbierze im dzielność ich brzęczących ozdób na nogach, ich kule i ich opony okrągłe jak księżyc, łańcuchy, bransolety i szaliki, czepce i ozdoby nóg, przepaski, tabliczki i kolczyki, pierścienie i ozdoby nosa, zmienne stroje, płaszcze, peruki i szpilki, okulary, cienkie płótno, kaptury i frak. I stanie się, że zamiast słodkiego zapachu będzie smród, zamiast przepaski - rozdarcie, zamiast dobrze ułożonych włosów - łysina, zamiast przepaski - przepasanie workiem, zamiast piękna - spalenizna. Twoi mężowie padną od miecza, a twoi*

*mocarze na wojnie. Jej bramy będą lamentować i płakać, a ona,
spustoszona, usiądzie na ziemi". (Izajasza 3:16-26)*

Nasze życiowe wybory są bardzo ważne. Dokonywanie wyborów opartych na Biblii i prowadzonych przez Ducha przyniesie błogosławieństwo nam i naszym dzieciom. Jeśli zdecydujesz się zbuntować przeciwko Słowu Bożemu i będziesz szukał własnej samolubnej przyjemności, powtórzysz historię:

1. Nieposłuszna Ewa, która sprowadziła potop.

I widział Bóg, że wielka jest niegodziwość człowieka na ziemi i że każde wyobrażenie myśli jego serca jest nieustannie złe. I żałował Pan, że stworzył człowieka na ziemi, i zasmuciło Go to w Jego sercu. I rzekł Pan: Wytracę człowieka, którego stworzyłem, z powierzchni ziemi; i człowieka, i zwierzę, i płaza, i ptactwo powietrzne; bo żałuje Mnie, że ich stworzyłem. (Rodzaju 6:5-7)

2. Bunt Sodomy i Gomory:

*Wtedy Pan spuścił na **Sodomę** i na Gomorę siarkę i ogień od Pana z nieba (Rdz 19:24).*

Oto kilka przykładów z Biblii. Wiesz, że masz wpływ na ten świat. Nie chcesz ożywiać złej, starożytnej historii.

Oto, co Bóg ma do powiedzenia na temat buntu i nieposłuszeństwa:

I ześlę na nich miecz, głód i zarazę, aż wyginą z ziemi, którą dałem im i ich ojcom (Jeremiasza 24:10).

Ale dla posłusznych:

I wrócisz, i będziesz posłuszny głosowi Pana, i będziesz czynił wszystkie Jego przykazania, które ci dziś nakazuję. I uczyni cię Pan, Bóg twój, obfitym we wszelką pracę rąk twoich, w owoc twych rąk. w ciele twoim i w płodach bydła twego, i w płodach ziemi twojej ku dobremu, gdyż Pan znowu będzie się radował nad tobą ku dobremu, jak się radował nad ojcami twymi: Jeżeli będziesz słuchał głosu Pana, Boga twego, aby przestrzegać Jego przykazań i Jego ustaw, które są zapisane w tej księdze Prawa, i jeżeli nawrócisz się do Pana, Boga twego, całym swoim sercem i całą swoją duszą. Bo to przykazanie, które ja ci dziś nakazuję, nie jest przed tobą ukryte ani nie jest daleko. (Powtórzonego Prawa 30:8-11)

Rozdział 17

Ministerstwo podróży: Powołani, by nauczać i szerzyć Ewangelię

Nie jestem pastorem w sensie tego, kto jest nazywany wielebnym, pastorem lub kaznodzieją. Kiedy otrzymujemy Ducha Świętego i ogień, stajemy się sługami Jego Słowa w głoszeniu Dobrej Nowiny. Gdziekolwiek idę, proszę Boga o możliwość bycia świadkiem i nauczycielem Jego Słowa. Zawsze używam Biblii KJV, ponieważ jest to jedyne źródło, które ożywia serce i umysł człowieka. Kiedy nasiona zostaną zasiane, szatan nie jest w stanie ich usunąć, jeśli nieustannie podlewamy je modlitwą.

Kiedy ludzie akceptują tę cudowną prawdę, łączę ich z lokalnym kościołem, aby zostali ochrzczeni **w imię Jezusa**; mogą być pod uczniostwem pastora, który pozostanie z nimi w kontakcie. Ważne jest, aby mieć pastora, który będzie karmił (nauczał) Słowem Bożym i czuwał nad nimi.

*"Idźcie więc i nauczajcie wszystkie narody, chrzcząc je w **imię** Ojca i Syna, i Ducha Świętego". (Mateusza 28:19)*

"I dam wam pasterzy według mego serca, którzy będą was karmić wiedzą i zrozumieniem". (Jeremiasza 3:15)

Kiedy Pan daje nam instrukcje, abyśmy wypełniali Jego wolę, może to być w dowolnym miejscu i czasie. Jego drogi mogą czasami nie mieć sensu, ale nauczyłem się z doświadczenia, że nie ma to dla mnie znaczenia. Od chwili przebudzenia do momentu wyjścia z domu nigdy nie wiem, co Bóg dla mnie przygotował. Jako wierzący musimy wzrastać w wierze poprzez studiowanie Słowa, abyśmy mogli stać się dojrzałymi nauczycielami. Wciąż osiągamy wyższe poziomy dojrzałości, nigdy nie tracąc okazji do świadczenia o innych; zwłaszcza gdy Bóg otworzył drzwi.

"Albowiem gdy na czas powinniście być nauczycielami, potrzeba, aby was kto znowu nauczył pierwszych zasad wyroków Bożych; i staliście się takimi, którzy mleka potrzebują, a nie mocnego pokarmu. Każdy bowiem, kto pije mleko, nie ma wprawy w słowie sprawiedliwości, gdyż jest niemowlęciem. Lecz mocny pokarm należy do pełnoletnich, nawet do tych, którzy z powodu używania mają zmysły wyćwiczone, aby rozróżniać dobro i zło ". (Hebrajczyków 5:12-14)

W tym rozdziale podzielę się z wami kilkoma moimi doświadczeniami z podróży z kilkoma ważnymi punktami historycznymi, które zostały wtrącone w celu wyjaśnienia wczesnego kościoła i późniejszych wierzeń doktrynalnych.

Bóg sprowadził mnie z powrotem do Kalifornii w ramach "nielogicznego planu lotu". Ze względów zdrowotnych zawsze preferuję loty bezpośrednie. Tym razem wykupiłem lot z Dallas - Ft. Worth w Teksasie do Ontario w Kalifornii z międzylądowaniem w Denver w Kolorado. Nie potrafię wyjaśnić, dlaczego to zrobiłem, ale później miało to sens. Podczas lotu poinformowałem stewardesę, że odczuwam ból i usiadłem w pobliżu toalety. Podczas drugiej części lotu zapytałem stewardesę, czy mogłaby znaleźć dla mnie miejsce do leżenia. Zaprowadziła mnie na tył samolotu. Ból później ustąpił. Stewardesa wróciła, by sprawdzić, jak się czuję i powiedziała mi, że modliła się za mnie.

Pan otworzył mi drzwi, abym podzielił się tym, co dla mnie uczynił. Opowiedziałem jej o moich urazach, chorobach i uzdrowieniach. Była zdumiona, że przetrwałam to wszystko bez leków, ufając jedynie Bogu. Kiedy rozmawialiśmy o Biblii, powiedziała mi, że nigdy nie słyszała, aby ktokolwiek mógł otrzymać Ducha Świętego. Wyjaśniłem, że zgodnie z Pismem Świętym jest to możliwe nawet dzisiaj. Powiedziałem jej o moim powodzie opuszczenia domu w Indiach; kiedy szukamy Boga całym sercem, On odpowie na nasze modlitwy. Była dla mnie bardzo miła i troskliwa, tak jak wiele razy, gdy leciałam samolotem, zawsze znajdował się ktoś, kto okazywał mi taką życzliwość i troskę. Kontynuowałem opowiadanie jej o Duchu Świętym i dowodach mówienia językami. Ona stanowczo powiedziała, że w to nie wierzy. Rozmawiałem z nią o chrzcie w imię Pana Jezusa, a ona przyznała, że nigdy o tym nie słyszała. Chrzest apostołów, o którym mowa w Dziejach Apostolskich rozdział 2, nie jest głoszony przez większość kościołów, ponieważ większość z nich przyjęła doktrynę Trójcy o trzech osobach w Bóstwie i powołuje się na tytuły: Ojciec, Syn i Duch Święty, podczas chrztu.

"A Jezus przyszedł i przemówił do nich, mówiąc: Dana Mi jest wszelka władza w niebie i na ziemi. Idźcie więc i nauczajcie wszystkie narody, udzielając im chrztu w imię Ojca i Syna, i Ducha Świętego"
(Mateusza 28:18-19).

Kiedy uczniowie chrzcili w imię Jezusa, wypełniali chrzest Ojca i Syna, i Ducha Świętego, kiedy osoba wchodziła do wody w pełnym zanurzeniu. To nie było jakieś zamieszanie; wypełniali to, co Jezus im nakazał, jak pokazują pisma święte.

*Albowiem trzej są, którzy świadectwo noszą w niebie: Ojciec, Słowo i Duch Święty, a ci **trzej jedno są**". (1 Jana 5:7)*

(Pismo to zostało usunięte z NIV i wszystkich współczesnych tłumaczeń Biblii)

*"A gdy to usłyszeli, ukłuło ich w sercu i rzekli do Piotra i do reszty apostołów: Mężowie i bracia, co mamy czynić? Wtedy Piotr rzekł do nich: Nawróćcie się i niech każdy z was ochrzci **się w imię Jezusa Chrystusa** na odpuszczenie grzechów, a otrzymacie dar Ducha Świętego". (Dzieje Apostolskie 2:37-38)*

*"Gdy to usłyszeli, zostali **ochrzczeni w imię Pana Jezusa**. A gdy Paweł włożył na nich ręce, Duch Święty zstąpił na nich i mówili językami, i prorokowali. A wszystkich mężczyzn było około dwunastu". (Dzieje Apostolskie 19:5-7)*

*"Słyszeli bowiem, jak mówili językami i wielbili Boga. Wtedy Piotr odpowiedział: Czy ktoś może zabronić wody, aby ci nie byli ochrzczonych, którzy otrzymali Ducha Świętego tak samo jak my? A on nakazał im przyjąć **chrzest w imię Pańskie**. Potem modlili się do niego, aby pozostał przez kilka dni". (Dzieje Apostolskie 10:46-48)*

Apostołowie nie byli nieposłuszni Jezusowi. Dzień Pięćdziesiątnicy był początkiem Wieku Kościoła po tym, jak Jezus zmartwychwstał i został przyjęty do chwały. Ukazał się Apostołom i zganił ich za niewiarę, a następnie był z nimi przez czterdzieści dni. W tym czasie Jezus nauczał ich wielu rzeczy. Biblia mówi, że wierzący powinni być ochrzczeni.

"Potem ukazał się jedenastu, gdy siedzieli przy jedzeniu, i zgromił ich za niedowiarstwo i zatwardziałość serca, że nie uwierzyli tym, którzy Go widzieli po zmartwychwstaniu. I rzekł im: Idźcie na cały świat i głoście Ewangelię wszelkiemu stworzeniu. Kto uwierzy i przyjmie chrzest, będzie zbawiony, a kto nie uwierzy, będzie potępiony". (Marka 16:14-16)

Człowiek później przyjął różne formuły chrztu, w tym "pokropienie" zamiast pełnego zanurzenia. (Niektórzy argumentują to tym, że Biblia nie mówi, że nie można pokropić, a kościół rzymski chrzcił niemowlęta). Chrzest w imię Jezusa został zmieniony przez Kościół rzymski, gdy przyjął pogląd o Trójcy Świętej.

Zanim będę kontynuował, chciałbym najpierw powiedzieć, że nie kwestionuję szczerości wielu wspaniałych wierzących, którzy szukają osobistej drogi z naszym Panem, którzy kochają Boga i wierzą w to, co uważają za wczesne nauczanie biblijne. Dlatego tak ważne jest samodzielne czytanie i studiowanie pism świętych, w tym historii doktryny biblijnej wczesnego kościoła apostolskiego. "Doktryna Kościoła popada w apostazję".

Apostazja oznacza odejście od prawdy. Apostata to ktoś, kto kiedyś uwierzył, a następnie odrzucił prawdę Bożą.

W 312 r. n.e., kiedy cesarzem był Konstantyn, chrześcijaństwo zostało przyjęte przez Rzym jako religia faworyzowana. Konstantyn anulował dekrety Dioklecjana (łac. Gaius Aurelius Valerius Diocletianus Augustus) o prześladowaniach, które rozpoczęły się w 303 roku. Dioklecjan był cesarzem rzymskim w latach 284-305. Dekrety o prześladowaniach odebrały chrześcijanom prawa i zażądały od nich przestrzegania "tradycyjnych praktyk religijnych", w tym składania ofiar rzymskim bogom. Było to ostatnie oficjalne prześladowanie chrześcijaństwa, wraz z zabójstwami i przerażeniem tych, którzy nie chcieli się podporządkować. Konstantyn "schrystianizował" Imperium Rzymskie i uczynił je religią państwową, tj. oficjalną religią. Pod swoimi rządami zachęcał również do religii pogańskich w Rzymie. Wzmocniło to plan Konstantyna dotyczący zjednoczenia i pokoju w jego imperium. W ten sposób powstał "schrystianizowany Rzym" i kościół polityczny. Dzięki temu wszystkiemu szatan opracował najpotężniejszy plan zepsucia kościoła od wewnątrz, a wczesny kościół nie był nigdzie uznawany. Chrześcijaństwo zostało zdegradowane, skażone i osłabione przez pogański system, który dołączył do ówczesnego światowego systemu politycznego. Zgodnie z tym systemem chrzest czynił każdego chrześcijaninem i wprowadzał do kościoła ich pogańską religię, świętych i obrazy. Na późniejszym etapie, doktryna Trójcy została również ustanowiona w ich radzie. Odstępczy kościół nie uznawał już, nie głosił ani nie zastanawiał się nad znaczeniem Ducha Świętego czy mówienia językami. W 451 r. n.e., na Soborze Chalcedońskim, za zgodą papieża, Credo Nicejsko-

Konstantynopolitańskie zostało uznane za autorytatywne. Nikomu nie wolno było dyskutować na ten temat. Mówienie przeciwko Trójcy Świętej było teraz uważane za bluźnierstwo. Nieposłusznym ogłaszano surowe wyroki, od okaleczenia po śmierć. Między chrześcijanami pojawiły się różnice w wierzeniach, co doprowadziło do okaleczenia i rzezi tysięcy ludzi. Prawdziwi wierzący nie mieli innego wyboru, jak tylko zejść do podziemia, ukrywając się przed prześladowcami, którzy dokonywali rzezi w imię chrześcijaństwa.

Powiedziałem jej, że wiara w trójcę pochodzi od pogan, którzy nie byli świadomi obrzędów, praw i przykazań Bożych i została ustanowiona w 325 r. n.e., kiedy Pierwszy Sobór Nicejski ustanowił doktrynę trójcy jako ortodoksję i przyjął Nicejskie Wyznanie Wiary Kościoła Rzymskiego.

Trójca Święta powstała po zebraniu się 300 biskupów, którzy opracowali ją po sześciu tygodniach.

Nikt nigdy nie może zmienić przykazania! Wczesny kościół w Księdze Dziejów Apostolskich rozpoczął swoją działalność w oparciu o starotestamentową wiarę w absolutną Jedność Boga oraz nowotestamentowe objawienie Jezusa Chrystusa jako jedynego Wcielonego Boga. Nowy Testament został ukończony, a ostatni z apostołów zmarł pod koniec pierwszego wieku. Na początku czwartego wieku podstawowa doktryna Boga w chrześcijaństwie przeszła od biblijnej Jedności Boga do pozornej wiary w trynitaryzm.

Dziwię się, że tak szybko odeszliście od tego, który was powołał do łaski Chrystusowej, do innej ewangelii: Która nie jest inna, ale są tacy, którzy was niepokoją i chcą wypaczyć ewangelię Chrystusa. Ale choćbyśmy my albo anioł z nieba głosił wam Ewangelię inną niż ta, którą wam głosiliśmy, niech będzie przeklęty. Jak powiedzieliśmy przedtem, tak i teraz powtarzam: Jeśli ktoś głosi wam ewangelię inną niż ta, którą otrzymaliście, niech będzie przeklęty.
(Galacjan 1:6-9)

Pisarze Wieku Postapostolskiego (90-140 r. n.e.) byli wierni językowi biblijnemu, sposobowi jego używania i myślenia. Wierzyli w monoteizm, czyli absolutne bóstwo Jezusa Chrystusa i objawienie się Boga w ciele.

Słuchaj, Izraelu: <u>Pan, Bóg nasz, jest jednym Panem</u> (Pwt 6:4).

*I bez kontrowersji wielka jest tajemnica pobożności: **<u>Bóg objawił się w ciele</u>, <u>został</u>** usprawiedliwiony w Duchu, widziany przez aniołów, głoszony poganom, uwierzono w niego na świecie, przyjęty do chwały.(1 Tymoteusza 3:16)*

Przywiązywali wielką wagę do imienia Boga i wierzyli w chrzest w imię Jezusa. Nawróceni we wczesnym kościele byli Żydami; wiedzieli, że Jezus był "Barankiem Bożym". Bóg przywdział ciało, aby móc przelać krew.

*"Uważajcie tedy na samych siebie i na wszystką trzodę, nad którą was Duch Święty ustanowił nadzorcami, **abyście paśli zbór Boży,** który nabył **własną krwią"** (Dz 20:28).*

Imię Jezus oznacza: Hebrajskie Yeshua, Greckie Yesous, Angielskie Jesus. Dlatego Jezus powiedział.

Jezus rzekł do niego: Tak długo jestem z tobą, a jeszcze mnie nie poznałeś, Filipie? Kto mnie widział, widział Ojca; jakże więc mówisz: Pokaż nam Ojca? (Jana 14:9)

Nie popierali oni żadnej idei trójcy ani języka trynitarnego, który został później przyjęty przez Kościół rzymski. Chociaż większość kościołów chrześcijańskich podąża dziś za doktryną trójcy, wczesny kościół nadal przeważa nad apostolską doktryną dnia Pięćdziesiątnicy. Bóg ostrzegł nas, abyśmy nie odwracali się od wiary. Jest Jeden Bóg, Jedna Wiara i Jeden Chrzest.

*"Jeden Pan, jedna wiara, **jeden chrzest**, jeden Bóg i Ojciec wszystkich, który jest ponad wszystkimi, przez wszystkich i w was wszystkich". (Efezjan 4:5-6)*

*"A Jezus mu odpowiedział: Pierwszym ze wszystkich przykazań jest: Słuchaj, Izraelu; **Pan, Bóg nasz, jest jednym Panem"** (Mk 12:29).*

*"A jednak Ja jestem Pan, twój Bóg z ziemi egipskiej, i nie będziesz znał boga oprócz Mnie, bo nie ma **poza Mną zbawiciela".** (Ozeasza 13:4)*

Chrześcijaństwo odeszło od koncepcji Jedności Boga i przyjęło mylącą doktrynę Trójcy, która nadal jest źródłem kontrowersji w religii chrześcijańskiej. Doktryna Trójcy stwierdza, że Bóg jest jednością trzech boskich osób - Ojca, Syna i Ducha Świętego. Odchodząc od prawdy, zaczęli błądzić.

Kiedy rozpoczęła się ta praktyka doktryny Trójcy, ukryła ona "imię Jezusa" przed zastosowaniem go w chrzcie. Imię JEZUS jest tak potężne, ponieważ przez to imię jesteśmy zbawieni:

Nie ma też zbawienia w żadnym innym imieniu oprócz JEZUSA:

*Nie ma też w żadnym innym zbawienia; albowiem **nie ma żadnego innego imienia** pod niebem, danego ludziom, w którym moglibyśmy być zbawieni". (Dzieje Apostolskie 4:12)*

Byli żydowscy i pogańscy chrześcijanie, którzy nie chcieli przyjąć tego chrztu tytułów (Ojca, Syna i Ducha Świętego). Wiek kościoła popadł w apostazję. (Co to oznaczało? Odejście od prawdy).

Apostazja jest buntem przeciwko Bogu, ponieważ jest buntem przeciwko prawdzie.

Porównajmy, co na ten ważny temat mówią Biblie NASB i KJV.

Podkreślone zdanie zostało usunięte z NIV, NASB i innych tłumaczeń Biblii.

"Niech was nikt w żaden sposób nie zwodzi, bo to [powrót Jezusa]
*nie nadejdzie, jeśli najpierw nie nastąpi **odstępstwo** i nie objawi się*
człowiek bezprawia, syn zniszczenia"
*(2 Tesaloniczan 2:3, **wersja NASB**).*

"Niech was nikt w żaden sposób nie zwodzi, bo dzień ten (powrót
*Jezusa) nie nadejdzie, **dopóki nie nastąpi najpierw upadek** i nie*
objawi się człowiek grzechu, syn zatracenia".
*(2 Tesaloniczan 2:3 **w wersji KJ**)*

Stewardesa była bardzo zainteresowana tym, czego ją uczyłem. Jednak ze względu na ograniczenia czasowe wyjaśniłem Jedność Boga, aby dać jej pełne zrozumienie w krótkim czasie, jaki miałem.

"Strzeżcie się, aby was kto nie zepsuł przez filozofię i próżne
oszustwo, według tradycji ludzkiej, według zasad świata, a nie
według Chrystusa.

W Nim bowiem mieszka cieleśnie cała pełnia boskości".
(Kolosan 2:8-9)

Siedziba Szatana (znana również jako Pergamos, Pergos lub Pergemon):

Wyjaśniłem również stewardesie kluczową rolę, jaką kraj Turcji odgrywa w naszych czasach współczesnych i ostatecznych. Pergamon lub Pergamum było starożytnym greckim miastem we współczesnej Turcji, które stało się stolicą Królestwa Pergamonu w okresie hellenistycznym pod rządami dynastii Attalidów w latach 281-133 pne. Miasto stoi na wzgórzu, na którym znajduje się świątynia ich głównego boga Asklepiosa. Znajduje się tam posąg Asklepiosa siedzącego i trzymającego laskę, wokół której wije się wąż. Księga Objawienia mówi o Pergamonie, jednym z Siedmiu Kościołów. Jan z Patmos odniósł się do niego jako "Siedziby Szatana" w swojej Księdze Objawienia.

*"A do anioła zboru w Pergamos napisz: To mówi Ten, który ma miecz ostry o dwóch ostrzach: Znam twoje uczynki i gdzie mieszkasz, nawet tam, gdzie **jest siedziba szatana**; i trzymasz się mocno mojego imienia i nie zaparłeś się mojej wiary, nawet w dniach, w których Antypas był moim wiernym męczennikiem, który został zabity wśród was, gdzie mieszka szatan. Ale mam kilka rzeczy przeciwko tobie, ponieważ masz tam tych, którzy trzymają się nauki Balaama, który nauczył Balaka rzucać przeszkodę przed synami Izraela, jeść rzeczy ofiarowane bożkom i popełniać wszeteczeństwo ". (Objawienie 2:12-14)*

Dlaczego to miasto jest dziś tak ważne? Powodem jest to, że kiedy Cyrus Wielki przejął Babilon w 457 r. p.n.e., król Cyrus zmusił pogańskie babilońskie kapłaństwo do ucieczki na zachód do PERGAMOS w dzisiejszej Turcji.

{Uwaga: Musimy patrzeć na Izrael i wypełniające się proroctwa. Czy nie jest dziwne, że 6 lipca 2010 roku w Madrycie prezydent Syrii Assad ostrzegł, że Izrael i Turcja są bliskie wojny? Umiłowany przez Boga Izrael i Tron (Siedziba) Szatana spotykają się w dzisiejszych wiadomościach

Po rozmowie o Pergamos z gospodynią linii lotniczych, zacząłem nauczać o Nowym Narodzeniu. Nigdy nie słyszała, by ktoś mówił językami (Duchem Świętym). Dałem jej wszystkie informacje, pisma święte i listę miejsc, gdzie może znaleźć kościół wierzący w Biblię. Była bardzo podekscytowana tą prawdą i objawieniem. Teraz zrozumiałam, dlaczego w niewytłumaczalny sposób kupiłam niebezpośredni lot do Kalifornii. Bóg zawsze wie, co robi, a ja nauczyłam się, że nie zawsze znam Jego zamiary, ale później mogę spojrzeć wstecz i zobaczyć, że On od początku miał plan. Gdy tylko dotarłem do Kalifornii, wyszedłem z samolotu bez bólu i bez gorączki.

Pytanie: Czym jest apostolskość?

Leciałem z Dallas-Ft. Worth do Ontario w Kalifornii. Po krótkiej drzemce zauważyłem, że kobieta obok mnie czyta. Z pewnym trudem próbowała wyjrzeć na zewnątrz, więc podniosłem roletę przy oknie, co ją ucieszyło. Szukałem okazji, by z nią porozmawiać, więc ten gest rozpoczął naszą rozmowę, która trwała prawie godzinę. Zacząłem opowiadać jej o moim świadectwie.

Powiedziała, że obejrzy go, gdy zamelduje się w pokoju hotelowym. Zaczęliśmy rozmawiać o kościele, kiedy wyznała, że chodzi do niego tylko od czasu do czasu. Powiedziała mi również, że jest mężatką i ma dwie córki. Wtedy powiedziałem jej, że chodzę do apostolskiego kościoła zielonoświątkowego. Wtedy zauważyłem, że jej oczy otworzyły się szeroko. Powiedziała mi, że niedawno wraz z mężem widzieli billboard informujący o Kościele Apostolskim. Powiedziała, że nie wiedzieliśmy, co oznacza to słowo (apostolski). Wyjaśniłem jej, że jest to doktryna ustanowiona przez Jezusa w Ewangelii Jana 3:5 i zastosowana w Księdze Dziejów Apostolskich opisującej wczesny kościół wieku apostolskiego. Mocno wierzę, że Bóg postawił mnie obok tej kobiety, abym odpowiedział na to pytanie. To był zbyt duży zbieg okoliczności, by był to przypadek.

Wiek apostolski:

Zakłada się, że Chrystus urodził się przed 4 r. p.n.e. lub po 6 r. n.e. i został ukrzyżowany między 30 a 36 r. n.e., w wieku 33 lat. Tak więc założenie Kościoła chrześcijańskiego szacuje się na święto Pięćdziesiątnicy w maju AD 30.

Wiek apostolski obejmuje około siedemdziesięciu lat (30-100 n.e.), od dnia Pięćdziesiątnicy do śmierci apostoła Jana.

Od czasu napisania listów Jana, pierwszy wiek oddalał się od prawdy. Ciemność wkroczyła do kościołów w pierwszym wieku. Poza tym niewiele wiemy o tym okresie historii kościoła. Księga Dziejów Apostolskich (2:41) odnotowuje nawrócenie trzech tysięcy ludzi w Jerozolimie w ciągu jednego dnia. Historia mówi o masowych mordach za czasów Nerona. Nawróceni chrześcijanie pochodzili w większości z klasy średniej i niższej, takiej jak analfabeci, niewolnicy, handlarze itp. Szacuje się, że w czasie nawrócenia Konstantyna liczba chrześcijan objętych tym rzymskim dekretem mogła osiągnąć ponad jedenaście milionów, jedną dziesiątą całkowitej populacji Cesarstwa Rzymskiego, co jest ogromnym i szybkim sukcesem chrześcijaństwa. Spowodowało to okrutne traktowanie chrześcijan żyjących we wrogim świecie.

Jezus nauczał, że powinniśmy kochać się nawzajem jak samych siebie i że zbawienie i pokuta za grzechy przyjdą w Jego imię.

I aby w jego imieniu głoszono pokutę i odpuszczenie grzechów wszystkim narodom, począwszy od Jerozolimy". (Łukasza 24:47)

Apostołowie przyjęli nauki Jezusa i zastosowali je w Dniu Pięćdziesiątnicy, a następnie poszli głosić Jezusa najpierw Żydom, a następnie poganom.

*"Uważajcie tedy na samych siebie i na całą trzodę, nad którą was Duch Święty ustanowił nadzorcami, abyście **paśli zbór Boży, który nabył własną krwią**. Albowiem to wiem, że po moim odejściu wejdą między was wilki straszne, nie oszczędzając trzody. Także z was samych powstaną ludzie mówiący rzeczy przewrotne, aby pociągnąć za sobą uczniów. Dlatego czuwajcie i pamiętajcie, że przez trzy lata nie przestawałem ostrzegać każdego nocą i dniem ze łzami".*
(Dzieje Apostolskie 20:28-31)

Nie wszyscy podporządkowali się dekretowi Konstantyna.

Byli tacy, którzy podążali za oryginalnym nauczaniem Apostołów, którzy nie zaakceptowali "nawrócenia" określonego w dekrecie Konstantyna. Dekret ten zawierał tradycje religijne, które zostały stworzone podczas rzymskich soborów kościelnych, wraz ze zmianami, które zostały wprowadzone, aby wypaczyć prawdę wczesnego kościoła. Ci ludzie, którzy tworzyli sobory, które zaprojektowały dekret Konstantyna, nie byli prawdziwymi narodzonymi na nowo wierzącymi.

Dlatego wiele kościołów nazywa się dziś apostolskimi lub zielonoświątkowymi, podążając za naukami apostołów.

"Niewielu mądrych według ciała, niewielu możnych, niewielu szlachetnych zostało powołanych, ale Bóg wybrał to, co głupie na świecie, aby zawstydzić to, co mądre; i Bóg wybrał to, co słabe na świecie, aby zawstydzić to, co mocne; i to, co podłe na świecie, i to, co wzgardzone, wybrał Bóg, i to, czego nie ma, aby to, co jest, obrócił wniwecz; aby żadne ciało nie miało chwały przed Bogiem".
(1 Kor. 1:26-29)

Międzyreligijny

Dziś mamy do czynienia z nowym zagrożeniem dla zasad Boga. Nazywa się " onomiędzywyznaniowością". "Międzywyznaniowość stwierdza, że oddawanie szacunku **wszystkim bogom** jest ważne. Podzielona lojalność i podzielona cześć są akceptowalne dla międzywyznaniowców. Możemy szanować się nawzajem jako jednostki i kochać się nawzajem, nawet jeśli się nie zgadzamy; jednak Biblia jest jasna jak kryształ na temat "zazdrości Boga", która wymaga wyłącznego oddania się Jemu, a oddawanie czci innym bogom jest pułapką.

"Bacz na siebie, abyś nie zawarł przymierza z mieszkańcami ziemi, do której idziesz, aby to nie było sidłem w pośrodku ciebie: Ale zburzysz ich ołtarze, połamiesz ich wizerunki i wytniesz ich gaje: Nie będziesz oddawał pokłonu żadnemu innemu bogu, gdyż Pan, którego imię jest Zazdrosny, jest Bogiem zazdrosnym: Abyś nie zawarł przymierza z mieszkańcami ziemi, a oni poszli za ich bogami i składali ofiary swoim bogom, i jeden cię wezwał, a ty zjadłeś jego ofiarę "(Wj 34: 12-15)

Diabeł wymyślił zwodnicze przekonanie " omiędzywyznaniowości", aby oszukać wybranych. Wie, jak manipulować współczesnym człowiekiem za pomocą własnej poprawności politycznej, podczas gdy w rzeczywistości przymierze jest zawierane przez uznanie lub oddanie czci ich fałszywym bogom, bożkom i obrazom.

Rozdział 18

Ministerstwo w Bombaju, Indie

"Człowiek wielkiej wiary"

Jakiś czas przed 1980 rokiem pojechałem do Bombaju w Indiach, aby uzyskać wizę na podróż poza granice kraju. Gdy jechałem pociągiem przez Bombaj, zauważyłem, że przejeżdżamy przez dzielnicę slumsów zamieszkałą przez bardzo biednych ludzi. Nigdy - wcześniej nie widziałem tak opłakanych warunków życia ludzi żyjących w straszliwym ubóstwie.

Na początku powiedziałem, że wychowałem się w surowej, religijnej rodzinie. Mój ojciec był lekarzem, a matka pielęgniarką. Chociaż byliśmy religijni i czytałem dużo Biblii, nie miałem Ducha Świętego w tym okresie mojego życia. Moje serce było zasmucone, gdy spadło na mnie brzemię Pana. Od tamtego dnia nosiłem to brzemię dla tych ludzi, którzy byli bez nadziei w tych slumsach. Nie chciałam, by ktokolwiek widział moje łzy, więc schowałam głowę, ukrywając twarz. Chciałem po prostu zasnąć, ale moje brzemię dla tych ludzi było większe niż cały naród. Modliłem się, pytając Boga: "Kto pójdzie głosić ewangelię tym ludziom?". Myślałem, że sam będę się bał przyjechać w te okolice. Nie rozumiałem wtedy, że Boż aręka jest tak wielka, że może dotrzeć do każdego i wszędzie. Nie wiedziałem wtedy, że Bóg przyprowadzi mnie z powrotem do tego miejsca w nadchodzących latach. Po powrocie do Ameryki i 12 latach później, moje brzemię dla ludzi żyjących w slumsach Bombaju wciąż było w moim sercu.

Zwyczajem Indian i naszej rodziny było zawsze przyjmowanie pastorów w naszym domu, karmienie ich, zaspokajanie ich potrzeb i dawanie im datków. Kiedyś byłem metodystą, ale teraz otrzymałem objawienie prawdy i nie było kompromisu. Moja rodzina oczekiwała przyjazdu hinduskiego pastora, który przebywał z wizytą w Ameryce. Czekaliśmy, ale nie przybył na czas. Musiałem iść do pracy i straciłem okazję, by się z nim spotkać, ale moja mama powiedziała mi później, że był bardzo szczery. W następnym roku, 1993, ten sam pastor przyjechał do naszego domu w West Covina w Kalifornii po raz drugi. Tym razem mój brat powiedział mu, że musi poznać jego siostrę, ponieważ była ona wierna Słowu Bożemu, a rodzina szanowała jej wiarę i wiarę w Boga. To był dzień, w którym poznałem pastora Chacko. Zaczęliśmy rozmawiać o chrzcie i jego wierze w Słowo Boże. Pastor Chacko powiedział mi, że chrzci w pełnym zanurzeniu w imię Jezusa i że nie pójdzie na kompromis z żadnym innym rodzajem chrztu. Byłem bardzo zadowolony i podekscytowany, wiedząc, że ten mąż Boży robi to w biblijny sposób apostolskiego wczesnego kościoła. Następnie zaprosił mnie do odwiedzenia Bombaju w Indiach, gdzie mieszka.

Opowiedziałem mojemu pastorowi o silnym przekonaniu pastora Chacko do Słowa Bożego i o jego wizycie w naszym domu. Tego wieczoru pastor Chacko odwiedził nasz kościół, a mój pastor poprosił go, aby powiedział kilka słów przed zgromadzeniem. Praca pastora Chacko w Bombaju spotkała się z tak dużym zainteresowaniem, że mój kościół zaczął wspierać go finansowo i naszymi modlitwami. Nasz kościół był nastawiony na misję. Zawsze płaciliśmy na misję tak jak dziesięcinę. To było niesamowite, jak wszystko zaczęło się układać i

Bombaj miał teraz wsparcie od mojego lokalnego kościoła w Kalifornii.

W następnym roku Bóg wysłał mnie do Indii, więc przyjąłem propozycję pastora Chaco, by odwiedzić kościół i jego rodzinę w Bombaju. Kiedy przyjechałem po raz pierwszy, pastor Chacko przyjechał odebrać mnie z lotniska. Zabrał mnie do hotelu. Tam też spotykali się w kościele i w tych samych slumsach, przez które przejeżdżałem pociągiem w 1980 roku. Był rok 1996 i moja szczera modlitwa o nadzieję dla tych pięknych dusz została wysłuchana. Pastor Chacko był bardzo gościnny i podzielił się ze mną swoim brzemieniem i pragnieniem zbudowania kościoła. Byłem w stanie odwiedzić inne kościoły i zostałem poproszony o przemówienie przed kongregacją przed wyjazdem do mojego miasta docelowego, Ahmadabadu. Byłem bardzo zasmucony warunkami życia kościoła w Bombaju. Pewien katolicki ojciec udostępnił pastorowi Chacko salę lekcyjną na niedzielne nabożeństwa.

Ludzie byli bardzo biedni, ale miałem radość być świadkiem małych, pięknych dzieci, które chwaliły i służyły Bogu. Jedli razem, mając tylko mały kawałek chleba i wodę do picia. Ze współczuciem kupiłem im jedzenie i poprosiłem o listę rzeczy, których potrzebują. Zrobiłem wszystko, co mogłem, aby zaspokoić potrzeby z tej listy. Zaszczycili mnie swoimi modlitwami po moim długim locie do Indii. Brat z kościoła modlił się nade mną i poczułem, jak moc Ducha Świętego, niczym elektryczność, natychmiast ogarnia moje osłabione i niewyspane ciało. Poczułem się odświeżony, gdy wróciły mi siły i zniknął ból w całym ciele. Ich modlitwy były tak potężne, że zostałem pobłogosławiony ponad wszystko, co potrafię wyjaśnić. Dali mi więcej niż to, co ja dałem im. Przed odlotem do Ameryki opuściłem Ahmadabad i wróciłem do Bombaju, aby jeszcze raz odwiedzić pastora Chacko. Dałem mu wszystkie rupie, które mi zostały, jako darowiznę dla niego i jego rodziny.

Na szczęście zeznał mi o swojej żonie, która była bardzo zawstydzona, przechodząc obok sklepu, w którym byli winni pieniądze. Szła ze wstydliwie spuszczoną głową, ponieważ nie byli w stanie spłacić tego długu. Pastor Chacko opowiedział mi również o edukacji swojego syna. Opłaty należne szkole były wymagalne i jego syn nie mógł kontynuować nauki. Widziałem, że sytuacja tej rodziny była przytłaczająca. Bóg poruszył mnie, abym dał coś od siebie, a darowizna, którą przekazałem, była więcej niż wystarczająca, aby zająć się obiema sprawami i o wiele więcej. Chwała Bogu!

"Broń biednych i bezdzietnych, czyń sprawiedliwość uciśnionym i potrzebującym. Wybaw ubogich i potrzebujących, wyrwij ich z ręki bezbożnych". (Psalm 82:3-4)

Kiedy wróciłem do Kalifornii, modliłem się i płakałem nad tym małym kościołem i jego ludźmi. Byłem tak załamany, że zapytałem Boga o zgodę dwóch lub trzech osób na dotknięcie czegokolwiek, o co poproszą.

"Zaprawdę powiadam wam: Cokolwiek zwiążecie na ziemi, będzie związane w niebie, a co rozwiążecie na ziemi, będzie rozwiązane w niebie. Zaprawdę powiadam wam: Jeśli dwaj z was porozumieją się na ziemi co do czegokolwiek, o co by prosili, stanie się im u Ojca mojego, który jest w niebie. Bo gdzie są dwaj albo trzej zebrani w imię moje, tam jestem pośród nich". (Mateusza 18:18-20)

Moim ciężarem i troską było pomaganie kościołowi Bożemu w Bombaju, ale musiałem podzielić się z kimś tym ciężarem. Pewnego dnia moja współpracownica, Karen, zapytała mnie, jak mogę modlić się tak długo? Zapytałam Karen, czy również chciałaby nauczyć się modlić dłużej, budując swoje życie modlitewne i pościć razem ze mną. Łaskawie się zgodziła i została moją partnerką modlitewną. Karen podzielała również moje brzemię związane z Bombajem. Gdy zaczęliśmy się modlić i pościć, Karen zapragnęła modlić się dłużej i więcej pościć. W tym czasie nie chodziła do żadnego kościoła, ale była bardzo poważna i szczera w tym, co robiła duchowo. Modliłyśmy się podczas przerw na lunch, a po pracy spotykałyśmy się na półtoragodzinną modlitwę w samochodzie. Kilka miesięcy później

Karen powiedziała mi, że dostała trochę pieniędzy z ubezpieczenia, ponieważ zmarł jej wujek. Karen ma bardzo dobre serce i jest darczyńcą, więc powiedziała, że chce zapłacić dziesięcinę z tych pieniędzy, przekazując je służbie w Bombaju. Pieniądze zostały wysłane do pastora Chacko na zakup obiektu, w którym mogliby mieć swój własny kościół. Kupili mały pokój, który był używany do kultu satanistycznego. Oczyścili je i przywrócili do użytku jako kościół. W następnym roku Karen i ja pojechaliśmy do Bombaju na poświęcenie kościoła. Modlitwa została wysłuchana, ponieważ Karen, która teraz służy Panu, jest silna w wierze. Chwała Bogu!

Ponieważ kościół w Bombaju rozrastał się, pastor Chacko poprosił o pomoc w zakupie niewielkiej działki obok kościoła. Pastor Chacko miał wielką wiarę w rozwój kościoła i w dzieło Boże. Działka ta należała do kościoła katolickiego. Pastor Chacko i ksiądz byli w przyjaznych stosunkach i ksiądz chciał sprzedać tę działkę pastorowi Chacko. Pastor Chacko nie otrzymał darowizny, którą wierzył, że Bóg zapewni. Bóg wie wszystko i robi wszystko po swojemu, lepiej niż możemy sobie wyobrazić!

Kilka lat później w całych Indiach doszło do zamieszek między hinduistami a chrześcijanami. Hinduiści próbowali pozbyć się chrześcijan z Indii. Uczestnicy zamieszek wtargnęli rano do kościoła w asyście policji. Zaczęli niszczyć kościół, ale pastor Chacko i członkowie kościoła błagali ich, aby tego nie robili dla własnego dobra, ponieważ niszczenie Domu Boga Wszechmogącego było dla nich niebezpieczne. Zamieszki kontynuowały niszczenie wszystkiego w zasięgu wzroku, nie zważając na ostrzeżenia i błagania ludzi, aż kościół został całkowicie zburzony. Przez resztę dnia członkowie kościoła bali się tej osławionej i bezwzględnej grupy, ponieważ wiedzieli, że ich życie jest w niebezpieczeństwie.

Czuli smutek, że nie mają już swojego kościoła, po tym jak tak długo modlili się o własne miejsce, w którym mogliby oddawać cześć Bogu. Było to miejsce, w którym widzieli, jak Bóg dokonywał cudów, wypędzał demony i głosił zbawienie grzesznikom. Tej samej nocy, około północy, do drzwi pastora Chacko rozległo się pukanie. Uderzył go strach, gdy zobaczył, że był to przywódca tej osławionej grupy, która wcześniej zniszczyła kościół. Pastor Chacko pomyślał, że na pewno zostanie zabity i to będzie jego koniec. Modlił się, prosząc Boga, aby dał mu odwagę do otwarcia drzwi i o ochronę. Kiedy otworzył drzwi, ku swojemu zaskoczeniu zobaczył mężczyznę ze łzami w oczach, proszącego pastora Chacko, aby wybaczył im to, co zrobili wcześniej tego dnia w jego kościele.

Mężczyzna mówił dalej pastorowi Chacko, że po zniszczeniu kościoła zmarła żona przywódcy. Jednemu z uczestników zamieszek maszyna odcięła rękę. Sprawy obróciły się przeciwko ludziom, którzy zniszczyli kościół. Wśród uczestników zamieszek panował strach przed tym, co zrobili przeciwko pastorowi Chacko i jego Bogu! Bóg powiedział, że będzie walczył w naszych bitwach i tak też się stało. Religijni hinduiści i chrześcijanie w Indiach to bojący się Boga ludzie, którzy zrobią wszystko, aby wszystko naprawić. Z powodu tego, co spotkało hinduistów za udział w zniszczeniu kościoła, ci sami uczestnicy zamieszek powrócili, aby ze strachu odbudować kościół. Przejęli również własność, która należała do Kościoła katolickiego. Nikt nie wystąpił przeciwko nim ani nie złożył skargi. Buntownicy sami odbudowali kościół, zapewnili materiały i całą pracę bez pomocy kościoła. Kiedy kościół został ukończony, był większy i miał dwa piętra zamiast jednego.

Bóg odpowiedział na modlitwę pastora Chacko, który powiedział: "Jezus nigdy nie zawodzi". Nadal modlimy się o Bombaj. Dziś są tam 52 kościoły, sierociniec i dwa ośrodki opieki dziennej, dzięki wierze i modlitwom wielu osób, które mają brzemię dla Indii. Zacząłem myśleć o tym, jak moje serce zostało głęboko dotknięte, gdy jechałem pociągiem w 1980 roku. Nie wiedziałem, że Bóg miał oczy skierowane na tę część mojego kraju i przyniósł miłość i nadzieję ludziom ze slumsów Bombaju poprzez niezawodne modlitwy i Boga, który słucha serca. Na początku powiedziałem, że moje brzemię jest tak wielkie jak naród. Doceniam Boga za to, że dał mi to brzemię. Bóg jest wielkim strategiem. Nie stało się to od razu, ale w ciągu szesnastu lat działy się rzeczy mi nieznane, ponieważ On kładł fundamenty pod rezultaty wysłuchanych modlitw, a wszystko to, gdy mieszkałem w Ameryce.

Biblia mówi, by modlić się bez przerwy. Modliłem się konsekwentnie i pościłem o przebudzenie w całych Indiach. Mój kraj przechodził duchową metamorfozę dla Pana Jezusa.

Strona internetowa pastora Chacko:
http://www.cjcindia.org/index.html

Rozdział 19

Ministerstwo w stanie Gujarat!

Pod koniec lat 90. odwiedziłem miasto Ahmedabad w stanie Gujarat. Podczas mojej ostatniej wizyty w Bombaju, w Indiach, czułem się spełniony w związku z tamtejszą pracą. Później odwiedziłem miasto Ahmedabad i byłem świadkiem. Wiedziałem, że większość ludzi jest trynitarzami. Wszystkie moje kontakty były trynitariańskie. Modliłem się przez wiele lat, aby przynieść tę prawdę do kraju Indii. Moją pierwszą modlitwą było: chcę pozyskać kogoś takiego jak Paweł lub Piotr, aby moja praca stała się łatwiejsza i kontynuowana. Zawsze modlę się z planem i wizją. Zanim odwiedzę jakiekolwiek miejsce, modlę się i poszczę, zwłaszcza jadąc do Indii. Zawsze modlę się i poszczę przez trzy dni i noce bez jedzenia i wody lub dopóki nie zostanę napełniony Duchem. To jest biblijny sposób poszczenia.

Estery 4:16 Idź, zbierz wszystkich Żydów, którzy są obecni w Szuszan, i pośćcie za mnie, i nie jedzcie ani nie pijcie przez trzy dni, noc i dzień: Ja także i moje dziewczęta będą pościć podobnie; i tak pójdę do króla, co nie jest zgodne z prawem; a jeśli zginę, zginę.

Jonasza 3:5 Tak więc lud Niniwy uwierzył Bogu i ogłosił post, i włożył wór, od największego z nich do najmniejszego z nich. 6 Bo słowo przyszło do króla Niniwy, a on wstał ze swego tronu i złożył z niego swoją szatę, przykrył go workiem i usiadł w popiele.7 I sprawił, że ogłoszono to i opublikowano w Niniwie dekretem króla i jego szlachty, mówiąc: Niech ani człowiek, ani zwierzę, stado ani trzoda nie skosztują niczego; niech się nie karmią ani nie piją wody:

Indie zostały pochłonięte przez duchową ciemność. Nie odważyłbyś się tam pojechać, gdybyś nie był pełen Ducha Bożego. Kilka lat temu, w latach dziewięćdziesiątych, przedstawili mnie br. Christianem na pewnym kampusie Trinitarian Divinity College. Podczas tej wizyty zostałem zaatakowany przez większość trynitarnych pastorów. Było to moje pierwsze spotkanie z bratem Christianem. Zamiast chwalić Pana! zapytałem go: "Co głosisz"? "Czy chrzcisz w imię Jezusa"? Odpowiedział: "Tak". Chciałem wiedzieć, jak poznał tę prawdę. Powiedział: Bóg objawił mi prawdę, gdy pewnego wczesnego ranka oddawałem cześć Bogu w miejscu zwanym Malek Saben Stadium. Bóg wyraźnie powiedział mi o chrzcie w imię Jezusa".

Podczas tej wizyty wydrukowałem i rozdałem ponad kilka tysięcy broszur wyjaśniających chrzest wodny w Jezusie. To rozgniewało religijne władze kościelne. Przywódcy religijni zaczęli głosić przeciwko mnie. Powiedzieli: "Absolutnie, wyrzuć ją ze swojego domu. Bez względu na to, gdzie bym nie poszła, wszyscy mówili przeciwko mnie. Prawda rozwściecza diabła, ale Słowo Boże mówi: "I poznacie prawdę, a prawda was wyzwoli". Spotkanie z br. Christianem pomogło mi głosić prawdę. Chwała Bogu za to, że posłał do Indii pastora jedności, który nauczał i głosił prawdziwą ewangelię.

Po tej wizycie w Indiach w 1999 roku stałem się niepełnosprawny i nie mogłem wrócić do Indii. Ale praca była **kontynuowana**. Wkrótce wszyscy ci ludzie, którzy mówili przeciwko mnie, zapomnieli o mnie, a teraz odeszli. W czasie tej fizycznej niepełnosprawności nagrałem wszystkie płyty CD Search for Truth, oneness i doctrinal i rozdałem je za darmo. Byłem na wózku inwalidzkim i straciłem pamięć, więc rozszerzyłem swoją służbę, nagrywając książki. Ciężko było siedzieć, ale z pomocą Pana zrobiłem to, czego nie mogłem fizycznie. Poleganie na Panu zaprowadzi cię na nowe drogi i autostrady. Stawiamy czoła wszystkim wyzwaniom. Moc Boża jest niesamowita, że nic nie może powstrzymać namaszczenia. Przesłanie, z którym tak ciężko walczono, było teraz odtwarzane w domach na nagranych płytach CD. Chwała Bogu! Ku mojej radości i zdumieniu wielu ludzi dowiedziało się o biblijnej doktrynie i jedności Boga.

Modliłem się i pościłem przez wiele lat, aby Indie pokochały prawdę. A także, by swobodnie głosić Ewangelię Jezusa w każdym stanie Indii. Miałem silne pragnienie, aby przynieść im wiedzę o prawdzie poprzez tłumaczenie studiów biblijnych z języka angielskiego na gudżarati. Gudżarati jest językiem mówionym w tym stanie. Znalazłem w Indiach tłumaczy, którzy chętnie pomogli mi w tłumaczeniu tych studiów biblijnych. Jeden z takich tłumaczy, sam będąc pastorem, chciał zmienić Pismo Święte z biblijnego chrztu apostolskiego wczesnego kościoła, pomijając imię JEZUS na Ojca, Syna i Ducha Świętego. To jest tytuł Jedynego Prawdziwego Boga. Trudno było zaufać tłumaczowi, że zachowa wierność Słowu Bożemu. Biblia wyraźnie ostrzega nas, abyśmy nie dodawali ani nie odejmowali od Pisma Świętego. Od Starego Testamentu po Nowy Testament, nie wolno nam zmieniać Słowa Bożego na podstawie ludzkiej interpretacji. Musimy podążać wyłącznie za przykładami Jezusa oraz doktryną apostołów i proroków.

Efezjan 2:20 I są zbudowani na fundamencie apostołów i proroków, a głównym kamieniem węgielnym jest sam Jezus Chrystus;

To uczniowie poszli głosić i nauczać Ewangelii Jezusa. Musimy podążać za nauczaniem apostołów i wierzyć, że Biblia jest nieomylnym i autorytatywnym Słowem Bożym.

Powtórzonego Prawa 4:1 Przetoż teraz słuchaj, Izraelu, ustaw i sądów, których cię uczę, abyś je czynił, abyś żył, i wszedł, i posiadł ziemię, którą ci daje Pan, Bóg ojców twoich. 2 Nie będziecie dodawali do słowa, które Ja wam rozkazuję, ani od niego odejmować będziecie, abyście strzegli przykazań Pana, Boga waszego, które Ja wam rozkazuję.

Chciałbym tutaj stwierdzić, że istnieje duża różnica między tym, co uważamy za prawdę dzisiaj, a tym, czego nauczał wczesny kościół.

Zgodnie z listami Pawł ado kościołów, nawet we wczesnej historii kościoła niektórzy już odwrócili się od zdrowej doktryny. Wiele wersji Biblii zmieniło się, aby dopasować się do doktryny diabła. Wolałem KJV, ponieważ jest to tłumaczenie w 99,98% dokładne i zbliżone do oryginalnych zwojów.

Uważnie przeczytaj i przeanalizuj poniższe wersety:

2 Piotra 2:1 Ale byli też fałszywi prorocy wśród ludu, tak jak będą wśród was fałszywi nauczyciele, którzy potajemnie wprowadzą godne potępienia herezje, nawet zaprzeczając Panu, który ich kupił, i sprowadzą na siebie szybką zagładę.2 I wielu pójdzie ich zgubnymi drogami; z powodu których droga prawdy będzie źle mówiona.3 I przez chciwość z fałszywymi słowami będą was kupczyć; których sąd od dawna się nie opóźnia, a ich potępienie nie ustępuje.

Mając objawienie tożsamości Jezusa, dał apostołowi Piotrowi klucze do Królestwa i wygłosił pierwsze kazanie w dniu Pięćdziesiątnicy. Ostrzegli nas przed zwodzicielami, którzy mają formę pobożności i nie postępują zgodnie z nauką apostołów i proroków. Jeden wierzący w Boga nie może być Antychrystem, ponieważ wiedzieli, że pewnego dnia Jehowa przyjdzie w ciele.

2 Jana 1:7 Albowiem wielu zwodzicieli weszło na świat, którzy nie wyznają, że Jezus Chrystus przyszedł w ciele. To jest zwodziciel i antychryst. 8 Uważajcie na siebie, abyśmy nie utracili tego, co uczyniliśmy, ale abyśmy otrzymali pełną nagrodę. 9 Ktokolwiek przestępuje i nie trwa w nauce Chrystusowej, nie ma Boga. Kto trwa w nauce Chrystusowej, ma i Ojca, i Syna. 10 Jeśliby kto do was przyszedł, a nie przyniósłby tej nauki, nie przyjmujcie go do domu waszego, ani go pozdrawiajcie; 11 Albowiem kto go pozdrawia, jest uczestnikiem złych uczynków jego.

W Indiach odbyło się wiele konferencji, na których kaznodzieje z Stockton Bible College i innych stanów głosili przesłanie o ponownych narodzinach. Rev. McCoy, który miał powołanie do głoszenia w Indiach, wykonał wspaniałą pracę głosząc w wielu miejscach w

Indiach. Dzięki wielu godzinom modlitwy i postu, sukces indyjskiej służby trwa od 2000 roku. Pamiętam, że zadzwoniłem do pastora Millera, do którego skierował mnie Dyrektor Misji Zagranicznych w Azji. Kiedy zadzwoniłem do niego do domu, powiedział mi, że ma zamiar do mnie zadzwonić, aby poinformować mnie, że był w Kalkucie i Zachodnim Bengalu sześć miesięcy wcześniej. Chciał też pojechać do Ahmedabadu, ale z powodu choroby wrócił do Ameryki. Pastor Miller łaskawie powiedział, że chce wrócić do Indii, ale musi się o to pomodlić i zapytać Boga, czy jego powołaniem jest ten kraj. Po raz drugi wrócił do Indii i głosił na dwóch konferencjach generalnych. Bóg poruszał się potężnie wśród ludu Gujarati w tym stanie.

Pastor Christian powiedział, że bardzo trudno jest ustanowić dzieło Boże w tym stanie. Proszę, módlcie się za kaznodziejów, którzy stoją w obliczu ogromnej bitwy. Pan wykonuje wielką pracę w stanie Gujarat. Diabeł nie walczy z niewierzącymi, ponieważ już ich ma! Atakuje tych, którzy mają prawdę; wiernych wybrańców Pana. Jezus zapłacił cenę swoją krwią, abyśmy mogli otrzymać odpuszczenie lub przebaczenie naszych grzechów. Diabeł będzie jeszcze silniej walczył ze służbą (ministrami), atakując zarówno mężczyzn, jak i kobiety. Diabeł używa wszelkich wypaczonych środków, aby doprowadzić ich do upadłego stanu grzechu i potępienia.

Jana 15:16 Nie wyście mnie wybrali, ale ja was wybrałem i ustanowiłem was, abyście szli i owoc przynosili, i aby owoc wasz pozostał; aby o cokolwiek prosić będziecie Ojca w imieniu moim, dał wam.

Raz zbawiony, zawsze zbawiony to także kolejne kłamstwo diabła. W latach 1980-2015 odwiedziłem Indie kilka razy. W tym kraju zaszło wiele zmian. Kiedy rozpoczynasz dzieło Boże, pamiętaj, ż eczynisz uczniów Jezusa, co jest kontynuacją dzieła rozpoczętego przez Jezusa i Jego uczniów. Gdybyśmy nadal podążali za Ewangelią Jezusa Chrystusa, zdobylibyśmy już cały świat.

W 2013 roku, zgodnie z planem Boga, przeniósł mnie do kościoła w Dallas, Tax. Siedziałem pod prawdziwym prorokiem Bożym. Miał dziewięć darów od Ducha Bożego. Dzięki Duchowi Świętemu dokładnie zna twoje imię, adres, numer telefonu itp. To była dla mnie nowość. W 2015 roku, pewnego niedzielnego poranka, mój pastor w Dallas w Teksasie spojrzał na mnie i powiedział: Widzę Anioła otwierającego wielkie drzwi, których nikt nie może zamknąć. Zawołał mnie i zapytał, czy jedziesz na Filipiny? Powiedział, że nie widziałem tam ani czarnych, ani białych ludzi. Otrzymując dalsze informacje od Ducha Świętego, zapytał, czy jedziesz do Indii? Duch Święty przemówił do niego, mówiąc, że będę usługiwał Hindusom. W tym czasie chrześcijanie w Indiach byli w niebezpieczeństwie. Hinduiści atakowali chrześcijan, paląc ich świątynie i bijąc pastorów i świętych Jezusa.

Wierzyłem w przepowiednię, więc posłuchałem głosu Boga i pojechałem do Indii. Kiedy dotarłem do Badlapur College, 98% studentów było hinduistami, którzy nawrócili się na chrześcijaństwo. Ze zdumieniem słuchałem ich świadectw o tym, jak Bóg wyprowadza ludzi z ciemności do światła. Dzięki ich świadectwom dowiedziałem się wiele o hinduizmie. Zaskoczyło mnie to, że wierzą w 33 miliony i więcej bogów i bogiń. Nie mogłam zrozumieć, jak można wierzyć w istnienie tak wielu bogów i bogiń.

W 2015 roku po 23 latach wróciłem do Badlapur w Bombaju, aby uczyć w Kolegium Biblijnym. Usługiwałem tam tłumaczowi z Kolegium Biblijnego, bratu Sunilowi. Brat Sunil był w okresie przejściowym. Brat Sunil był zniechęcony, nie wiedząc, że Bóg zmienia jego kierunek i był zniechęcony. Pracując z nim, wiedziałem, że ma prawdę i miłość do niej. Nigdy nie odstępuj od prawdy biblijnej. Pozwól Duchowi Świętemu prowadzić, kierować, nauczać i upoważniać cię do bycia świadkiem cudów i uzdrowień. Indie wciąż potrzebują wielu robotników, prawdziwych proroków i nauczycieli. Proszę, módlcie się, aby Bóg posłał wielu robotników do Indii.

Podczas tej podróży misyjnej odwiedziłem miasto Vyara w południowym Gujaracie. Słyszałem o wielkim przebudzeniu, które miało miejsce w południowym Gujaracie. Bóg otworzył mi drzwi, abym tam pojechał. Byłem bardzo podekscytowany, że tam jestem i spotkałem wielu czcicieli bożków, którzy teraz zwracają się do jedynego prawdziwego Boga. To dlatego, że otrzymali uzdrowienie, wyzwolenie i zbawienie przez imię Jezusa. Jak wielki jest nasz Bóg!

Wiele osób modli się i pości za Indie. Proszę, módlcie się o przebudzenie. Podczas wizyty w Vyara pastor zaprosił mnie do swojego domu. Modliłem się nad nim i wiele przeszkadzających duchów odeszło. Potem był wolny od zmartwień, wątpliwości, ciężaru i strachu. Bóg prorokował przeze mnie, aby zbudować dom modlitwy. Pastor powiedział, że nie mamy pieniędzy. Bóg powiedział mi, że On to zapewni. W ciągu roku mieli duże, piękne miejsce modlitwy i spłaciliśmy je. Słowo Boże nie wraca nieważne.

Podczas mojej ostatniej wizyty w Indiach w 2015 roku usługiwałem wielu hinduistom, którzy nawrócili się na chrześcijaństwo w różnych stanach. Usługiwałem także wielu niechrześcijanom, którzy doświadczyli znaków i cudów czynionych w imię Jezusa i byli zdumieni. Widziałem wiele lat modlitwy i odpowiedzi na post za Indie. Chwała Bogu! Odkąd otrzymałem objawienie tej prawdy, pracuję bez przerwy, aby dostarczyć te informacje za pośrednictwem płyt CD, audio, wideo, kanału YouTube i książek dla kraju Indii. Nasza ciężka praca nie idzie na marne!

Później dowiedziałem się, że brat Sunil przyjął powołanie jako pastor dla Bombaju i okolicznych miast. Teraz pracuję z pastorem Sunilem i innymi miejscami, które odwiedziłem w 2015 roku. Założyliśmy wiele sanktuariów w stanie Maharashtra i Gujarat. Nawet dzisiaj kontynuuję dyscyplinowanie nowo nawróconych w tych stanach. Wspieram ich poprzez modlitwy i nauczanie. Wspieram finansowo dzieło Boże w Indiach.

Wielu z tych ludzi chodzi do szamanów, kiedy są chorzy, ale nie zostają uzdrowieni. Więc dzwonią do mnie każdego ranka, a ja usługuję, modlę się i wypędzam demony w imieniu Jezusa. Są uzdrawiani i uwalniani w imieniu Jezusa. Mamy wielu nowych nawróconych w różnych stanach. Kiedy są uzdrawiani i uwalniani, idą świadczyć swoim rodzinom, przyjaciołom i wioskom, aby przyprowadzić innych do Chrystusa. Wielu z nich prosi mnie o przesłanie obrazu Jezusa.

Mówią, że chcielibyśmy zobaczyć Boga, który uzdrawia, uwalnia i daje zbawienie za darmo. Boż edzieło może być kontynuowane, jeśli mamy robotników. Wielu z nich pracuje na roli. Wielu z nich jest analfabetami, więc słuchają nagrań Nowego Testamentu i studiów biblijnych. To pomaga im poznawać Jezusa i uczyć się o Nim.

W ostatnią sobotę listopada 2015 roku w Indiach wróciłem do domu późno po służbie. Byłem zdecydowany pozostać w domu w niedzielę i poniedziałek, aby spakować się i przygotować do dalszej podróży do Zjednoczonych Emiratów Arabskich. Jak prorokował pastor w Dallas: "Widziałem Anioła otwierającego ogromne drzwi, których nikt nie może zamknąć". Okazało się, że nawet ja nie mogłem zamknąć tych drzwi. Późnym wieczorem w sobotę otrzymałem telefon z zaproszeniem do udziału w niedzielnych nabożeństwach, ale nie pasowało mi to do mojego harmonogramu, więc próbowałem im to wyjaśnić, ale nie chcieli przyjąć odpowiedzi NIE. Nie miałem innego wyjścia, jak tylko iść. Następnego ranka podrzucili mnie do sanktuarium o 9 rano, ale nabożeństwo zaczyna się o 10. Byłem sam, a muzyk ćwiczył swoje piosenki.

Kiedy się modliłem, zobaczyłem w sanktuarium wiele duchów hinduskich bogów i bogiń. Zastanawiałem się, dlaczego jest ich tak wiele w tym miejscu. Około godziny 10 pastor i członkowie zaczęli przybywać. Powitali mnie, ściskając mi dłoń. Kiedy pastor uścisnął moją dłoń, natychmiast poczułem się śmiesznie w sercu. Czułem, że zaraz upadnę. Później Duch Święty powiedział mi, że pastor jest atakowany przez te demony, które widziałeś wcześniej. Zacząłem się modlić i prosić Boga, aby pozwolił mi usługiwać temu pastorowi. W połowie nabożeństwa poprosili mnie, abym podszedł i przemówił. Idąc w kierunku ambony, modliłem się i prosiłem Pana, aby przemawiał przeze mnie. Kiedy dostałem mikrofon, wyjaśniłem, co Bóg mi pokazał i co działo się z pastorem. Gdy pastor ukłęknął, poprosiłem zgromadzonych, aby wyciągnęli ręce w jego kierunku i pomodlili się. W międzyczasie położyłem na nim rękę i modliłem się, a wszystkie demony odeszły. Zeznał, że poprzedniej nocy był na pogotowiu. Pościł i modlił się za młodych ludzi. Dlatego został zaatakowany. Chwała

Bogu! Jak ważne jest, aby być w zgodzie z Duchem Bożym! Jego duch mówi do nas.

Stamtąd udałem się do Zjednoczonych Emiratów Arabskich 1 grudnia 2015 roku. W Dubaju i Abu Dhabi usługiwałem hindusom, którzy również doświadczyli mocy Boga. Po wykonaniu zadania wróciłem do Dallas w Teksasie.

Chwała Bogu!

Moje kanały YouTube: Codzienna dieta duchowa:

1. youtube.com/@dailyspiritualdietelizabet7777/videos
2. youtube.com/@newtestamentkjv9666/videos mp3
3. Strona internetowa: https://waytoheavenministry.org

Rozdział 20

Pasterz naszej duszy: dźwięk trąbki

Ja jestem dobrym pasterzem i znam moje owce, i moje mnie znają.
(Jana 10:14)

Jezus jest Pasterzem naszej duszy. Jesteśmy ciałem i krwią z żywą duszą. Jesteśmy na tej ziemi tylko przez chwilę w Bożym czasie. Za chwilę, w mgnieniu oka, wszystko się skończy wraz z dźwiękiem "trąby", kiedy zostaniemy przemienieni.

"Ale nie chciałbym, bracia, abyście nie wiedzieli o tych, którzy zasnęli, abyście się nie smucili, jak inni, którzy nie mają nadziei. Jeśli bowiem wierzymy, że Jezus umarł i zmartwychwstał, to i tych, którzy zasnęli w Jezusie, Bóg z Nim przywiedzie. Albowiem to wam powiadamy słowem Pańskim, że my, którzy żyjemy i pozostaniemy do przyjścia Pańskiego, nie przeszkodzimy tym, którzy śpią. Albowiem sam Pan zstąpi z nieba z okrzykiem, z głosem archanioła i z trąbą Bożą, a umarli w Chrystusie powstaną pierwsi: A my, którzy pozostaniemy przy życiu, razem z nimi porwani będziemy w górę w obłokach, na spotkanie Pana w powietrzu, i tak już zawsze będziemy z

Panem. Dlatego pocieszajcie się nawzajem tymi słowami".
(1 Tesaloniczan 4:13-18)

Tylko ci, którzy mają Ducha Bożego (Ducha Świętego), zostaną ożywieni i wzbudzeni, aby być z Panem. Umarli w Chrystusie zostaną powołani jako pierwsi, a następnie ci, którzy żyją, zostaną pochwyceni w powietrze, aby spotkać się z naszym Panem Jezusem na obłokach. Nasze śmiertelne ciała zostaną przemienione, aby być z Panem. Kiedy wypełni się czas pogan, ci, którzy nie będą mieli Ducha Świętego, zostaną pozostawieni w obliczu czasu wielkiego smutku i ucisku.

"Ale w owych dniach, po owym ucisku, słońce się zaćmi i księżyc nie da swego światła, i gwiazdy niebieskie spadną, i moce, które są na niebie, zostaną wstrząśnięte. I ujrzą Syna Człowieczego, przychodzącego w obłokach z wielką mocą i chwałą. I wtedy pośle aniołów swoich i zgromadzą wybranych jego z czterech stron świata, od krańca ziemi aż do krańca nieba." (Marka 13:24-27)

Wielu będzie zgubionych, ponieważ nie mieli bojaźni (szacunku) Bożej, aby uwierzyć w Jego Słowo, aby mogli być zbawieni. Bojaźń Pańska jest początkiem mądrości. Król Dawid napisał: "Pan jest światłością moją i zbawieniem moim; kogóż mam się bać? Pan jest siłą mego życia, kogo mam się bać?". Dawid był prawdziwie człowiekiem według Bożego serca. Kiedy Bóg ukształtował człowieka z prochu ziemi, tchnął w jego nozdrza tchnienie życia i człowiek stał się żywą duszą. Bitwa toczy się o duszę; czyjaś dusza może zmierzać do Boga lub do piekła.

*"I nie bójcie się tych, którzy zabijają ciało, lecz **duszy** zabić nie mogą, ale raczej bójcie się tego, który jest w stanie zniszczyć i duszę, i ciało w **piekle**". (Mateusza 10:28)*

W tym dniu wielu dowie się tego, co dziś było dla nich zbyt trudne do zaakceptowania. Będzie za późno, by cofnąć karty życia, ponieważ wielu stanie przed Żywym Bogiem, by zdać rachunek.

"A to powiadam wam, bracia, że ciało i krew nie odziedziczą królestwa Bożego ani skażenie nie odziedziczy nieskazitelności. Oto objawiam wam tajemnicę: Nie wszyscy zaśniemy, lecz wszyscy będziemy odmienieni, w jednej chwili, w oka mgnieniu, przy ostatnim gwizdku; bo zabrzmi trąba i umarli powstaną nieskazitelni, a my będziemy odmienieni. Albowiem to, co zniszczalne, przyoblecze się w nieskazitelność, a to, co śmiertelne, przyoblecze się w nieśmiertelność. Gdy więc to, co zniszczalne, przyoblecze się w nieskazitelność, a to, co śmiertelne, przyoblecze się w nieśmiertelność, wtedy spełni się to, co jest napisane: "Zwycięstwo pochłonęło śmierć". O śmierci, gdzież jest żądło twoje? O grobie, gdzież jest zwycięstwo twoje? Żądłem śmierci jest grzech, a siłą grzechu jest prawo. Ale dzięki niech będą Bogu, który daje nam zwycięstwo przez Pana naszego Jezusa Chrystusa".
(I List do Koryntian 15:50-57)

Przed czym zostaniemy "zbawieni"? Od wiecznego piekła w jeziorze płonącym ogniem. Zabieramy dusze ze szponów diabła. Jest to wojna duchowa, którą toczymy na tej ziemi. Zostaniemy osądzeni przez Słowo Boże (66 ksiąg Biblii), a Księga Życia zostanie otwarta.

"I ujrzałem wielki biały tron i siedzącego na nim, przed którego obliczem uciekła ziemia i niebo, i nie było dla nich miejsca. I widziałem umarłych, małych i wielkich, stojących przed Bogiem; i otwarto księgi; i otwarto inną księgę, która jest księgą życia; i sądzono umarłych z tego, co było napisane w księgach, według uczynków ich. I morze wydało umarłych, którzy w nim byli, a śmierć i piekło wydały umarłych, którzy w nich byli, i sądzono każdego według uczynków jego. A śmierć i piekło zostały wrzucone do jeziora ognia. To jest druga śmierć. A kogo nie znaleziono zapisanego w księdze życia, wrzucono do jeziora ognia". (Objawienie 20:11-15)

Zacząłem myśleć o ludziach takich jak Mojżesz, król Dawid, Józef, Hiob i lista jest długa. Nie cieszyłem się z bólu, którego doświadczyłem i nie rozumiem, dlaczego w chrześcijaństwie istnieje takie cierpienie. Daleko mi do bycia jak ci ludzie, którzy są naszymi przykładami i którzy inspirują nas do kroczenia drogą wiary. Słowo Boże zwycięża nawet w środku cierpienia i bólu. W czasie próby, choroby i cierpienia najbardziej wołamy do Boga. To dziwna, ale cudowna wiara, że tylko Bóg wie, dlaczego wybrał taką drogę. Tak bardzo nas kocha, a jednak dał nam możliwość samodzielnego wyboru, czy będziemy Mu służyć i Go kochać. On szuka pełnej pasji oblubienicy. Czy poślubiłbyś kogoś, kto nie miałby pasji do ciebie? Ten rozdział został napisany jako zachęta do przezwyciężenia tych rzeczy, które przeszkadzają w osiągnięciu życia wiecznego. Bóg Miłości, Miłosierdzia i Łaski stanie się Bogiem sądu. Teraz jest czas, aby zapewnić sobie zbawienie i uciec przed płomieniami piekielnymi. Musimy wybrać tak, jak wybrał Jozue w Księdze Jozuego.

A jeśli wydaje się wam złe służyć Panu, wybierzcie dziś, komu będziecie służyć; czy bogom, którym służyli wasi ojcowie, którzy byli po drugiej stronie potopu, czy bogom Amorytów, w których ziemi mieszkacie; ale jeśli chodzi o mnie i mój dom, będziemy służyć Panu.
(Jozuego 24:15)

"A oto przychodzę prędko, a zapłata moja jest ze mną, abym oddał każdemu według uczynku jego. Jam jest Alfa i Omega, początek i koniec, pierwszy i ostatni. Błogosławieni, którzy czynią jego przykazania, aby mieli prawo do drzewa życia i mogli wejść przez bramy do miasta". (Objawienie 22:12-14)

Każdy chce przejść przez bramy do Miasta, które Bóg dla nas przygotował, ale zanim tam wejdziemy, musimy mieć szatę bez skazy i zmazy. Jest to walka duchowa" ,toczona i wygrywana" na kolanach w modlitwie. Mamy tylko jedno życie na tej ziemi i tylko jeden dobry bój! Jedyną rzeczą, którą możemy zabrać ze sobą do tego Miasta, są dusze tych, którym dawaliśmy świadectwo, którzy przyjęli Ewangelię naszego Pana i Zbawiciela Jezusa Chrystusa i którzy byli posłuszni doktrynie Chrystusa. Aby poznać Słowo, musimy je czytać, a czytanie Słowa oznacza zakochanie się w autorze naszego zbawienia. Dziękuję mojemu Panu i Zbawicielowi za kierowanie moimi krokami z Indii do Ameryki i pokazanie mi Jego dróg, ponieważ są one doskonałe.

Twoje słowo jest lampą dla moich stóp i światłem na mojej ścieżce.
(Psalm 119:105)

Rozdział 21

Ministerstwo w pracy

Odkąd otrzymałem Ducha Świętego, w moim życiu zaszły wielkie zmiany.

Ale otrzymacie moc, gdy Duch Święty zstąpi na was, i będziecie mi świadkami w Jerozolimie i w całej Judei, i w Samarii, i aż po krańce ziemi". (Dzieje Apostolskie 1:8)

Starałem się usługiwać w mojej pracy współpracownikom; byłem świadkiem, a jeśli mieli jakiś problem, modliłem się za nich. Wiele razy przychodzili do mnie i opowiadali mi o swojej sytuacji, a ja modliłem się za nich. Jeśli byli chorzy, kładłem na nich ręce i modliłem się za nich. Przez wiele lat składałem im świadectwa. Moje własne życie było wspaniałym świadectwem, a Bóg pracował ze mną, potwierdzając poprzez uzdrawianie, uwalnianie, doradzanie i pocieszanie ich.

I rzekł im: Idźcie na cały świat i głoście ewangelię wszelkiemu stworzeniu. Kto uwierzy i przyjmie chrzest, będzie zbawiony, a kto nie uwierzy, będzie potępiony. A te znaki pójdą za tymi, którzy uwierzą:

W imię moje będą wyrzucać diabły, nowymi językami mówić będą, węże brać będą, a jeśli co śmiertelnego wypiją, nie będzie im szkodzić, na chorych ręce kłaść będą, a ci odzyskają zdrowie". Gdy więc Pan przemówił do nich, został wzięty do nieba i zasiadł po prawicy Boga. A oni poszli i głosili wszędzie, a Pan współdziałał z nimi i potwierdzał słowo następującymi po nim znakami. Amen. (Marka 16:15-20)

Gdziekolwiek się modliłem, jeśli zostali uzdrowieni lub uwolnieni, rozmawiałem z nimi o Ewangelii. Ewangelia to śmierć, pogrzeb i zmartwychwstanie Jezusa. Oznacza to, że musimy pokutować za wszystkie grzechy lub umrzeć dla naszego ciała poprzez pokutę. Drugim krokiem jest pogrzebanie nas w imię Jezusa w wodach chrztu, aby otrzymać odpuszczenie grzechów lub przebaczenie grzechów. Wychodzimy z wody mówiąc nowymi językami, otrzymując Jego ducha, który jest również nazywany chrztem Ducha lub Duchem Świętym.

Wielu też to słyszało i było posłusznych.

Chciałbym was zachęcić, dając świadectwo o tym, jak Jezus działał potężnie w moim miejscu pracy. Nasze miejsce pracy, gdzie mieszkamy lub gdziekolwiek, jest polem, na którym możemy zasiać ziarno Słowa Bożego.

Przyjaciółka uzdrowiona z raka i jej mama zwracają się do Pana w obliczu złej śmierci.

Miałem w pracy cenną przyjaciółkę o imieniu Linda. W 2000 roku byłam bardzo chora. Pewnego dnia moja przyjaciółka zadzwoniła do mnie i powiedziała, że również jest bardzo chora i przeszła operację. Na początku naszej przyjaźni odrzuciła Ewangelię i powiedziała mi, że nie chcę twojej Biblii ani twoich modlitw, mam własnego Boga. Nie zraniło mnie to, ale ilekroć skarżyła się na chorobę, proponowałem jej modlitwę, a ona zawsze mówiła "nie". Ale pewnego dnia poczuła nieznośny ból w plecach i nagle poczuła ból w kolanie. Był to jeszcze większy ból niż w plecach. Skarżyła się, a ja zapytałem, czy mogę się za nią pomodlić. Odpowiedziała" :Zrób cokolwiek będzie trzeba". Skorzystałem z okazji i nauczyłem ją, jak ganić ten ból w Imieniu Pana Jezusa. Jej ból był nie do zniesienia; natychmiast zaczęła ganić ból w Imieniu Pana Jezusa, ból natychmiast ustąpił.

Jednak to uzdrowienie nie zmieniło jej serca. Bóg używa cierpienia i problemów, aby zmiękczyć nasze serce. To jest rózga napomnienia, której używa dla swoich dzieci. Pewnego dnia Linda zadzwoniła do mnie płacząc, że ma duże skaleczenie na szyi i jest ono bardzo bolesne. Błagała mnie o modlitwę. Z radością modliłam się za moją dobrą przyjaciółkę. Dzwoniła do mnie co godzinę z prośbą o pocieszenie i pytała" :Czy możesz przyjść do mnie do domu i pomodlić się"? Tego popołudnia otrzymała telefon z informacją, że zdiagnozowano u niej raka tarczycy. Bardzo płakała, a kiedy jej mama usłyszała, że jej córka ma raka, po prostu się załamała. Linda była rozwiedziona i miała małego syna.

Nalegała, abym przyszedł i pomodlił się nad nią. Mnie również bardzo zabolało to sprawozdanie. Gorliwie zacząłem szukać kogoś, kto mógłby zawieźć mnie do jej domu, abym mógł się nad nią pomodlić. Chwała Bogu, jeśli jest wola, to jest i sposób.

Moja partnerka modlitewna przyszła z pracy i zabrała mnie do swojego domu. Linda, jej matka i syn siedzieli i płakali. Zaczęliśmy się modlić, a ja nie czułem zbyt wiele; wierzyłem jednak, że Bóg coś zrobi. Zaproponowałem, że pomodlę się jeszcze raz. Powiedziała" :***Tak, módl się całą noc***, nie będę miała nic przeciwko". Podczas modlitwy po raz drugi zobaczyłem jasne światło dochodzące z drzwi, mimo że drzwi były zamknięte, a ja miałem zamknięte oczy. Zobaczyłam, że Jezus wszedł przez te drzwi i chciałam otworzyć oczy, ale On powiedział "***módl się dalej***".

Kiedy skończyliśmy się modlić, Linda uśmiechała się. Nie wiedziałem, co się stało, że jej oblicze się zmieniło. Zapytałam ją: "*Co się stało?*". Odpowiedziała: "*Liz, Jezus jest prawdziwym Bogiem*". Powiedziałam:

"Tak, mówiłam ci to przez ostatnie 10 lat, ale chcę wiedzieć, co się stało". Powiedziała: *"Mój ból całkowicie zniknął".* *"Proszę, podaj mi adres kościoła, chcę zostać ochrzczona".* Linda zgodziła się studiować ze mną Biblię, a następnie przyjęła chrzest. Jezus użył tego cierpienia, aby zwrócić jej uwagę.

> *Spójrz na moje utrapienie i mój ból; i przebacz wszystkie moje grzechy. (Psalm 25:18).*

Chwała Bogu!!! Proszę, nie poddawaj się ukochanej osobie. Módl się dzień i noc, pewnego dnia Jezus odpowie, jeśli nie zemdlejemy.

> *I nie męczmy się dobrze czyniąc; albowiem we właściwym czasie żąć będziemy, jeśli nie ustaniemy. (Galacjan 6:9)*

Na łożu śmierci swojej matki Linda zadzwoniła do mnie, abym ją odwiedził. Wepchnęła mnie na wózku inwalidzkim do jej szpitalnego pokoju. Kiedy usługiwaliśmy jej mamie, okazała skruchę i wołała do Pana Jezusa o przebaczenie. Następnego dnia jej głos całkowicie zanikł, a trzeciego dnia zmarła.

Moja przyjaciółka Linda jest teraz dobrą chrześcijanką. Chwała Panu!!!

Mój współpracownik z Wietnamu:

Była słodką kobietą i zawsze miała w sobie pięknego ducha. Pewnego dnia zachorowała i zapytałem, czy mógłbym się za nią pomodlić. Od razu przyjęła moją propozycję. Pomodliłem się i została uzdrowiona. Następnego dnia powiedziała: "Jeśli to nie kłopot, pomódl się za mojego tatę". Jej tata chorował nieprzerwanie od kilku miesięcy. Powiedziałem jej, że z przyjemnością pomodlę się za jej tatę. Jezus w swoim miłosierdziu dotknął go i całkowicie uzdrowił.

Później zobaczyłem ją chorą i ponownie zaproponowałem modlitwę. Powiedziała" :*Nie zadawaj sobie trudu, by modlić się za mnie*"; jednak jej przyjaciel, który pracuje jako mechanik na innej zmianie, potrzebuje modlitwy. Nie mógł spać ani w dzień, ani w nocy; ta choroba nazywa się śmiertelną bezsennością. Kontynuowała przekazywanie mi informacji i bardzo martwiła się o tego dżentelmena. Lekarz podawał mu duże dawki leków i nic nie pomagało. Powiedziałem: "Z *przyjemnością się pomodlę*". Każdego wieczoru po pracy modliłem się prawie półtorej godziny za wszystkie prośby modlitewne i za siebie. Kiedy zacząłem modlić się za tego człowieka, zauważyłem, że nie śpię spokojnie. Nagle słyszałem, jak ktoś klaszcze mi do ucha lub głośny hałas, który budził mnie prawie każdej nocy, odkąd zacząłem się za niego modlić.

Kilka dni później, gdy pościłem, wróciłem do domu z kościoła i położyłem się w łóżku. Nagle, ku mojemu zaskoczeniu, coś przeszło przez ścianę nad moją głową i weszło do mojego pokoju. Dzięki Bogu za Ducha Świętego. Natychmiast Duch Święty przemówił przez moje usta: "Wiążę cię w imię Jezusa". Wiedziałem w duchu, że coś jest związane, a moc została złamana w imię Jezusa.

Zaprawdę powiadam wam: Cokolwiek zwiążecie na ziemi, będzie związane i w niebie, a co rozwiążecie na ziemi, będzie rozwiązane i w niebie". (Mateusza 18:18)

Nie wiedziałem, co to było, ale później, podczas pracy, Duch Święty zaczął ujawniać, co się stało. Wtedy wiedziałem, że demony kontrolują tego mechanika i nie pozwalają mu spać. Poprosiłem moją przyjaciółkę z pracy, aby dowiedziała się o stanie snu swojego przyjaciela. Później wróciła do mojego miejsca pracy z mechanikiem. Powiedział mi, że śpi dobrze i chciał mi podziękować. Powiedziałem: "**Proszę, podziękuj Jezusowi**". "**On jest tym, który cię wybawił**". Później dałem mu Biblię i poprosiłem, aby codziennie ją czytał i modlił się.

W mojej pracy wiele osób z ich rodzin nawróciło się do Jezusa. Był to dla mnie wspaniały czas, kiedy mogłem dawać świadectwo ludziom różnych narodowości.

Będę Ci dziękował w wielkim zgromadzeniu: Będę cię chwalił wśród wielu ludzi. (Psalm 35:18)

Będę cię wychwalał, Boże mój, królu, i będę błogosławił imię twoje na wieki wieków. (Psalm 145:1)

Rozdział 22

Uczenie się Jego dróg przez posłuszeństwo Jego głosowi

Odkryłem tę piękną prawdę w 1982 roku. Kilka lat później postanowiłem odwiedzić Indie. Będąc tam z moją przyjaciółką, Dinah, postanowiłyśmy zwiedzić miasto Udaipur. Pod koniec dnia wróciłyśmy do naszego pokoju hotelowego, który dzieliłyśmy. W naszym pokoju na ścianie wisiał obraz przedstawiający fałszywego boga czczonego w Indiach. Jak wiadomo, Indie mają wielu bogów. Biblia mówi o jednym prawdziwym Bogu, który ma na imię Jezus.

Jezus mu powiedział: Ja jestem drogą i prawdą, i życiem; nikt nie przychodzi do Ojca inaczej, jak tylko przeze Mnie. (Jana 14:6)

Nagle usłyszałem głos, który powiedział mi: "*Zdejmij obraz ze ściany*". Ponieważ mam Ducha Świętego, pomyślałem: "*Niczego się nie boję i nic nie może mi zaszkodzić*". Byłam więc nieposłuszna temu głosowi i nie zdjęłam obrazu.

Kiedy spaliśmy, niespodziewanie znalazłem się na łóżku; wiedziałem, że wystawił mnie Anioł. Bóg otworzył moje duchowe oczy i zobaczyłam ogromnego czarnego pająka wchodzącego przez drzwi. Pełzał po mnie, mojej przyjaciółce i jej synu. Skierował się w stronę mojej sukienki, która wisiała na ścianie i zniknął na moich oczach. W tym momencie Pan przypomniał mi o Piśmie Świętym, które mówi, że nigdy nie należy ustępować diabłu.

Ani nie ustępuj miejsca diabłu. (Efezjan 4:27)

Natychmiast wstałem, zdjąłem zdjęcie i odwróciłem je. Od tego dnia zrozumiałem, że Bóg jest Bogiem Świętym. Jego przykazania, które nam dał, zapewnią nam ochronę i błogosławieństwo, o ile zawsze będziemy ich przestrzegać.

Kiedy pracowałem, zawsze wracałem do domu, czując się duchowo wyczerpany. Pewnego dnia Jezus przemówił do mnie i powiedział: "*Mów językami przez pół godziny, chwal i uwielbiaj przez pół godziny, połóż rękę na mojej głowie i mów językami przez pół godziny*". Tak wyglądało moje codzienne życie modlitewne.

Pewnego dnia wróciłem z pracy po północy. Zacząłem chodzić po domu i modlić się. Doszedłem do pewnego rogu mojego domu i moimi duchowymi oczami zobaczyłem demona. Zapaliłem światło i założyłem okulary, aby zobaczyć, dlaczego ten demon miałby tu być? Nagle przypomniałem sobie, że wcześniej tego dnia zakryłem odciski i imiona bogów, które znajdowały się na pudełku z olejem kukurydzianym. W jakiś sposób przeoczyłem odcisk tego fałszywego boga. Natychmiast wziąłem marker permanentny i zakryłem go.

Biblia mówi, że Jezus dał nam władzę, by wiązać i wypędzać złe duchy. Tej nocy skorzystałem z tego autorytetu, otworzyłem drzwi i powiedziałem demonowi: "*W imieniu Jezusa rozkazuję ci wyjść z mojego domu i nigdy nie wracać!*". Demon natychmiast wyszedł.

Chwała Bogu! Jeśli nie znamy Słowa Bożego, możemy pozwolić demonom wejść do naszego domu poprzez czasopisma, gazety, telewizję, a nawet zabawki. Bardzo ważne jest, aby wiedzieć, co wnosimy do naszych domów.

Inny przykład: byłam bardzo chora i nie mogłam chodzić, musiałam polegać na rodzinie i przyjaciołach, którzy przynosili mi zakupy i odkładali je na miejsce. Pewnego ranka obudziłem się i poczułem, że ktoś zakrywa mi usta, byłem związany.

Zapytałem Boga, dlaczego tak się czuję. Pokazał mi symbol swastyki. Zastanawiałem się, gdzie znajdę ten symbol. Poszedłem do lodówki i gdy tylko otworzyłem drzwi, zobaczyłem symbol swastyki na produkcie spożywczym, który moja siostra przyniosła dzień wcześniej. Podziękowałem Bogu za Jego przewodnictwo i natychmiast go usunąłem.

Zaufaj Panu całym swoim sercem i nie skłaniaj się ku własnemu zrozumieniu. Uznaj Go na wszystkich twych drogach, a On pokieruje twymi ścieżkami. (Przysłów 3:5-6)

Chciałbym podzielić się innym doświadczeniem, które miałem podczas wizyty w moim rodzinnym mieście w Indiach. Spędziłem noc z moim przyjacielem, który był czcicielem bożków.

Przez wiele lat świadczyłem jej o Jezusie i Mocy. Znała również moc modlitwy i wiele cudów, które wydarzyły się w jej domu. Świadczyła o cudach, kiedy modliłem się w imieniu Jezusa.

Kiedy spałem, obudził mnie hałas. Po drugiej stronie pokoju zobaczyłem postać, która wyglądała jak mój przyjaciel. Postać wskazywała na mnie z wredną miną. Jej ręka zaczęła rosnąć w moim kierunku i zbliżyła się do mnie na odległość metra, po czym zniknęła. Ta postać pojawiła się ponownie, ale tym razem była to twarz jej małego chłopca. Ponownie jego ręka zaczęła rosnąć i wskazywać na mnie. Zbliżyła się do mnie na odległość jednej stopy i zniknęła. Przypomniałem sobie, że Biblia mówi, że anioły są wokół nas.

Kto mieszka w tajemnicy Najwyższego, będzie przebywał w cieniu Wszechmocnego. Powiem o Panu: On jest moją ucieczką i moją twierdzą, moim Bogiem, w Nim będę ufał. On cię wybawi od sideł ptasznika i od hałaśliwej zarazy. Okryje cię swymi piórami, a pod jego skrzydłami będziesz ufał; jego prawda będzie twoją tarczą i puklerzem. Nie będziesz się bał strachu w nocy ani strzały, która leci w dzień, ani zarazy, która chodzi w ciemności, ani zniszczenia, które marnieje w południe. Tysiąc padnie u twego boku i dziesięć tysięcy po twej prawicy, lecz nie zbliży się do ciebie. Tylko twoimi oczyma ujrzysz nagrodę bezbożnych. Ponieważ uczyniłeś Pana, który jest moją ucieczką, Najwyższego, swoim mieszkaniem, nie spotka cię nic złego ani żadna plaga nie zbliży się do twego mieszkania. Albowiem aniołom swoim da pieczę nad tobą, aby cię strzegli na wszystkich twych drogach. (Ps. 91:1-11)

Kiedy obudziłam się rano, zobaczyłam moją przyjaciółkę i jej syna kłaniających się bożkom. Przypomniałam sobie, co Bóg pokazał mi w nocy. Powiedziałam więc przyjaciółce, że tej nocy miałam wizję. Powiedziała mi, że również widziała i czuła to w swoim domu. Zapytała mnie, jak wyglądał demon, którego widziałam. Powiedziałam jej, że jedna postać wyglądała jak ona, a druga jak jej syn. Powiedziała mi, że ona i jej syn nie mogą się dogadać. Zapytała mnie, co należy zrobić, aby pozbyć się demonów, które dręczyły ją i jej rodzinę. Wyjaśniłem jej to pismo.

Złodziej nie przychodzi po to, aby kraść, zabijać i niszczyć; Ja przyszedłem po to, aby mieli życie i aby mieli je w obfitości".
(Jana 10:10)

Dałem jej Biblię i poprosiłem, aby codziennie czytała ją na głos w swoim domu, zwłaszcza Ewangelię Jana 3:20 i 21.

Każdy bowiem, kto czyni zło, nienawidzi światła i nie zbliża się do światła, aby jego uczynki nie zostały zganione. Ale kto czyni prawdę, przychodzi do światłości, aby się ujawniły uczynki jego, że są dokonane w Bogu". (Jana 3:20-21)

Nauczyłem ją również modlitwy walki duchowej, w której wiążesz wszystkie złe duchy i uwalniasz Ducha Świętego lub Aniołów w Imię Jezusa. Poprosiłem ją również, aby nieustannie wypowiadała Imię Jezusa i błagała o Krew Jezusa w swoim domu.

Kilka miesięcy po tej podróży otrzymałem list, w którym zeznała, że demony opuściły jej dom, ona i jej syn dogadują się, a w ich domu panuje całkowity spokój.

Potem zwołał swoich dwunastu uczniów i dał im moc i władzę nad wszystkimi diabłami i leczyć choroby. I posłał ich, aby głosili królestwo Boże i uzdrawiali chorych (Łukasza 9:1, 2).

Kiedy złożyła świadectwo innym krewnym, bardzo zainteresowali się Biblią i chcieli dowiedzieć się więcej o Panu Jezusie.

Podczas następnej wizyty w Indiach spotkałem się z całą rodziną i odpowiedziałem na ich pytania. Nauczyłem ich jak się modlić i dałem im Biblie. Oddaję Bogu całą chwałę za te rezultaty.

Moim pragnieniem jest, aby ludzie nauczyli się używać Imienia Jezus i Słowa Bożego jako miecza przeciwko wrogowi. Stając się "narodzonymi na nowo chrześcijanami", będziemy mieli moc.

Duch Pana Boga spoczywa na mnie, bo Pan mnie namaścił, abym zwiastował cichym dobrą nowinę, posłał mnie, abym opatrzył skruszonych w sercu, abym ogłosił jeńcom wyzwolenie, a więźniom otworzenie więzienia (Izajasz 61:1).

Rozdział 23

Moving On Media

W 1999 roku doznałem urazu w pracy, który później się pogorszył. Uraz był tak poważny, że z bólu straciłem pamięć. Nie mogłem czytać i pamiętać tego, co przeczytałem. Nie mogłem spać przez 48 godzin. Jeśli już zasnąłem, budziłem się po kilku godzinach z powodu drętwienia rąk, bólu pleców, szyi i nóg. To była ognista próba mojej wiary. Nie miałem pojęcia, o czym myślę. Wiele razy mdlałem i zasypiałem. Przez większość czasu spałem tylko w ten sposób. Nie chciałem marnować czasu, więc pomyślałem, co powinienem zrobić? Pomyślałem o nagraniu płyty CD ze wszystkimi moimi książkami, które zostały już przetłumaczone. Pomyślałem, że jeśli umieszczę te książki w wersji audio, to będzie to świetne rozwiązanie na dzisiejsze czasy.

Aby próba waszej wiary, która jest o wiele cenniejsza niż złoto, które ginie, chociaż jest wypróbowane w ogniu, mogła być znaleziona ku chwale i czci, i chwale przy pojawieniu się Jezusa Chrystusa: (1 Piotra 1:7).

By szerzyć tę prawdę, byłem gotów zrobić wszystko. Żadna cena nie jest większa niż ta, którą zapłacił Jezus. Bóg w swoim miłosierdziu pomógł mi osiągnąć mój cel.

Bez wątpienia zajęło mi to ponad rok. Nie miałem wystarczająco dużo pieniędzy, aby kupić cały sprzęt, ani wystarczającej wiedzy, aby wiedzieć, jak nagrywać. Zacząłem używać karty kredytowej, aby kupić to, czego potrzebowałem do tego nowego projektu. Pomyślałem, że skoro nie potrafię czytać i zapamiętywać, mogę po prostu przeczytać książkę na głos i nagrać płytę audio, w ten sposób nie będę potrzebował pamięci do czytania.

Ponieważ chodziłem do angielskiego kościoła, prawie zapomniałem, jak poprawnie czytać Guajarati, a nie chciałem rezygnować z mojego języka. Wiele razy, jak wiesz, ze względu na stan zdrowia nie mogłem siedzieć przez wiele dni, a nawet tygodni. Zapominałem, jak nagrywać i używać sprzętu do nagrywania. Przeglądałem swoje notatki i zaczynałem od nowa, ale nie chciałem z tego rezygnować.

Musimy pamiętać o jednej rzeczy: diabeł nigdy się nie poddaje! Musimy wyciągnąć z tego wnioski i nigdy się nie poddawać!

Nadszedł dzień, w którym ukończyłem moją sześciostronicową broszurę. Ku mojemu zaskoczeniu zajęło mi to rok. Byłem tak szczęśliwy, że włożyłem płytę CD do odtwarzania i powoli odwróciłem wózek inwalidzki, aby usłyszeć moją płytę CD.

Nagle moje oczy przestały widzieć. Bardzo się przestraszyłam i powiedziałam sobie: "Tak ciężko pracowałam na swoje słabe zdrowie. Żałuję, że nie zadbałem o nie lepiej, bo teraz nic nie widzę". Nie widziałem mojej kuchni, zestawu stereo, ściany ani mebli. Nie było tam nic poza gęstą białą chmurą. Powiedziałem: "Byłem dla siebie surowy, teraz jestem ślepy". Nagle, w tej gęstej białej chmurze w moim pokoju, zobaczyłam Pana Jezusa stojącego w białej szacie i uśmiechającego się do mnie. W krótkim czasie zniknął, a ja zdałam sobie sprawę, że to była wizja. Wiedziałam, że Jego chwała zstąpiła.

Byłam taka szczęśliwa i zdałam sobie sprawę, że Pan Jezus był zadowolony z mojego wysiłku.

Zawsze chcę szukać u Boga Jego wskazówek, aby jak najlepiej wykorzystać swój czas i oddać Mu chwałę. Żadna sytuacja nie może nas powstrzymać przed wykonywaniem Jego służby. Tę płytę dałem ludziom za darmo, a także umieściłem na mojej stronie internetowej https://waytoheavenministry.org

Któż nas odłączy od miłości Chrystusowej? Czy ucisk, czy utrapienie, czy prześladowanie, czy głód, czy nagość, czy niebezpieczeństwo, czy miecz? Jak napisano: "Dla ciebie jesteśmy zabijani przez cały dzień; jesteśmy uważani za owce przeznaczone na rzeź. Ale w tym wszystkim jesteśmy więcej niż zwycięzcami przez Tego, który nas umiłował. Jestem bowiem przekonany, że ani śmierć, ani życie, ani aniołowie, ani zwierzchności, ani moce, ani rzeczy teraźniejsze, ani przyszłe, ani wysokość, ani głębokość, ani jakiekolwiek inne stworzenie nie zdoła nas odłączyć od miłości Boga, która jest w Chrystusie Jezusie, Panu naszym". (Rzymian 8:35-39)

Rozdział 24

Badanie, które bada

Wiele razy miałem okazję prowadzić studia biblijne w językach innych niż angielski. Nauczając ich Słowa Bożego, nie byli w stanie znaleźć właściwego wersetu. Zawsze używałem Wersji Króla Jakuba. Ale niektórzy z nich mieli inne wersje i języki Biblii.

Pewnego wieczoru nauczałem o jednym Bogu, monoteizmie (mono pochodzi od greckiego słowa monos, a theos oznacza Boga) i czytałem 1 List Jana 5:7. Kiedy szukali tego wersetu w swojej Biblii, nie mogli go znaleźć. Było już po północy, więc pomyślałem, że nie rozumieją, co czytają, a kiedy przetłumaczyliśmy z angielskiego na ich język, powiedzieli, że nie ma tego w naszej Biblii.

*Albowiem trzej są, którzy świadectwo noszą w niebie: Ojciec, Słowo i Duch Święty, a ci **trzej jedno są**". (1 Jana 5:7)*

Byłem zszokowany. Poszukaliśmy więc innego fragmentu.

*(KJV) 1 Tymoteusza 3:16, "**Bóg** objawił się w ciele".*

W ich Biblii czytamy: "*Pojawił się w ciele*" (wszystkie Biblie przetłumaczone z uszkodzonego manuskryptu aleksandryjskiego mają to kłamstwo. Rzymskokatolicka Wulgata, Biblia Guajarati, Biblia NIV, hiszpańska i inne współczesne wersje Biblii).

{ΘC = Bóg} w języku greckim, ale usuwając małą kreskę z ΘC, "Bóg" zmienia się {OC = "kto" lub "on"} na kto, co ma inne znaczenie w języku greckim. To dwa różne słowa, ponieważ "on" może oznaczać kogokolwiek, ale Bóg mówi o Jezusie Chrystusie w ciele.

Jak łatwo jest odebrać bóstwo Jezusowi Chrystusowi!!!?

Objawienie 1:8

KJV: Jam jest Alfa i Omega, <u>początek i koniec</u>, mówi Pan, który jest i który był, i który ma przyjść, Wszechmogący

Tłumaczenie NIV: Objawienie 1:8 "Jam jest Alfa i Omega - mówi Pan Bóg -który jest i który był, i który ma przyjść, Wszechmogący".

(Biblia Gujarati, NIV i inne tłumaczenia usunęły "<u>początek i koniec</u>").

Objawienie 1:11

KJV: Mówiąc: <u>Jam jest Alfa i Omega, pierwszy i ostatni</u>; i: Co widzisz, napisz w księdze i poślij do siedmiu kościołów, które są w Azji; do Efezu, i do Smyrny, i do Pergamosu, i do Tiatyry, i do Sardyki, i do Filadelfii, i do Laodycei (Objawienie 1:11)

NIV: Objawienie 1:11 "Napisz na zwoju to, co widzisz, i poślij do siedmiu zborów: do Efezu, Smyrny, Pergamonu, Tiatyry, Sardis, Filadelfii i Laodycei".

(Współczesne wersje Biblii, Guajarati i Biblia NIV usunęły <u>Ja jestem Alfa i Omega, pierwszy i ostatni</u>).

Nie mogłem udowodnić „że istnieje "Jeden Bóg" z ich Biblii.

Moje nauczanie trwało długo i ku ich zaskoczeniu nie mogłem przedstawić im biblijnych dowodów na to, że istnieje Jeden Bóg. To skłoniło mnie do dogłębnych studiów.

Pamiętam, jak Paweł powiedział: *Albowiem to wiem, że po moim odejściu wejdą między was wilki wzburzone, nie oszczędzając trzody. (Dzieje Apostolskie 20:29)*

Apostoł Jan, który był ostatnim żyjącym uczniem Chrystusa, dał nam ostrzeżenie w jednym ze swoich listów:

Umiłowani, nie każdemu duchowi wierzcie, lecz badajcie duchy, czy są z Boga, gdyż wielu fałszywych proroków wyszło na świat. Po tym poznajecie Ducha Bożego: Każdy duch, który wyznaje, że Jezus Chrystus przyszedł w ciele, jest z Boga: A każdy duch, który nie wyznaje, że Jezus Chrystus przyszedł w ciele, nie jest z Boga; i to jest ten duch antychrysta, o którym słyszeliście, że ma przyjść; i już teraz jest na świecie. (1 Jana 4:1-3)

Chciałbym podzielić się tym faktem, który znalazłem, szukając prawdy o korumpowaniu "Słowa Bożego".

Rękopis aleksandryjski był uszkodzoną wersją oryginalnego prawdziwego rękopisu Biblii. Usunięto z niego wiele słów, takich jak: sodomita, piekło, krew, stworzony przez Jezusa Chrystusa, Pan Jezus, Chrystus, Alleluja i Jehowa, a także wiele innych słów i wersetów.

W egipskiej Aleksandrii uczeni w Piśmie, którzy byli antychrystami, nie mieli objawienia Jedynego Prawdziwego Boga, ponieważ Biblia została zmieniona w stosunku do oryginalnego manuskryptu. To zepsucie rozpoczęło się w pierwszym wieku.

Początkowo greckie i hebrajskie Biblie były pisane na zwojach papirusu, które były nietrwałe. Dlatego co 200 lat ręcznie pisano 50 kopii w różnych krajach, aby zachować je przez kolejne 200 lat. Było to praktykowane przez naszych przodków, którzy posiadali prawdziwą kopię oryginalnego manuskryptu. Ten sam system został przyjęty przez Aleksandryjczyków, aby zachować również uszkodzony manuskrypt.

Na początku naszej ery biskupi zajęli stanowisko i stopniowo wprowadzali korupcję od 130 do 444 roku naszej ery. Dodawali i odejmowali od oryginalnej kopii greckiego i hebrajskiego manuskryptu. Wszyscy kolejni biskupi twierdzili, że otrzymali wiadomości bezpośrednio od Jezusa i nie powinni zwracać uwagi na apostołów, uczniów, proroków i nauczycieli. Wszyscy biskupi twierdzili również, że są jedynymi oświeconymi.

Biskup Orygenes z Aleksandrii (185-254 n.e.): Tertulian był skorumpowanym biskupem, który dodał więcej ciemności. Zmarł około 216 r. Klemens przejął po nim urząd biskupa Aleksandrii. Cyryl, biskup Jerozolimy, urodził się w 315 r. i zmarł w 386 r. n.e. Augustyn, biskup Hippony, założyciel katolicyzmu, urodził się w 347 roku i zmarł w 430 roku. Usunął ludzi, którzy naprawdę wierzyli w Słowo Boże. Chryzostom był kolejnym biskupem Konstantynopola, gdzie powstała uszkodzona wersja. Urodził się w 354 roku i zmarł w 417 roku. Cyryl z Aleksandrii został biskupem w 412 roku i zmarł w 444 roku.

Ci biskupi uszkodzili prawdziwy manuskrypt i zostali odrzuceni przez naszych przodków, którzy znali fakty dotyczące tego, gdzie i w jaki sposób oryginalny manuskrypt został uszkodzony.

To zepsucie zaczęło się jeszcze za życia Pawła i Jana. Aleksandryjczycy zignorowali słowo Boże i w Nicei, w 325 r. n.e., ustanowili doktrynę Trójcy Świętej. Nicea to współczesna Turcja, a w Biblii znana jest jako Pergamum.

*A do anioła zboru w **Pergamonie** napisz: To mówi Ten, który ma miecz ostry o dwóch ostrzach: Znam uczynki twoje i gdzie mieszkasz, nawet **tam, gdzie jest siedziba** szatana, i trzymasz się mocno mego* *imienia i nie zaparłeś się mojej wiary, nawet w dniach, w których Antypas był moim wiernym męczennikiem, który został zabity wśród was, gdzie mieszka szatan. (Objawienie 2:12-13).*

Nicea

W 325 r. n.e. Jedność Boga została usunięta przez Szatana i dodano Trójcę, a Bóg został podzielony. Usunęli imię "Jezus" z formuły chrztu, dodając Ojca, Syna i Ducha Świętego.

Złodziej nie przychodzi po to, aby kraść, zabijać i niszczyć; Ja przyszedłem po to, aby mieli życie i aby mieli go jeszcze więcej".
obficie (Jana 10:10).

Pergamum (później nazywane Nicaea, a obecnie Turcja) to miasto zbudowane 1000 stóp nad poziomem morza. Wokół tego miejsca czczono czterech różnych bogów. Głównym bogiem był Asklepios, którego symbolem jest wąż.

Objawienie mówi:

*I został wyrzucony wielki **smok**, ten stary **wąż**, zwany diabłem i szatanem, który zwodzi cały świat: został wyrzucony na ziemię, a wraz z nim jego aniołowie (Objawienie 12:9).*

*I pochwycił smoka, tego starego **węża**, którym jest diabeł i szatan, i związał go na tysiąc lat (Objawienie 20:2).*

W świątyni tej znajdowało się wiele węży o dużych rozmiarach; również wokół tego obszaru znajdowały się tysiące węży. Ludzie przychodzili do świątyni w Pergamum w poszukiwaniu uzdrowienia. Asklepios był nazywany bogiem uzdrawiania i był głównym bogiem wśród czterech bogów. Ponieważ nazywano go bogiem uzdrawiania, w tym miejscu wprowadzono zioła i leki lecznicze. Aby mógł usunąć paski i Imię Jezusa dla uzdrowienia. Jego planem jest zajęcie miejsca

Jezusa i usunięcie Chrystusa jako Zbawiciela, ponieważ on również twierdził, że jest Zbawicielem. Współczesna medycyna przejęła symbol węża od Asklepiosa (węża).

Biblia mówi:

*Wy jesteście moimi świadkami, mówi Pan, i moim sługą, którego wybrałem, abyście mnie poznali i uwierzyli, i zrozumieli, że **ja nim jestem**: przede mną nie powstał żaden Bóg i po mnie też nie powstanie. Ja jestem Pan, a poza mną nie ma **wybawiciela**. (Izajasza 43:10-11)*

Jest to miejsce, w którym Szatan ustanowił trójcę.

Dziś znaleźli oryginalną kopię manuskryptu aleksandryjskiego, podkreślając słowo i pismo, aby usunąć je z oryginalnego prawdziwego hebrajskiego i greckiego manuskryptu. To dowodzi, że to oni zepsuli prawdziwe słowo Boże.

Ciemna era nastała po prostu poprzez usunięcie prawdy i zmianę prawdziwego dokumentu Biblii.

Słowo Boże jest mieczem, światłem i prawdą. Słowo Boże jest ustanowione na wieki wieków.

Biblia NIV, współczesna Biblia i wiele innych języków Biblii zostało przetłumaczonych z uszkodzonej starej kopii aleksandryjskiej. Obecnie większość innych kopii Biblii pochodzi z wersji NIV i jest tłumaczona na inne języki. Biblia Szatana i Biblia NIV są własnością człowieka o nazwisku Rupert Murdoch.

Kiedy król Jakub przejął władzę po dziewiczej królowej Elżbiecie w 1603 roku, podjął się projektu przetłumaczenia Biblii z jej oryginalnego, prawdziwego hebrajskiego i greckiego manuskryptu. Projekt ten został zrealizowany przez wielu hebrajskich, greckich i łacińskich teologów, uczonych i ludzi, którzy byli bardzo szanowani w oczach innych. Archeolodzy odnaleźli stare oryginalne hebrajskie i greckie manuskrypty, które w 99% zgadzają się z Biblią KJV. Jeden procent to drobne błędy, takie jak interpunkcja.

Chwała Bogu! Biblia KJV jest własnością publiczną i każdy może ją wykorzystać do przetłumaczenia na swój język ojczysty. Moja sugestia jest taka, że musimy tłumaczyć z Biblii KJV, ponieważ jest ona własnością publiczną i jest najdokładniejszą Biblią.

Usuwając prawdę z oryginalnej Biblii, imię "Jezus Chrystus", które jest mocą wyzwalającą ludzi, zostało usunięte.

Spowodowało to narodziny wielu denominacji. Teraz zrozumiesz, dlaczego Biblia mówi, aby nie dodawać ani nie odejmować.

Atak jest wymierzony we wcielonego Jedynego Boga.

Biblia mówi.

I Pan będzie królem nad całą ziemią; w owym dniu będzie jeden Pan,
a imię Jego jedno. (Zachariasza 14:9)

Jego imię to JEZUS!!!

Rozdział 25

Osobiste referencje zmieniające życie

Pozdrowienia w imieniu Jezusa:

Te osobiste świadectwa "zmieniające życie" zostały zamieszczone jako zachęta do działania Mocy Wszechmogącego Boga. Mam szczerą nadzieję, że twoja wiara wzrośnie po przeczytaniu tych inspirujących świadectw pokornych wierzących i kaznodziejów, którzy mają powołanie i pasję dla Boga. "Poznaj Go w intymności Jego Miłości, poprzez Wiarę, Modlitwę i Słowo Boże". Nauka i medycyna nie mogą wyjaśnić tych cudów, ani ci, którzy twierdzą, że są mądrzy, nie mogą zrozumieć rzeczy Bożych.

*I dam ci **skarby** ciemności i ukryte bogactwa tajemnych miejsc, abyś wiedział, że Ja, Pan, który wzywam cię po imieniu, jestem Bogiem Izraela. (Izajasza 45:3)*

"To jest droga wiary, której nie można rozłożyć na części i której nie można sobie wyobrazić".

"Mędrcy są zawstydzeni, przerażeni i przejęci: zobaczcie, odrzucili słowo Pana i jaka mądrość jest w nich?". (Jeremiasza 8:9)

"Biada tym, którzy są mądrzy we własnych oczach i roztropni we własnych oczach!" (Izajasza 5:21)

"Albowiem widzicie, bracia, powołanie wasze, iż niewielu mądrych według ciała, niewielu możnych, niewielu zacnych powołanych jest: Ale Bóg wybrał to, co głupie na świecie, aby zawstydzić to, co mądre, i Bóg wybrał to, co słabe na świecie, aby zawstydzić to, co potężne" (1 Koryntian 1:26-27).

Wołaj do mnie, a odpowiem ci i ukażę ci rzeczy wielkie i potężne, o których nie wiesz". (Jeremiasza 33:3)

Szczerze dziękuję tym, którzy wnieśli swoje osobiste świadectwa i czas do tej książki na chwałę Bożą.

Niech cię Bóg błogosławi
Elizabeth Das, Teksas

Świadectwa ludzi

Wszystkie świadectwa są składane dobrowolnie, aby oddać Bogu chwałę, a chwała należy się wyłącznie Bogu.

Terry Baughman, pastor
Gilbert, Arizona, USA

Elizabeth Das jest kobietą wpływową. Apostoł Paweł i jego towarzysz misyjny Sylas zostali przyciągnięci do grupy modlitewnej kobiet w pobliżu Tyatyry nad rzeką. To właśnie na tym spotkaniu modlitewnym Lidia usłyszała nauczanie Pawła i Sylasa, a następnie nalegała, aby zatrzymali się w jej domu podczas ich służby w regionie. (Zobacz Dzieje Apostolskie 16:13-15). Gościnność i... służba tej kobiety zostały zapisane w Piśmie Świętym, aby zostały zapamiętane na zawsze.

Elizabeth Das jest taką Bożą kobietą, podobnie jak wpływowa kobieta Lidia z Dziejów Apostolskich. Dzięki swojemu wysiłkowi i pasji doprowadziła innych do poznania prawdy, koordynowała grupy modlitewne i była narzędziem wysyłania kaznodziejów Ewangelii do swojej ojczyzny, Gujarat w Indiach. Kiedy po raz pierwszy usłyszałem o Elizabeth Das, byłem instruktorem i dziekanem akademickim w Christian Life College w Stockton w Kalifornii. Daryl Rash, nasz dyrektor ds. misji, powiedział mi o jej dobrej pracy w pozyskiwaniu kaznodziejów do Ahmadabadu w Indiach, aby nauczali i głosili na konferencjach sponsorowanych przez pastora Jaiprakasha Christian and Faith Church, grupę ponad 60 kościołów w stanie Gujarat w Indiach. Zadzwoniła ona do Christian Life College z prośbą o prelegentów na nadchodzącą konferencję dla kościołów w Indiach. Wysłaliśmy dwóch naszych instruktorów, aby poprowadzili konferencję i wygłosili kazania. Następnym razem, gdy Elizabeth Das zadzwoniła, Daryl Rash zapytał mnie, czy nie chciałbym nauczać na jednej z konferencji. Z przyjemnością pojechałem i natychmiast rozpocząłem przygotowania do podróży. Inny instruktor, Brian Henry, towarzyszył mi i głosił nocne nabożeństwa na konferencji. W tamtym czasie byłem wiceprezesem wykonawczym Christian Life College i pełnoetatowym instruktorem, więc zorganizowaliśmy zastępstwa na nasze zajęcia i inne obowiązki i przelecieliśmy pół świata, aby podzielić się naszą służbą ze wspaniałymi ludźmi z Gujarat w zachodnich Indiach. Podczas mojej drugiej podróży do Gujarat w 2008 roku towarzyszył mi mój syn, który doświadczył wydarzenia zmieniającego życie podczas Konferencji Ducha i Prawdy w Anand. Latanie po całym świecie i uczestniczenie w tych konferencjach i podróżach służbowych jest kosztownym przedsięwzięciem, ale nagrody nie da się zmierzyć wartością pieniężną. Mój syn podjął nowe zobowiązanie wobec Pana podczas tej podróży do Indii, które zmieniło kierunek jego życia. Teraz prowadzi uwielbienie i jest dyrektorem muzycznym w kościele, w którym obecnie służę jako pastor w Gilbert w Arizonie. Nie tylko ludzie są błogosławieni przez służbę w Indiach, ale także ci, którzy tam jadą, są podobnie błogosławieni, czasami w zaskakujący sposób.

Wpływ Elizabeth Das jest dosłownie odczuwalny na całym świecie. Nie tylko odgrywa kluczową rolę w wysyłaniu kaznodziejów ze Stanów Zjednoczonych do Indii, ale jej pasją jest tłumaczenie materiałów na gudżarati, język jej domu. Ilekroć rozmawiałem z nią przez telefon, nieustannie szuka nowych sposobów dzielenia się prawdą Ewangelii. Jest aktywna w służbie modlitewnej i aktywnie poszukuje sposobów posługiwania poprzez lekcje biblijne w druku i w Internecie poprzez swoje nagrania na YouTube. Elizabeth Das jest żywym przykładem tego, co jedna osoba może zrobić, aby zmienić świat poprzez pasję, wytrwałość i modlitwę.

Veneda Ing
Milan, Tennesee, USA.

Mieszkam w małym miasteczku w zachodnim Tennessee i należę do lokalnego kościoła zielonoświątkowego. Kilka lat temu uczestniczyłem w konferencji modlitewnej w St. Louis, MO i poznałem kobietę o imieniu Tammy, z którą natychmiast się zaprzyjaźniłem. Kiedy się poznaliśmy, opowiedziała mi o grupie modlitewnej, do której należała, prowadzonej przez siostrę Elizabeth Das z jej domu w Teksasie. Mała grupa obejmowała ludzi z różnych części Stanów Zjednoczonych, którzy łączyli się ze sobą za pośrednictwem konferencji telefonicznej.

Kiedy wróciłem do domu, zacząłem dzwonić do grupy modlitewnej i natychmiast zostałem pobłogosławiony przez Boga. Byłem w kościele około 13 lat, kiedy dołączyłem do tej grupy, więc modlitwa nie była czymś nowym; jednak moc "Uzgodnionej Modlitwy" była zdumiewająca! Natychmiast zacząłem otrzymywać rezultaty moich próśb modlitewnych i codziennie słuchałem sprawozdań pochwalnych. Nie tylko wzrosło moje życie modlitewne, ale także moja służba więzienna wraz z innymi darami Ducha, którymi Bóg mnie pobłogosławił. W tym momencie nigdy nie poznałem siostry Das. Jej wielkie pragnienie modlitwy i pomagania innym w wykorzystaniu darów, które w nich drzemią, zawsze sprawiało, że wracałem po więcej. Jest bardzo zachęcająca i bardzo odważna, nie boi się kwestionować rzeczy i zdecydowanie nie boi się powiedzieć, jeśli czuje od Boga, że coś jest nie tak. Jezus jest zawsze jej odpowiedzią. Kiedy miałam okazję przyjechać do Teksasu, aby wziąć udział w specjalnym spotkaniu modlitewnym w domu siostry Das, bardzo chciałam tam pojechać.

Wsiadłem do samolotu i w ciągu kilku godzin znalazłem się na lotnisku Dallas-Ft. Worth, gdzie spotkaliśmy się po raz pierwszy od ponad roku wspólnej modlitwy.

Znajomy głos, ale wydawało się, że znamy się od lat. Inni również przybyli z innych stanów, aby dołączyć do tego spotkania.

Domowe spotkanie modlitewne było czymś, czego nigdy wcześniej nie doświadczyłem. Byłem tak podekscytowany, że Bóg pozwolił mi być wykorzystanym dla dobra innych. Podczas tego spotkania widzieliśmy wielu uzdrowionych z problemów z plecami i szyją. Widzieliśmy i doświadczyliśmy wzrostu nóg i rąk, byliśmy świadkami uzdrowienia kogoś z cukrzycy, a także wielu innych cudów i wydarzeń zmieniających życie, takich jak wyrzucanie demonów. To sprawiło, że jeszcze bardziej zapragnąłem rzeczy Bożych i poznania Go w wyższym miejscu. Pozwolę sobie zatrzymać się na chwilę i wtrącić, że Bóg dokonał tych cudów w imię Jezusa i tylko Jego. Bóg posługuje się siostrą Das, ponieważ jest ona gotowa pomagać i uczyć innych, jak pozwolić Bogu posługiwać się również nimi. Jest moją drogą przyjaciółką i mentorką, która nauczyła mnie większej odpowiedzialności przed Bogiem. Dziękuję Bogu, że nasze drogi się skrzyżowały i stałyśmy się partnerkami w modlitwie. Przez 13 lat życia dla Boga nigdy nie poznałam prawdziwej mocy modlitwy. Zachęcam do stworzenia zjednoczonej grupy modlitewnej i zobaczenia, co Bóg uczyni. On jest niesamowitym Bogiem.

Diana Guevara
Kalifornia El Monte

Kiedy się urodziłem, byłem wychowywany w katolickiej religii mojej rodziny. Z wiekiem nie praktykowałam swojej religii. Nazywam się Diana Guevara i jako mała dziewczynka zawsze wiedziałam, że powinnam coś czuć, kiedy chodziłam do kościoła, ale nigdy tego nie robiłam. Moją rutyną była modlitwa Ojcze Nasz i Zdrowaś Mario, tak jak nauczono mnie jako małe dziecko. Prawda jest taka, że tak naprawdę nie znałam Boga. W lutym 2007 roku dowiedziałam się, że mój 15-letni chłopak miał romans i że był na różnych internetowych portalach randkowych. Byłam tak zraniona i zdruzgotana, że popadłam w depresję, leżąc na kanapie i ciągle płacząc. Byłam tak załamana, że schudłam 25 kg w ciągu 21 dni, ponieważ czułam, że mój świat się skończył. Pewnego dnia zadzwoniła do mnie siostra Elizabeth Das, której nigdy nie poznałam. Dodawała mi otuchy, modliła się nade mną i cytowała mi wersety z Biblii. Przez dwa miesiące rozmawiałyśmy, a ona nadal modliła się nade mną i za każdym razem czułam Boży Pokój i Miłość. W kwietniu 2007 roku coś mi powiedziało, że muszę pojechać do Teksasu do domu siostry Elizabeth. Zrobiłem rezerwację i byłem w drodze do Teksasu przez 5 dni. W tym czasie wraz z siostrą Elizabeth modliłyśmy się i miałyśmy spotkania biblijne. Elizabeth i ja modliliśmy się i studiowaliśmy Biblię. Pokazała mi pisma święte o chrzcie w imię Jezusa. Zadawałam wiele pytań na temat Boga i wiedziałam, że muszę jak najszybciej przyjąć chrzest w Imię Jezusa. Po przyjęciu chrztu wiedziałam, że to był powód, dla którego tak bardzo chciałam pojechać do Teksasu. W końcu znalazłem to, czego brakowało mi jako dziecku - obecność Boga Wszechmogącego! Po powrocie do Kalifornii zacząłem uczęszczać do Life Church.

To tam otrzymałem dar Ducha Świętego z dowodem mówienia językami. Mogę naprawdę powiedzieć, że istnieje różnica między prawdą a religią. To dzięki Bożej miłości posłużył się siostrą Elizabeth, aby uczyć mnie studiowania Biblii i pokazać mi Plan Zbawienia według Słowa Bożego. Urodziłem się w religii i to było wszystko, co wiedziałem, bez samodzielnego zgłębiania Biblii. Nauczona modlitw do powtarzania, moje modlitwy nigdy nie są rutynowe ani nudne. Uwielbiam rozmawiać z Panem. Zawsze wiedziałem, że Bóg istnieje, ale nie wiedziałem wtedy, że mogę również poczuć Jego obecność i Jego miłość, tak jak teraz. On nie tylko jest obecny w moim życiu, ale dał mi pokój i uleczył moje serce, kiedy myślałam, że mój świat się skończył. Pan Jezus dał mi Miłość, której zawsze brakowało w moim życiu. Nigdy nie wyobrażę sobie mojego życia bez Jezusa, ponieważ bez Niego jestem niczym. Ponieważ On wypełnił puste miejsca w moim sercu swoją miłością, żyję dla Niego i tylko dla Niego. Jezus jest wszystkim i może uzdrowić także twoje serce. Oddaję całą cześć i chwałę tylko naszemu Panu Jezusowi Chrystusowi.

Jairo Pina Moje świadectwo

Nazywam się Jairo Pina i obecnie mam 24 lata i mieszkam w Dallas, TX. Dorastając, moja rodzina i ja chodziliśmy do kościoła tylko raz w roku, wierząc w wiarę katolicką. Wiedziałem o Bogu, ale Go nie znałem. Kiedy miałem 16 lat, zdiagnozowano u mnie złośliwego guza na prawej kości strzałkowej, znanego jako kostniakomięsak (rak kości). Przeszedłem przez rok chemioterapii i operacji, aby to zwalczyć. To właśnie w tym czasie mam najwcześniejsze wspomnienie Boga, który mi się objawił. Zaprowadził mnie do małego budynku w Garland w Teksasie wraz z moim przyjacielem i jego matką. Matka mojego przyjaciela przyjaźniła się z chrześcijańską parą, która zaprowadziła nas do pastora pochodzenia afrykańskiego. Później odkryłem, że pastor ten miał dar prorokowania.

Pastor prorokował nad osobami, które poszły z nami do tego małego budynku, ale to, co prorokował nade mną, utkwiło mi w pamięci na zawsze. Powiedział" :Whoa! Będziesz miał wielkie świadectwo i przyprowadzisz wielu ludzi do Boga!". Byłem sceptyczny i po prostu wzruszyłem ramionami, nie wiedząc tak naprawdę, co stanie się później w moim życiu. Po około 2 latach od zakończenia mojej pierwszej walki z rakiem, nastąpił nawrót choroby w tym samym miejscu, o którym wspomniałem wcześniej. Bardzo mnie to zdruzgotało, ponieważ miałem więcej zaplanowanych chemioterapii i musiałem amputować prawą nogę. W tym czasie dużo czasu spędzałem sam ze sobą, mając nadzieję, że przygotuję się psychicznie. Pewnego dnia zaparkowałem nad jeziorem i zacząłem modlić się do Boga z głębi serca. Nie wiedziałem, co to naprawdę znaczy modlić się, więc po prostu zacząłem mówić do Niego to, co było w moim umyśle i sercu. Powiedziałem" :Boże, jeśli jesteś naprawdę szczery, pokaż mi i jeśli Ci na mnie zależy, pokaż mi".

Około 15 minut później poszedłem anulować karnet na siłownię w LA Fitness, gdzie pracował jeden z moich znajomych. Wyjaśniłem mu, dlaczego anuluję swoje członkostwo, a on zapytał, dlaczego chcę je anulować. Wtedy powiedział: "Człowieku, powinieneś pójść do mojego kościoła. Widziałem tam wiele cudów i uzdrowień". Nie miałem nic do stracenia, więc zacząłem chodzić. Zaczął pokazywać mi wersety z Dziejów Apostolskich o chrzcie i napełnieniu Duchem Świętym. Powiedział mi o tym całym mówieniu językami, co wydało mi się dziwne, ale skierował mnie do biblijnych dowodów. Następną rzeczą, jaką wiedziałem, było to, że byłem w jego kościele, kiedy pytali, kto chce oddać swoje życie Chrystusowi i zostać ochrzczonym. Podszedłem do kazalnicy, gdy pastor położył rękę na mojej głowie. Zaczął się o mnie modlić, a ja zacząłem mówić językami tego samego dnia, w którym mnie ochrzczono. To był znak, że narodziłem się na nowo, nie wiedząc, że jestem teraz w duchowej wojnie.

Nawet po tym doświadczeniu zacząłem być atakowany i odciągany od Boga. Chciałbym również wspomnieć, że jeszcze zanim zostałem ochrzczony, demony atakowały mnie duchowo, a nawet słyszałem kilka z nich. Słyszałem, jak jeden śmiał się dziecięcym głosem za moim oknem o 3 nad ranem, jeden śmiał się, gdy dotykał mnie seksualnie, a jeden powiedział mi, że zabierze mnie do piekła. Jest jeszcze kilka innych ataków, których doświadczyłem, ale to są te, które wyróżniają się najbardziej. Wróćmy teraz do tego, co zostawiłem na temat odciągania mnie od Boga. Byłem w związku z dziewczyną, która w końcu mnie zdradziła i złamała mi serce. Byliśmy razem przez około rok i skończyło się to tragicznie. Próbując poradzić sobie z pustką, zacząłem pić i palić. Potem zaczęłam prosić Boga, by mi pomógł i zbliżył mnie do Niego, gdy byłam we łzach. Naprawdę miałem to na myśli i zacząłem doświadczać miłosierdzia Boga, nie wiedząc tak naprawdę, co to naprawdę jest.

Zacząłem ponownie chodzić do kościoła z moim przyjacielem i jego mamą, gdzie zostałem ochrzczony w kościele zielonoświątkowym. Wtedy moja wiedza na temat Biblii zaczęła ogromnie wzrastać. Przeszedłem kursy fundamentalne i nauczyłem się tak wiele, czytając Słowo Boże. Mama mojej przyjaciółki w końcu dała mi książkę Elizabeth Das "I did it His Way", mówiąc mi, że to wpływowa książka o jej chodzeniu z Bogiem. Kiedy skończyłam książkę, zauważyłam, że jest na niej jej e-mail. Skontaktowałam się z Elizabeth, a mama mojej przyjaciółki również powiedziała jej o mnie. Zaczęłam rozmawiać z nią przez telefon i w końcu spotkałam ją osobiście. Odkąd ją poznałam, zauważyłam, że naprawdę kocha Słowo Boże i stosuje je w swoim życiu. Kładzie ręce na chorych i modli się za wielu ludzi w swoim czasie. Uważam ją za swoją duchową mentorkę, ponieważ nauczyła mnie tak wiele o Bogu i Jego słowie, za co jestem jej niezmiernie wdzięczna. Powiedziałbym nawet, że staliśmy się przyjaciółmi i do dziś sprawdzamy się nawzajem.

W styczniu 2017 r. wynajmowałem mieszkanie należące do uniwersytetu, na którym studiowałem. Starałem się, by ktoś przejął moją umowę najmu z powodu problemów finansowych. Nie pracowałem i nie miałem pieniędzy na dalsze opłacanie czynszu za mieszkanie. Niestety, nie mogłem znaleźć nikogo, kto przejąłby moją umowę najmu, co sprawiłoby, że byłbym odpowiedzialny za dalsze płacenie czynszu. Zadzwoniłem do Elizabeth Das, jak to często robię, z prośbą o modlitwę w sprawie zerwania umowy. Tego samego stycznia zrobiono mi tomografię komputerową klatki piersiowej, która wykazała, że mam plamkę w prawym dolnym płacie płuca. Musiałem przejść operację usunięcia plamki, która okazała się złośliwa. Chociaż było to do bani, dzięki temu mogłem zwolnić się z umowy najmu mieszkania w tym samym miesiącu. Mówią, że Bóg działa w tajemniczy sposób, więc zaufałem mu w tym, co się działo. W tym czasie uczęszczałam na zajęcia przygotowawcze, mając nadzieję, że uda mi się je ukończyć i dostać się do szkoły pielęgniarskiej. Elizabeth modliła się za mnie, abym znalazła dobrą pracę i dostała się do szkoły pielęgniarskiej zgodnie z Bożą wolą dla mojego życia.

Około trzy miesiące później zaplanowano kolejną tomografię komputerową klatki piersiowej, aby sprawdzić, czy wszystko ze mną w porządku. Badanie wykazało jednak kolejną plamkę na moim płucu, podobną do tej, która znajdowała się tam w styczniu 2017 roku. Onkolog powiedział, że jego zdaniem jest to rak, który powraca i musimy go usunąć chirurgicznie. Nie mogłem uwierzyć, że to się dzieje. Myślałem, że to już koniec. Powiedziałam o tym Elizabeth i wiele innych osób zaczęło się za mnie modlić. Mimo tego, co się działo, wciąż miałem trochę wiary w to, że wszystko będzie dobrze i że Bóg się mną zaopiekuje. Pamiętam, jak pewnego dnia w nocy jechałem samochodem i poprosiłem Boga: "Jeśli wyciągniesz mnie z tego bałaganu, obiecuję, że podzielę się z innymi tym, co dla mnie zrobiłeś".

Kilka tygodni później poszedłem na operację, podczas której usunięto większą średnicę prawego dolnego płata płuca. Elizabeth i jej przyjaciółka przyszły nawet do szpitala, by położyć na mnie ręce i modlić się, by Bóg przyniósł mi uzdrowienie. Około dwa tygodnie później po operacji wróciłem do szpitala, aby odebrać wyniki. Nie wspominając o tym, że wciąż szukałam pracy w szpitalu, aby zwiększyć swoje szanse na dostanie się do szkoły pielęgniarskiej w tym czasie. Podchodząc do stanowiska odprawy tego samego dnia, aby odebrać wyniki operacji, zapytałam, czy zatrudniają. Jedna z kierowniczek była tam z przodu, gdy się odprawiałam i podała mi swoje dane, abym dała jej znać, gdy złożę podanie online. Następnie czekałam w pokoju na onkologa z moimi wynikami. Byłem bardzo zdenerwowany i obawiałem się tego, co mi powie.

Onkolog wszedł do pokoju i pierwszą rzeczą, jaką powiedział, było: "Czy ktoś już powiedział ci o twoich wynikach?". Powiedziałem mu, że nie i chciałem, aby po prostu przedstawił mi moje opcje dotyczące tego, co muszę zrobić dalej. Następnie powiedział mi: "Więc twoje wyniki pokazały, że to tylko nagromadzenie wapnia, to nie rak". Byłam w całkowitym szoku, wiedząc, że to Bóg zrobił to dla mnie. Poszedłem do samochodu i zacząłem płakać łzami radości! Zadzwoniłem do Elizabeth i przekazałem jej dobre wieści. Oboje świętowaliśmy razem. Kilka dni później przeprowadzono ze mną rozmowę kwalifikacyjną, a tydzień później zaproponowano mi pracę w szpitalu. Kilka tygodni po otrzymaniu pracy zostałam przyjęta do szkoły pielęgniarskiej. Chwała Bogu za to, że połączył to wszystko w jedną całość, ponieważ wciąż sprawia mi to radość, gdy o tym mówię.

W tej chwili jestem na ostatnim semestrze szkoły pielęgniarskiej i kończę ją w maju 2019 roku. Doświadczyłam tak wiele i jestem wdzięczna za wszystkie drzwi, które Bóg dla mnie otworzył i zamknął. Znalazłam się nawet w związku z inną osobą, a ona była dla mnie niesamowita, będąc przy mnie od czasu przerzutów raka do płuc w styczniu 2017 roku do chwili obecnej. Elizabeth nauczyła mnie tak wiele i modliła się za mnie wiele razy, co pokazuje mi moc modlitwy i nakładania rąk na chorych. Czytelniku, nie jestem w żaden sposób bardziej wyjątkowy niż ty. Bóg kocha cię tak samo, a Jezus Chrystus umarł za twoje i moje grzechy. Jeśli szukasz Go całym sercem, znajdziesz Go.

"Albowiem Ja znam myśli, które mam o was, mówi Pan, myśli o pokoju, a nie o złym, aby wam dać koniec oczekiwany. Wtedy będziecie Mnie wzywać, pójdziecie i będziecie się do Mnie modlić, a Ja was wysłucham. I będziecie Mnie szukać, i znajdziecie Mnie, gdy będziecie Mnie szukać z całego serca" - Jeremiasza 29:11-13 KJV.

Madalyn Ascencio
El Monte, Kalifornia, Stany Zjednoczone.

Kiedyś wierzyłam, że mężczyzna mnie dopełni. Kiedy zakochałam się w Jezusie, odkryłam, że to On i tylko On mnie dopełnia. Zostałam stworzona, by Go wielbić i adorować! Nazywam się Madalyn Ascencio i to jest moje świadectwo.

W marcu 2005 roku zacząłem cierpieć na ataki lęku i paniki przez 3 lata. Kilkakrotnie udawałam się do szpitala, gdzie oferowano mi jedynie leki przeciwdepresyjne i Valium, ale nie chciałam być uzależniona od leków, aby czuć się normalnie. Modliłem się, by Bóg mi pomógł. Pewnego sobotniego poranka w połowie października 2008 r. miałam bardzo silny atak paniki, więc zadzwoniłam do siostry Elizabeth. Zapytała mnie, co się dzieje i pomodliła się za mnie. Kiedy poczułam się lepiej, dała mi do przeczytania kilka fragmentów Pisma Świętego. Modliłam się i prosiłam Boga, by dał mi mądrość i zrozumienie. Kiedy czytałem pisma święte,

*Jana 3:5-7: Jezus odpowiedział: Zaprawdę, zaprawdę, powiadam ci, **jeśli się ktoś nie narodzi z wody i z Ducha, nie może wejść do królestwa Bożego.** To, co się narodziło z ciała, jest ciałem, a to, co się narodziło z Ducha, jest duchem. Nie dziw się, że ci powiedziałem: Musisz się powtórnie narodzić.*

Jana 8:32: I poznacie prawdę, a prawda uczyni was wolnymi.

Jana 10:10: Złodziej nie przychodzi po to, aby kraść, zabijać i niszczyć; Ja przyszedłem po to, aby mieli życie i aby mieli je w obfitości".

Wiedziałem, że Bóg do mnie przemawia. Im więcej modliłem się i rozmawiałam z siostrą Elizabeth, tym bardziej wiedziałam, że muszę zostać ponownie ochrzczona. Tak bardzo modliłam się, by Bóg przyciągnął mnie bliżej. W latach 2001-2008 uczęszczałam do chrześcijańskiego kościoła bezwyznaniowego, a w kwietniu 2007 roku przyjęłam chrzest. Siostra Elizabeth zapytała mnie, co czułam, kiedy zostałam ochrzczona, a ja odpowiedziałam jej :"Czułam się dobrze". Jej odpowiedź brzmiała "to wszystko"? Zapytała, czy zostałem ochrzczony w imię Jezusa, a ja jej odpowiedziałem, że w imię Ojca, Syna i Ducha Świętego. Kazała mi czytać i studiować.

*Dzieje Apostolskie 2:38: Wtedy Piotr rzekł do nich: Nawróćcie się i niech każdy z was ochrzci się w **imię Jezusa Chrystusa na odpuszczenie grzechów**, a otrzymacie dar Ducha Świętego.*

*Dzieje Apostolskie 8:12-17: A gdy uwierzyli Filipowi głoszącemu rzeczy dotyczące królestwa Bożego i imienia Jezusa Chrystusa, zostali ochrzczeni, zarówno mężczyźni, jak i kobiety. Wtedy i Szymon uwierzył, a gdy został ochrzczony, pozostał z Filipem i dziwił się, widząc cuda i znaki, które się działy. A gdy apostołowie, którzy byli w Jerozolimie, usłyszeli, że Samaria przyjęła słowo Boże, posłali do nich Piotra i Jana, którzy zstąpiwszy, modlili się za nich, aby otrzymali Ducha Świętego (bo jeszcze na żadnego z nich nie spadł, tylko oni zostali **ochrzczeni w imię Pana Jezusa**). Wtedy położyli na nich ręce, a oni otrzymali Ducha Świętego.*

*Dzieje Apostolskie 10:43-48: Jemu dają świadectwo wszyscy prorocy, że przez Jego imię każdy, kto w Niego wierzy, otrzyma odpuszczenie grzechów. Gdy Piotr mówił te słowa, Duch Święty spadł na wszystkich, którzy słuchali tego słowa. I zdumieli się ci z obrzezania, którzy uwierzyli, ilu ich przyszło z Piotrem, ponieważ i na pogan został wylany dar Ducha Świętego. Słyszeli bowiem, jak mówili językami i wielbili Boga. Wtedy Piotr odpowiedział: Czy ktoś może zabronić wody, aby nie byli ochrzczeni ci, którzy otrzymali Ducha Świętego tak samo jak my? **I rozkazał im, aby byli ochrzczeni w imię Pańskie.***

Dzieje Apostolskie 19:1-6: I stało się, że gdy Apollos był w Koryncie, Paweł przeszedłszy górne wybrzeża przybył do Efezu i znalazłszy pewnych uczniów, rzekł do nich: Czy otrzymaliście Ducha Świętego, odkąd uwierzyliście? A oni mu odpowiedzieli: Nie słyszeliśmy nawet, czy jest Duch Święty. Rzekł im: W co więc zostaliście ochrzczeni? A oni odpowiedzieli: Chrztem Jana. *Wtedy rzekł Paweł: Jan zaprawdę chrzcił chrztem pokuty, mówiąc do ludu, aby uwierzył w tego, który miał przyjść po nim, to jest w Chrystusa Jezusa. Gdy to usłyszeli,* **<u>przyjęli chrzest w imię Pana Jezusa</u>**. *A gdy Paweł włożył na nich ręce, Duch Święty zstąpił na nich i mówili językami, i prorokowali.*

Dzieje Apostolskie 22:16 A teraz dlaczego zwlekasz? Powstań i daj się **<u>ochrzcić, i zmyj grzechy swoje, wzywając imienia Pańskiego.</u>**

Pan objawił mi, że Duch Święty jest dostępny również dla mnie i jeśli przyjmę **chrzest w Imię Jezusa**, zostanę uzdrowiona i uwolniona od tego strasznego cierpienia. W dni, kiedy było naprawdę źle, dzwoniłam do siostry Elizabeth, a ona modliła się nade mną. Zdałem sobie sprawę, że jestem atakowany przez wroga, w końcu jego misją jest kraść, zabijać i niszczyć, jak napisano w Ewangelii Jana 10:10. Wiele lat temu przeczytałam List do Efezjan 6:10-18 i zdałam sobie sprawę, że muszę codziennie nosić całą zbroję Bożą. Za każdym razem, gdy ogarniał mnie niepokój, zaczynałem walczyć, a nie bać się. 2 listopada 2008 roku zostałem ochrzczony w Imię Jezusa w Life Church w Pasadenie, Kalifornia. Poczułem niesamowity pokój, jakiego nigdy wcześniej nie znałem i to jeszcze zanim wszedłem do wody, aby zostać ochrzczonym. Kiedy wyszedłem z wody, czułem się lekki jak piórko, jakbym chodził po chmurach i nie mogłem przestać się uśmiechać. Czułem Bożą Obecność, Pokój i Miłość jak nigdy dotąd. 16 listopada 2008 roku otrzymałem dar Ducha Świętego, czego dowodem było mówienie innymi językami. Pustka, którą zawsze czułem od dziecka, została wypełniona. Wiedziałem, że Bóg mnie kocha i ma wielki cel dla mojego życia, a im bardziej Go szukam i modlę się, tym bardziej On mi się objawia. Bóg pokazał mi, że mam dzielić się moją wiarą, dawać nadzieję i miłość. Od czasu moich nowych narodzin apostolskich i uwolnienia od lęku, Jezus przyprowadził do mojego życia wielu ludzi, którzy również cierpią z powodu lęku. W moim świadectwie mam teraz posługę, którą mogę się z nimi dzielić.

Jestem bardzo wdzięczna Jezusowi za siostrę Elizabeth Das. To dzięki jej modlitwom i nauczaniu ja również pracuję teraz dla Jezusa. Dzięki jej modlitwom i posłudze moja matka, córka, ciotka i niektórzy przyjaciele zostali przyprowadzeni do Pana. Zostałam stworzona, aby oddać Jezusowi całą chwałę! Niech będzie błogosławione Jego Święte Imię.

Martin Razo
Santa Ana, Kalifornia, USA.

Jako dziecko żyłem w smutku. Chociaż otaczali mnie ludzie, miałem poczucie głębokiej samotności. Nazywam się Martin Razo i tak wyglądało moje dzieciństwo. W liceum wszyscy wiedzieli, kim jestem, nawet jeśli nie należeli do kręgu, który uważałem " zafajnych ludzi". Miałem kilka dziewczyn, brałem narkotyki i żyłem tak, jakby to było coś normalnego, ponieważ prawie wszyscy to robili. W piątkowe i sobotnie wieczory ćpałem z kumplami i chodziłem do klubów podrywać dziewczyny. Mój ojciec zawsze mnie pilnował, obserwując, co robię i gdzie.

Przyjaciółka rodziny, siostra Elizabeth, dzieliła się ze mną swoim świadectwem. Nie było to nudne, w rzeczywistości było to bardzo interesujące, co mówiła. Kiedyś myślałam, że ona naprawdę wierzy w to, co mówi. Potem nagle wszystko w domu poszło nie tak. Wydawało się, że Pan ostrzega mnie i wzywa poprzez strach. Miałem trzy bardzo przerażające doświadczenia, które utwierdziły mnie w tym przekonaniu. Najpierw złapano mnie z narkotykami i uciekłem z domu, ale nie na długo. Ciotka kazała mi zadzwonić do mamy i po usłyszeniu, że mama ma cukrzycę, wróciłem do domu. Po drugie, wracałem z nocnego klubu o 2:00 nad ranem i miałem wypadek samochodowy, w którym samochód wybuchł i wyleciał w powietrze. W tym czasie uczęszczałam na studium biblijne z siostrą Das. Po trzecie, poprosiłem przyjaciela o podwiezienie i kiedy zaczęliśmy rozmawiać, powiedział mi, że sprzedał swoją duszę diabłu i że ma moc włączania i wyłączania świateł. Używając latarni ulicznych, zademonstrował mi to, mrugając oczami, aby je włączyć i wyłączyć. Widziałem, jak jego twarz zmienia się w demona. Wyskoczyłem z samochodu i pobiegłem do domu tak szybko, jak mogłem. Kilka godzin później zaczęłam myśleć o tym, co powiedziała siostra Elizabeth i pomyślałam, że to też musi być prawdziwe. Siostra Das dała mi przez telefon studium biblijne na temat chrztu w imię Jezusa, o którym mówi Księga Dziejów Apostolskich i wczesny kościół. W tamtym czasie nie wiedziała o moich skłonnościach samobójczych, ale coś jej mówiło, że muszę to natychmiast usłyszeć, ponieważ może mnie już więcej nie zobaczyć. Zostałem ochrzczony, gdy uczęszczałem do kościoła, który wierzył, że Bóg jest świętą trójcą trzech osób. Przechodziłem z tego kościoła do doktryny apostołów. Bóg jest Jeden! Bóg jest Duchem, Jezus był Bogiem, który przyszedł w ciele, aby zamieszkać wśród ludzi, a Duch Święty jest Bogiem w nas. Taka była i jest doktryna apostołów. Akceptowałem tylko to, czego mnie uczono, jako prawdę. Nie wiedziałem, kiedy i skąd wzięło się to przekonanie.

Tydzień później siostra Elizabeth poprosiła mnie, abym poszedł do domu mojego wujka na studium Biblii. Brat James Min, który ma dar uzdrawiania i uwalniania, przyszedł z nią. Tej nocy działy się cuda, a po studium Biblii zapytano nas, czy chcemy otrzymać Ducha Świętego. Większość z nas odpowiedziała "tak". Wciąż myślałem, że to szalone i niemożliwe, ale i tak się zgodziłem.

Gdy brat James i siostra Elizabeth modlili się za mnie, ogarnęła mnie moc. Nie wiedziałem, jak zareagować na to potężne uczucie radości. Najpierw stłumiłem uczucie tej mocy. Potem, za drugim razem, stało się ono silniejsze niż za pierwszym razem, gdy próbowałem je stłumić.

Za trzecim razem nie mogłem stłumić Ducha i zacząłem mówić w innym języku lub języku, którego nie znałem. Myślałem, że mówienie językami to kłamstwo, więc kiedy po raz pierwszy ogarnęła mnie radość Ducha Świętego, próbowałem mówić, ale próbowałem to powstrzymać, ponieważ się bałem. Tego dnia Jezus uzdrowił mnie z depresji i myśli samobójczych.

Mam teraz 28 lat i Pan naprawdę zmienił moje życie na lepsze. Ukończyłem Szkołę Biblijną i Pan pobłogosławił mnie piękną żoną. Mamy służbę młodzieżową w naszym kościele, a ja również kontynuuję służbę jako Sługa Boży. Siostra Das nigdy nie zrezygnowała z rodziny Razo ani ze mnie. Dzięki jej licznym modlitwom i dzieleniu się świadectwami o mocy Boga, całej rodzinie Razo przytrafiło się dobro. Wielu naszych krewnych i sąsiadów również zwróciło się do Pana Jezusa Chrystusa. Teraz ja mam świadectwo. Chcę powiedzieć, że nigdy nie wolno rezygnować z modlitwy za bliskich i ludzi w ogóle. Nigdy nie dowiesz się, co Bóg robi i jak obmyśla strategię, aby osiągnąć to Swoją Drogą!!!

Tammy Alford
Góra. Herman, Luizjana, USA.

W zasadzie całe życie byłem w kościele. Moje brzemię dotyczy ludzi, którzy cierpią i chcę dotrzeć do nich ze Słowem Prawdy, aby dać im znać, że Jezus jest ich Nadzieją. Kiedy Pan dał mi to brzemię, napisałem "Ludzie" na modlitewniku i podzieliłem się nim z moim kościołem. Zaczęliśmy się modlić i wstawiać, w wyniku czego każdy otrzymał modlitewnik, który mógł zabrać do domu i modlić się nad nim.

To dzięki naszemu byłemu pastorowi i jego rodzinie (którzy zostali teraz powołani do Indii jako misjonarze) po raz pierwszy spotkałem siostrę Elizabeth Das. Elizabeth Das. Nasz wiejski kościół we Franklinton w Luizjanie powitał ją, gdy dzieliła się swoim potężnym świadectwem. Wszyscy byli błogosławieni. Kilka miesięcy później Sis Elizabeth i ja zostałyśmy partnerkami modlitewnymi. Promienna Dama, która nie tylko uwielbia się modlić, ale żyje tym! Zdumiewająco prawdziwie żyje "w sezonie i poza sezonem". Nasz czas modlitwy był wczesnym rankiem przez telefon, Teksas łączący się z Luizjaną. Mieliśmy błogosławieństwo Pana. Dał wzrost i wkrótce mieliśmy grupę modlitewną z różnych stanów.

Dzięki wspólnej linii konferencyjnej zaczęliśmy się modlić i pościć, a następnie zaczęły napływać raporty pochwalne. Nasz Bóg jest tak niesamowity! Siostra Elizabeth jest tą promienną kobietą, która ma takie palące pragnienie, aby zobaczyć zbawione dusze. Jej płonący płomień pobudził i rozpalił wielu innych do modlitwy i wizji. Nie ma choroby, bólu ani diabła w piekle, który by ją powstrzymał. Od wielu lat dociera i modli się za zagubionych i umierających; tylko wieczność pokaże. Dziękuję Bogu za jej determinację buldoga i miłość do "Ludu". Widziałem, jak Bóg dokonywał niesamowitych dzieł, cudów i odpowiadał na modlitwy za jej pośrednictwem. Moi przyjaciele tutaj i ludzie, których znam, mogą zaświadczyć, że kiedy dzwonimy do Sis. Elizabeth, odmawiana jest modlitwa wiary. Rzeczy się dzieją! Na przykład pewna kobieta, która od czasu do czasu uczęszcza do naszego kościoła, miała przejść poważną operację. Chociaż mieszkała poza miastem, powiedziałem jej, że zadzwonię do siostry Elizabeth i pomodlimy się o jej chorobę przez telefon. Pomodliłyśmy się i ból ustąpił. Siostra Elizabeth powiedziała jej: "Nie ma potrzeby operacji, jesteś uzdrowiona". Pozostała zaplanowana na operację, dopóki szpital nie zadzwonił, aby odwołać operację, a ona poszła i przełożyła ją. Szpital nie przeprowadził już badań przedoperacyjnych i przystąpił do operacji. Po operacji poinformowano ją, że nie znaleziono u niej nic złego, nawet śladu poważnej choroby.

Kolejny cud dotyczył mojego przyjaciela, który ma małego chłopca. Był chory z gorączką i zasnął. Zadzwoniliśmy do Sis. Elizabeth i modliliśmy się przez głośnik. Chłopiec nagle się obudził, zaczął normalnie biegać i został uzdrowiony. Wiele razy modliliśmy się nad domami z demonicznymi duchami i mogliśmy poczuć, że coś się wydarzyło. Cieszyliśmy się, gdy ludzie mówili nam, że poczuli nagły spokój lub mogli przespać całą noc bez dręczenia.

Wiem, że moja wiara wzrosła, odkąd stałam się częścią tej grupy modlitewnej. Siostra Elizabeth była dla mnie nauczycielką na wiele sposobów. Dała mi duchowe przewodnictwo poprzez Słowo Boże. Jej życie jest pięknym przykładem, ukazującym metafory z Biblii, gdzie mówi się o "świetle na wzgórzu, którego nie można ukryć", a także o "drzewie zasadzonym nad rzekami wody". Jej korzenie są głęboko zakorzenione w Jezusie, a ona jest w stanie zapewnić innym siłę i mądrość, których potrzebują. Przez mroczne próby, które przechodziłam, wiem, że Sis. Elizabeth modliła się za mnie i jestem wdzięczny za jej posługę. Ona naprawdę jest tym olśniewającym klejnotem wybranym w Chrystusie, który jest potężnie wykorzystywany dla Jego Królestwa. Każdego ranka przynosi puste naczynia przed Jezusa, a On napełnia je na nowo. Dziękuję siostrze Elizabeth za prawdziwe, ale czyste oddanie się Jezusowi i Jego Królestwu. Bogu niech będzie chwała!

Rhonda Callahan
Fort Worth, Teksas
20 maja 2011 r.

Gdzieś w 2007 roku jechałem przez miasto Dallas wzdłuż wiaduktu i zauważyłem kilku bezdomnych mężczyzn śpiących pod mostem. Byłem poruszony współczuciem i powiedziałem do Pana" :Panie, gdybyś był dzisiaj na tej ziemi, dotknąłbyś tych ludzi, uzdrowił ich umysły i uczynił ich całymi! Staliby się produktywnymi członkami społeczności, prowadzącymi normalne życie"..... Natychmiast Jezus przemówił do mojego serca i powiedział" :Jesteś moimi rękami i moimi stopami". W tym momencie wiedziałem, co Bóg do mnie mówi. Zacząłem płakać i chwalić Go. Miałem moc, by dotknąć tych ludzi i ich uzdrowić. Nie z mojej własnej mocy, ale z Jego mocy.

Zgodnie z Dziejami Apostolskimi 1:8 "Ale otrzymacie moc, gdy Duch Święty zstąpi na was, i będziecie mi świadkami w Jerozolimie i w całej Judei, i w Samarii, i aż po krańce ziemi".

Co więcej, Efezjan 1:13-14 mówi nam;

"W którym też zaufaliście, usłyszawszy słowo prawdy, ewangelię zbawienia waszego; w którym też uwierzywszy, zostaliście zapieczętowani Duchem Świętym obietnicy, który jest zadatkiem

dziedzictwa naszego aż do odkupienia nabytej własności, ku uwielbieniu chwały jego".

Otrzymałem moc i zostałem zapieczętowany w 1986 roku, kiedy Bóg chwalebnie ochrzcił mnie Duchem Świętym. Tak wiele razy myślimy, że gdyby Bóg był tu dzisiaj, cuda działyby się wśród nas. Musimy zrozumieć, że kiedy On napełnia cię Swoim Duchem Świętym. Dał ci moc czynienia cudów. Stajemy się Jego rękami i stopami, jesteśmy powołani do głoszenia tego wspaniałego przesłania wszystkim, którzy są w potrzebie.

Łukasza 4:18

"Duch Pański spoczywa na mnie, ponieważ mnie namaścił, abym głosił ewangelię ubogim; posłał mnie, abym uzdrawiał skruszonych w sercu, abym zwiastował pojmanym wyzwolenie, a niewidomym przywrócenie wzroku, abym uwolnił tych, którzy są zranieni, abym zwiastował przyjemny rok Pański".

Chociaż byłem napełniony Duchem Świętym od 1986 roku, w ciągu ostatnich kilku lat otrzymałem kilka ciężkich ciosów. Wiernie uczęszczałem do kościoła, byłem nauczycielem w szkółce niedzielnej i właśnie ukończyłem 4 lata studiów biblijnych. Zgłaszałem się na ochotnika do wszystkiego, o co proszono mnie w kościele.

Stałem się jednak bardzo uciskany. Wciąż wierzyłem, że Bóg jest w stanie uczynić wszystko, co obiecał, ale byłem rozbitym naczyniem. Kiedyś modliłem się i wstawiałem przed Panem, codziennie czytałem Biblię i świadczyłem przy każdej nadarzającej się okazji, ale teraz nie modliłem się wcale. Byłam zniechęcona i przygnębiona, nieustannie dręczona psychicznie. Moja córka niedawno odeszła od męża i złożyła pozew o rozwód. Mój wnuk miał wtedy 4 lata i widziałam, jak bardzo cierpi z powodu rozbitego domu. Coraz bardziej dręczyły mnie myśli o życiu, jakie będzie wiódł, wychowując się w rozbitej rodzinie. Martwiłam się, że może być maltretowany przez przybranego rodzica, który nie darzył go miłością, lub że może dorastać, nie czując się kochanym przez ojca lub matkę z powodu rozwodu. W mojej głowie kłębiły się okropne myśli i codziennie płakałam. Wyraziłam te myśli kilku bliskim przyjaciołom. Zawsze odpowiadali w ten sam sposób... Zaufaj Bogu! Wiedziałam, że Bóg jest w stanie, ale straciłam wiarę w siebie. Kiedy się modliłam, błagałam, płakałam i pragnęłam, aby Bóg zapewnił mu bezpieczeństwo. Wiedziałam, że może, ale czy zrobi to dla mnie?

Walczyłem z obżarstwem i ciągle musiałem się opychać. Moje ciało stało się władcą mojego życia. Nie chodziłem już w duchu, ale bardziej w ciele i nieustannie zaspokajałem pożądliwość ciała, a przynajmniej tak się czułem.

27 marca 2011 r. po kościele odbył się lunch Ladies Fellowship. Poproszono mnie o przemówienie. Pamiętam, że nadal normalnie pracowałam w kościele, ale byłam złamana i niewielu, jeśli ktokolwiek, rozumiał głębię mojego złamania. Po lunchu siostra Elizabeth Das podeszła do mnie ze słodkim uśmiechem i dała mi swój numer telefonu. Powiedziała Zadzwoń" :do mnie, jeśli kiedykolwiek będziesz potrzebować miejsca po kościele, możesz zatrzymać się w moim domu". Powodem, dla którego powiedziała mi, że mogę u niej zostać, jest to, że do kościoła mam 65 mil w jedną stronę i bardzo trudno jest wrócić do domu i wrócić na wieczorne nabożeństwo, więc starałem się po prostu zostać do wieczornego nabożeństwa, zamiast wracać do domu między nabożeństwami.

Minęły około dwa tygodnie, a ja czułam się coraz bardziej przygnębiona. Pewnego ranka w drodze do pracy poszperałam w torebce i znalazłam numer siostry Elizabeth. Zadzwoniłam do niej i poprosiłam o modlitwę za mnie.

Spodziewałem się, że powie ok i zakończy rozmowę. Ale ku mojemu zaskoczeniu powiedziała, że teraz się za ciebie pomodlę. Zjechałem na pobocze, a ona pomodliła się za mnie.

Następnego tygodnia po kościele poszedłem z nią do domu. Po chwili rozmowy poprosiła o modlitwę za mnie. Położyła ręce na mojej głowie i zaczęła się modlić. Z mocą i autorytetem w głosie modliła się, by Bóg mnie wybawił. Zgromiła ciemność, która mnie otaczała; nadmierne jedzenie, udręki psychiczne, depresję i ucisk.

Wiem, że tamtego dnia Bóg użył tych rąk, aby uwolnić mnie od okropnego ucisku, którego doświadczyłam. W chwili, gdy siostra Elizabeth poddała się Bogu, On mnie uwolnił!

Ewangelia Marka 16:17-18 mówi nam: "A te znaki pójdą za tymi, którzy uwierzą: W imię moje będą wyrzucać diabły, nowymi językami mówić będą, węże brać będą, a jeśli co śmiertelnego wypiją, nie będzie im szkodzić, na chorych ręce kłaść będą, a ci odzyskają zdrowie".

Izajasza 61:1 "Duch Pana Boga spoczywa na mnie, ponieważ Pan namaścił mnie, abym zwiastował cichym dobrą nowinę; posłał mnie, abym opatrzył złamanych na duchu, abym ogłosił jeńcom wyzwolenie, a więźniom otworzenie więzienia".

Jezus potrzebuje nas, abyśmy byli Jego rękami i stopami. Siostra. Elizabeth jest prawdziwą sługą Boga. Jest napełniona Jego mocą i posłuszna Jego głosowi. Jestem bardzo wdzięczna, że są wśród nas kobiety takie jak Sis. Elizabeth, które wciąż wierzą w wyzwalającą moc drogocennej krwi Jezusa, które zostały namaszczone przez Jego Ducha i wypełniają to wspaniałe powołanie, do którego On ją wezwał. Tego dnia Bóg przemienił mój ból w piękno i usunął ducha ciężkości, zastępując go olejkiem radości.

Izajasza 61:3 "Aby tym, którzy się smucą na Syjonie, dać piękność za proch, olejek radości za żałobę, szatę chwały za ducha ciężkości, aby ich nazwano drzewami sprawiedliwości, latoroślami Pana, aby był uwielbiony".

Rzucam ci dziś wyzwanie: szukaj Boga całym swoim sercem, abyś mógł chodzić w pełni Jego mocy. On potrzebuje, abyście dzielili się Jezusem z innymi i byli Jego rękami i stopami. Amen!

Vicky Franzen Josephine Texas

Nazywam się Vicki Franzen, przez większość mojego dorosłego życia uczęszczałam do Kościoła katolickiego, jednak zawsze czułam, że czegoś mi brakuje. Kilka lat temu zaczęłam słuchać audycji radiowej, w której mówiono o czasach ostatecznych. Otrzymałem odpowiedzi na wiele pytań, które nurtowały mnie przez całe życie. To doprowadziło mnie do kościoła apostolskiego, aby kontynuować moje poszukiwania prawdy. Tam zostałem ochrzczony w imię Jezusa i otrzymałem chrzest Duchem Świętym, z dowodem mówienia językami, jak opisano w Dziejach Apostolskich.

Przez następne cztery lata wydawało mi się, że zdolność mówienia językami nie jest już dla mnie dostępna; mimo że regularnie chodziłem do kościoła, modliłem się, studiowałem i byłem zaangażowany w różne posługi. Czułem się bardzo "suchy" i pozbawiony Ducha Świętego. Inna członkini mojego kościoła powiedziała mi, że kiedy siostra Liz położyła na niej ręce i modliła się, "coś" z niej wyszło, dzięki czemu poczuła się całkowicie wolna od ucisku, depresji itp.

Kilka kobiet z naszego kościoła spotkało się na lunchu, co dało mi okazję do poznania siostry Elizabeth. Zaczęliśmy rozmawiać o demonach i świecie duchowym. Zawsze byłam bardzo ciekawa tego tematu, ale nigdy nie słyszałam nauczania na ten temat. Wymieniliśmy się numerami telefonów i rozpoczęliśmy studium Biblii w jej domu. Zastanawiałem się, jak osoba, która została ochrzczona w imię Jezusa i Duchem Świętym, może mieć demona. Powiedziała mi, że trzeba prowadzić prawe, święte życie, modląc się, poszcząc, czytając Słowo Boże i pozostając pełnym Ducha Świętego poprzez codzienne mówienie językami. Podzieliłam się wtedy moim doświadczeniem suchości i niemożności mówienia językami. Położyła na mnie ręce i modliła się. Czułam się dobrze, ale byłam bardzo zmęczona. Liz wyjaśniła, że kiedy zły duch wychodzi z ciała, pozostawia uczucie zmęczenia i wyczerpania. Modliła się nade mną i zaczęłam mówić językami. Byłam taka podekscytowana i pełna radości. Będąc w stanie mówić językami, wiedziałam, że wciąż mam Ducha Świętego.

Liz i ja stałyśmy się dobrymi przyjaciółkami, modląc się razem. Siostra Elizabeth ma tak słodkiego i łagodnego ducha, ale kiedy się modli, Bóg namaszcza ją boską odwagą w uzdrawianiu chorych i wypędzaniu demonów. Modli się z autorytetem i prawie zawsze natychmiast widzi odpowiedź. Bóg dał jej talent do nauczania Pisma Świętego, który sprawia, że jego znaczenie jest dla mnie bardzo jasne.

Opowiadałam Liz o córce mojej przyjaciółki Valerie, Mary. Zdiagnozowano u niej ADD i POChP. Miała również pęknięte dyski, które próbowano leczyć bez operacji. Ciągle przebywała w szpitalu z różnymi dolegliwościami fizycznymi. Przyjmowała wiele różnych leków bez żadnych dobrych rezultatów. Mary była tak niepełnosprawna, że nie mogła pracować; miała czwórkę dzieci, którymi musiała się opiekować bez żadnego wsparcia ze strony byłego męża.

Siostra Liz zaczęła mi mówić, że niektóre z tych rzeczy to demony i można je wypędzić w imię Jezusa. Miałam co do tego pewne wątpliwości, ponieważ nigdy nie słyszałam, by ta konkretna choroba była wywoływana przez demony. Kiedy moja przyjaciółka, jej teściowa i ja usiadłyśmy ostatnio przy kawie, zaczęły mi opowiadać, jak okrutnie Mary do nich przemawiała. Krzyczała, wrzeszczała i przeklinała je. Wiedziały, że doświadczyła wiele bólu z powodu problemów z kręgosłupem i silnych bólów głowy, których leki nie łagodziły; jednak to było coś innego. Mówili o tym, jak nienawistne były czasami jej oczy i jak bardzo ich to przerażało.

Kilka dni później moja przyjaciółka zadzwoniła i powiedziała, że już dłużej tego nie zniesie! Opisy tego, jak zachowywała się jej córka, zaczęły potwierdzać to, co siostra Liz mówiła mi o demonach. Liz mówiła mi o demonach. Wszystko, co mi powiedziała, Bóg potwierdził przez innych. Stan Mary pogarszał się i zaczęła mówić o zakończeniu swojego życia. Zaczęłyśmy modlić się zgodnie o wyrzucenie demonów z Mary i jej domu. Bóg obudził siostrę Liz dwie noce z rzędu, aby wstawiła się za Mary. Liz szczególnie prosiła Boga, aby pokazał Mary, co się tam dzieje.

Kiedy Maria modliła się w nocy, miała wizję, że jej mąż (który ją opuścił i mieszkał z inną kobietą) jest w jej domu. Myślała, że wizja była odpowiedzią Boga na jej modlitwę, że wróci do domu na Boże Narodzenie. Siostra Liz powiedziała mi, że podejrzewa, iż przeciwko Mary używano czarów. Prawdopodobnie przez jej byłego męża lub kobietę, z którą mieszkał. Naprawdę nie rozumiałam, skąd mogła to wiedzieć. Nie podzieliłam się z nikim tym, co powiedziała mi Liz. W ciągu kilku dni Valerie powiedziała mi, że jej córka, Mary, otrzymuje dziwne, brzydkie wiadomości tekstowe od kobiety, która mieszka z jej byłym mężem. Mary wiedziała, że ten język był zdecydowanie używany do czarów. To było potwierdzenie tego, co powiedziała mi siostra Liz.

Przez ostatnie kilka miesięcy, kiedy wiedzieliśmy o stanie Mary, próbowaliśmy modlić się za nią. Nigdy się to nie udawało. Siostra Liz powiedziała: "Nawet jeśli nie możemy dotrzeć do jej domu, Bóg zajmie się tą sytuacją".

A gdy Jezus wszedł do Kafarnaum, przyszedł do Niego setnik, prosząc Go i mówiąc: Panie, sługa mój leży w domu chory na porażenie, bardzo udręczony. A Jezus mu rzekł: Przyjdę i uzdrowię go. Odpowiedział setnik i rzekł: Panie, nie jestem godzien, abyś wszedł pod dach mój, ale powiedz tylko słowo, a będzie uzdrowiony sługa mój. Jestem bowiem człowiekiem pod władzą i mam pod sobą żołnierzy; mówię temu człowiekowi: Idź, a on idzie; innemu: Przyjdź, a on przychodzi; mojemu słudze: Zrób to, a on to robi. Gdy Jezus to usłyszał, zdumiał się i rzekł do tych, którzy szli za nim: Zaprawdę powiadam wam, nie znalazłem tak wielkiej wiary, nie w Izraelu.

(Mat. 8:5-10)

W ciągu dwóch dni od naszej modlitwy o wypędzenie demonów z Mary i jej domu, zgłosiła ona swojej matce, że śpi lepiej i nie ma więcej snów. To jedna z wielu rzeczy, które Sis. Liz powiedziała mi, że kiedy masz wiele snów i nocnych klaczy, może to wskazywać na obecność złych duchów w twoim domu. Następnego dnia współpracownica Valerie opowiedziała jej o śnie, który miała poprzedniej nocy. Płaski czarny wąż czołgał się z dala od domu Mary. Tego dnia Mary zadzwoniła do swojej matki, aby powiedzieć, że czuje się taka szczęśliwa i radosna. Była na zakupach ze swoimi 15-miesięcznymi bliźniakami; czego nie robiła od dłuższego czasu. To było kolejne potwierdzenie, że ADD, ADHD, dwubiegunówka i schizofrenia to ataki wroga. Mamy władzę nad skorpionami i wężami (są to wszystkie złe duchy, o których wspomina Biblia), które możemy wyrzucić tylko w imię Jezusa.

Oto daję wam moc stąpania po wężach i skorpionach, i po całej potędze nieprzyjaciela, a nic wam nie zaszkodzi. Łukasza 10:19

Siostra Liz powiedziała mi również, że musimy codziennie namaszczać naszą rodzinę, nasze domy i nas samych błogosławioną oliwą z oliwek przed atakami wroga. Powinniśmy również pozwolić, aby słowo Boże przenikało nasz dom.

To doświadczenie pomogło mi dostrzec pewne sytuacje, które są zdecydowanie kontrolowane przez demony, o których mówi Biblia.

Nie toczymy bowiem walki przeciw krwi i ciału, lecz przeciw Zwierzchnościom, przeciw Władzom, przeciw rządcom świata tych ciemności, przeciw duchowym złościom na wyżynach".
(Efezjan 6:12)

Mogę mówić tylko za siebie. Dorastałem wierząc, że cuda, mówienie językami, uzdrawianie chorych i wyrzucanie demonów dotyczyły tylko czasów biblijnych, kiedy Jezus i Jego apostołowie byli na ziemi. Nigdy nie myślałem zbyt wiele o opętaniu przez demony w dzisiejszych czasach. Teraz wiem i rozumiem; wciąż jesteśmy w czasach biblijnych! Jego Słowo zawsze dotyczyło teraźniejszości. "Teraźniejszość" była wczoraj, "teraźniejszość" jest teraz, a "teraźniejszość" będzie jutro!

Jezus Chrystus ten sam wczoraj, dziś i na wieki. (Hebr. 13:8)

Szatanowi udało się zwieść i odciągnąć nas od mocy, którą Bóg dał swojemu Kościołowi. Kościół Boż yto ci, którzy pokutują, są ochrzczeni w imię Jezusa i otrzymują dar Ducha Świętego, czego dowodem jest mówienie językami. Wtedy otrzymają moc z wysokości.

Ale otrzymacie moc, gdy Duch Święty zstąpi na was, i będziecie mi świadkami w Jerozolimie i w całej Judei, i w Samarii, i aż po krańce ziemi". (Dzieje Apostolskie 1:8)

A moja mowa i moje głoszenie nie były kuszącymi słowami mądrości ludzkiej, ale demonstracją Ducha i mocy
(1 Koryntian 2:4)

Albowiem ewangelia nasza nie przyszła do was tylko w słowie, ale i w mocy, i w Duchu Świętym, i w wielkiej pewności, jako wiecie, jakimi ludźmi byliśmy między wami ze względu na was".
(1 Tesaloniczan 1:5)

Słowo Boże jest dla nas TERAZ!

Sekcja II

Nigdy nie myślałem o umieszczeniu tej drugiej części w mojej książce. Poświęciłem jednak trochę czasu i dodałem tę część, ponieważ tak wiele osób prosiło o tę informację. Odkąd zacząłem prowadzić studia biblijne dla różnych narodowości, natknęliśmy się na zmiany we współczesnych Bibliach. Zacząłem zagłębiać się w historię i znalazłem bardzo szokujące informacje. Mając te informacje, uważam, że moim obowiązkiem jest poinformowanie moich braci i sióstr o tej prawdzie i powstrzymanie wroga, aby nie wprowadzał już ludzi w błąd.

A.

Języki używane przez Boga

Na przestrzeni wieków Biblia była tłumaczona na wiele różnych języków. W całej historii widzimy cztery główne języki, na które Biblia została przetłumaczona: najpierw hebrajski, potem grecki, następnie łacina i wreszcie angielski. Kolejne akapity pokrótce przedstawiają te różne etapy.

Od około 2000 roku p.n.e., czasów Abrahama, do około 70 roku n.e., czasu zniszczenia drugiej świątyni w Jerozolimie, Bóg postanowił przemawiać do swojego ludu za pośrednictwem języków semickich, głównie hebrajskiego. To właśnie za pośrednictwem tego języka Jego wybranym ludziom została wskazana droga, a także to, że rzeczywiście potrzebowali Zbawiciela, który poprawiłby ich, gdy zgrzeszyli.

W miarę rozwoju świata powstała supermocarstwo, któ re komunikowało się głównie za pomocą języka greckiego. Język grecki był wiodącym językiem przez trzy wieki i był logicznym wyborem dokonanym przez Boga. To właśnie za pośrednictwem greki Bóg zdecydował się przekazać Nowy Testament; i jak dowodzi historia, rozprzestrzenił się on jak pożar. Zdając sobie sprawę z ogromnego zagrożenia, jakim byłby tekst napisany w języku mas, Szatan postanowił zniszczyć wiarygodność Biblii. Ta "fałszywa" Biblia została napisana w języku greckim, ale pochodziła z Aleksandrii w Egipcie; Stary Testament nazywano "Septuagintą", a Nowy Testament "Tekstem Aleksandryjskim". Informacje te zostały wypaczone przez ludzkie idee i usunięto z nich wiele Bożych słów. Jest również oczywiste, że dzisiaj te apokryfy (greckie znaczenie "ukryte", nigdy nie były uważane za słowo Boże) przeniknęły do naszej współczesnej Biblii.

Do 120 r. n.e. łacina stała się powszechnym językiem, a Biblia została ponownie przetłumaczona w 1500 roku. Ponieważ łacina była wówczas tak powszechnie używanym językiem, Biblię można było z łatwością czytać w całej Europie. Łacina była wówczas uważana za język "międzynarodowy". Dzięki temu Biblia mogła podróżować po różnych krajach i być dalej tłumaczona na regionalne dialekty. Ta wczesna wersja została nazwana Wulgatą, co oznacza "wspólną Biblię". Diabeł odpowiedział na to zagrożenie, tworząc siostrzaną księgę w Rzymie. Rzymianie twierdzili, że ich Biblia, która była wypełniona "wyrzuconymi księgami" apokryfów i tekstami, które miały przypominać prawdziwą Biblię, była w rzeczywistości prawdziwą Biblią. W tym momencie mamy dwie Biblie, które dramatycznie różnią się od siebie; aby chronić swoją fałszywą Biblię, Diabeł musiał wyruszyć i zniszczyć prawdziwe teksty. Rzymscy katolicy wysłali najemników, aby unicestwili i zamęczyli tych, którzy byli w posiadaniu prawdziwej łacińskiej Wulgaty. Najemnicy w większości odnieśli sukces, ale ostatecznie nie byli w stanie całkowicie jej wykorzenić, a Słowo Boże zostało zachowane.

W latach 600-700 n.e. rozwinął się nowy język świata - angielski. Bóg zaczął kłaść podwaliny, które następnie zapoczątkowały masowy ruch misyjny. Najpierw William Tyndale w 1500 roku zaczął tłumaczyć oryginalne teksty hebrajskie i greckie na nowy język. Wielu po nim próbowało zrobić to samo, starając się jak najlepiej dopasować do poprzednich tekstów hebrajskich i greckich. Wśród tych osób był król Jakub VI, który w 1604 roku zlecił radzie opracowanie najdokładniejszej angielskiej wersji tekstów. Do 1611 roku w obiegu znajdowała się autoryzowana wersja, powszechnie znana jako Biblia Króla Jakuba. Misjonarze zaczęli tłumaczyć z tej Biblii na całym świecie.

Szatan nieustannie atakuje Słowo Boże:

Teraz mamy do czynienia z kolejnym atakiem diabła. Biblia opublikowana w 2011 roku, twierdząc, że jest to KJV z 1611 roku, dodała apokryfy, które nigdy nie były uważane za Słowo Boże. Apokryfy zostały usunięte z KJV przez autoryzowanych uczonych, którzy wiedzieli, że nie są one Słowem Bożym.

Szatan nigdy się nie poddaje!

B.

Jak Bóg zachował swoje Słowo?

Bóg przywiązuje najwyższą wagę do swojego spisanego słowa, co jest całkowicie jasne.

Słowa Pana są słowami czystymi: jak srebro wypróbowane w piecu ziemnym, oczyszczone siedem razy. Zachowasz je, Panie, zachowasz je od tego pokolenia na zawsze (Ps 12: 6-7)

Słowo Boże jest ponad wszelkim imieniem:

*"Będę oddawał pokłon w świętej świątyni Twojej i będę chwalił imię Twoje za dobroć Twoją i za prawdę Twoją; **albowiem nad wszelkie imię Twoje wywyższyłeś słowo Twoje**". (Psalm 138:2)*

Pan ostrzegł nas również o swoim spojrzeniu na swoje słowo. Dał poważne ostrzeżenia tym, którzy chcieliby zepsuć Pismo Święte. Bóg ostrzegł przed dodawaniem do Jego słowa:

***Każde słowo Boże jest czyste**; jest tarczą dla tych, którzy w nim pokładają ufność. Nie dodawaj do jego słów, aby cię nie zganił i nie uznano cię za kłamcę. (Przysłowie 30:5-6)*

Bóg zachował Swoje Słowa dla wszystkich pokoleń, bez przerwy!

Wielu pobożnych ludzi bohatersko próbowało powstrzymać rosnącą falę odstępstwa i niewiary; częściowo z powodu osłabienia autorytetu Słowa Bożego. Podczas Ciemnych Wieków, Kościół Katolicki kontrolował ludzi poprzez pisanie Biblii wyłącznie po łacinie. Zwykli ludzie nie potrafili czytać ani mówić po łacinie.

Do 400 r. n.e. Biblia została przetłumaczona na 500 języków z oryginalnych manuskryptów, które były prawdziwe. Aby kontrolować ludzi, Kościół katolicki ustanowił surowe prawo, zgodnie z którym Biblia mogła być pisana i czytana wyłącznie w języku łacińskim. Ta łacińska wersja nie została przetłumaczona z oryginalnych manuskryptów.

John Wycliffe:

John Wycliffe był dobrze znany jako pastor, uczony, profesor Oxfordu i teolog. W 1371 r. J.W. zaczął ręcznie przepisywać rękopisy na język angielski, korzystając z pomocy wielu wiernych skrybów i naśladowców. Pierwszy rękopiśmienny angielski manuskrypt Biblii Wycliffe' azostał przetłumaczony z łacińskiej Wulgaty. Pomogłoby to położyć kres fałszywym naukom Kościoła rzymskokatolickiego. Napisanie i rozpowszechnienie tylko jednego egzemplarza Biblii zajęło 10 miesięcy i kosztowało czterdzieści funtów. Boż aręka była nad Wycliffe'em. Kościół rzymskokatolicki szalał z gniewu przeciwko Wycliffe'owi. Jego liczni przyjaciele pomogli mu uniknąć krzywdy. Chociaż Kościół katolicki zrobił wszystko, co w jego mocy, aby zebrać i spalić każdy egzemplarz, nie powstrzymało to Wycliffe'a. Nigdy się nie poddał, ponieważ wiedział, że jego praca nie poszła na marne. Kościołowi katolickiemu nie udało się zdobyć wszystkich kopii. Pozostało sto siedemdziesiąt kopii. Bogu niech będzie chwała!

Kościół rzymskokatolicki trwał w swoim gniewie. Czterdzieści cztery lata po śmierci Johna Wycliffe'a papież nakazał wykopać jego kości, zmiażdżyć je i wrzucić do rzeki. Około sto lat po śmierci Johna Wycliffe'a Europa zaczęła uczyć się greki.

John Hus:

Jeden ze zwolenników Johna Wycliffe'a, John Hus, kontynuował pracę rozpoczętą przez Wycliffe'a; on również sprzeciwiał się fałszywym naukom. Kościół katolicki był zdeterminowany, aby powstrzymać wszelkie zmiany inne niż ich własne, grożąc egzekucją każdemu, kto czytał Biblię niełacińską. Pomysł Wycliffe'a, że Biblia powinna być przetłumaczona na własny język, okazał się skuteczny. Jan Hus został spalony na stosie w 1415 roku wraz z rękopisem Wycliffe'a, który posłużył do podpalenia. Jego ostatnie słowa brzmiały: "Za 100 lat Bóg wzbudzi człowieka, którego nawoływania do reformy nie da się stłumić!". W 1517 r. jego proroctwo się spełniło, gdy Marcin Luter opublikował w Wittenberdze swoją słynną Tezę o sporze z Kościołem katolickim. W tym samym roku w książce Foxa o męczennikach odnotowano, że Kościół rzymskokatolicki spalił na stosie 7 osób za przestępstwo "nauczania swoich dzieci modlitwy Pańskiej w języku angielskim zamiast po łacinie".

Johannes Guttenberg:

Pierwszą książką wydrukowaną w prasie drukarskiej była Biblia w języku łacińskim, wynaleziona przez Johannesa Guttenberga w 1440 roku.

Wynalazek ten umożliwił drukowanie dużej liczby książek w bardzo krótkim czasie. Okazało się to kluczowym narzędziem w popychaniu reformacji protestanckiej do przodu.

Dr Thomas Linacre:

Dr Thomas Linacre, profesor z Oksfordu, postanowił nauczyć się greki w latach dziewięćdziesiątych XIV wieku. Przeczytał i ukończył Biblię w oryginalnym języku greckim. Po zakończeniu studiów stwierdził: "Albo to nie jest Ewangelia, albo nie jesteśmy chrześcijanami".

Rzymskokatolickie łacińskie wersje Wulgaty stały się tak zepsute, że prawda została ukryta. Kościół katolicki nadal starał się egzekwować swoje surowe prawo wymagające od ludzi czytania Biblii wyłącznie w języku łacińskim.

John Colet:

W 1496 r. John Colet, inny profesor z Oksfordu, zaczął tłumaczyć Biblię z greki na angielski dla swoich studentów, a później dla publiczności w katedrze św. W ciągu sześciu miesięcy wybuchło przebudzenie i ponad 40 000 osób wzięło udział w jego nabożeństwie. Zachęcał ludzi, by walczyli dla Chrystusa i nie angażowali się w wojny religijne. Mając wielu przyjaciół na wysokich stanowiskach, uniknął egzekucji.

Desiderius Erasmus, 1466-1536:

Pan Desiderius Erasmus, wielki uczony, obserwował wydarzenia związane z panami Colet i Linacre. Był pod wrażeniem konwersji łacińskiej Wulgaty z powrotem do prawdy. Dokonał tego z pomocą pana J. Frobena, który wydrukował i opublikował rękopis w 1516 roku.

Pan Erasmus chciał, aby wszyscy wiedzieli, jak zepsuta stała się łacińska Wulgata. Zachęcał ich do skupienia się na prawdzie. Podkreślał fakt, że korzystanie z oryginalnych manuskryptów, które były w języku greckim i hebrajskim, utrzyma człowieka na właściwej ścieżce kontynuowania wierności i wolności.

Jednym z najbardziej znanych i zabawnych cytatów znanego uczonego i tłumacza Erazma było,

Kiedy mam trochę pieniędzy, kupuję książki, a jeśli coś zostanie, kupuję jedzenie i ubrania".

Kościół katolicki nadal atakował każdego, kto brał udział w jakimkolwiek tłumaczeniu Biblii innym niż łacińskie.

William Tyndale (1494-1536):

William Tyndale urodził się w 1494 roku i zmarł w wieku 42 lat. Pan Tyndale był nie tylko kapitanem armii reformatorów, ale był również znany jako ich duchowy przywódca. Był wielkim człowiekiem uczciwości i szacunku. Pan Tyndale uczęszczał na Uniwersytet Oksfordzki, gdzie studiował i dorastał. Po otrzymaniu tytułu magistra w wieku dwudziestu jeden lat wyjechał do Londynu.

Był utalentowany w posługiwaniu się wieloma językami: Hebrajskim, greckim, hiszpańskim, niemieckim, łacińskim, francuskim, włoskim i angielskim. Jeden ze współpracowników pana Tyndale' apowiedział, że kiedy ktoś słyszy go mówiącego w jednym z tych języków, myśli, że mówi w swoim ojczystym języku. Używał tych języków, aby błogosławić innych. Przetłumaczył grecki Nowy Testament na język angielski. Był pierwszym człowiekiem, który wydrukował Biblię w języku angielskim. Bez wątpienia ten dar umożliwił mu ucieczkę przed władzami podczas lat wygnania z Anglii. Ostatecznie pan Tyndale został złapany i aresztowany za herezję i zdradę. W październiku 1536 r., po niesprawiedliwym procesie i pięciuset dniach spędzonych w więzieniu w nędznych warunkach, pan Tyndale został spalony na stosie. Odnotowano, że Tyndale House Publishers to nowoczesna firma nazwana na cześć tego niesamowitego bohatera.

Marcin Luter:

Kościół rzymskokatolicki rządził zbyt długo, a Marcin Luter nie tolerował korupcji w Kościele. Miał dość fałszywych nauk narzucanych ludziom. W Halloween 1517 r. nie zastanawiał się ani chwili, kiedy opublikował swoje 95 Tez Sporu w kościele w Wittenberdze. Sobór w Wormacji, utworzony przez Kościół, planował zamęczyć Marcina Lutra. Kościół katolicki obawiał się utraty władzy i dochodów. Nie byłby już w stanie sprzedawać odpustów za grzechy ani uwalniać bliskich z "czyśćca", który jest doktryną wymyśloną przez Kościół katolicki.

Marcin Luter miał przewagę nad Tyndale'em i we wrześniu 1522 roku opublikował swoje pierwsze tłumaczenie grecko-łacińskiego Nowego Testamentu Erazma na język niemiecki. Tyndale chciał użyć tego samego oryginalnego tekstu. Rozpoczął proces i był terroryzowany przez władze. W 1525 r. opuścił Anglię i udał się do Niemiec, gdzie pracował u boku Marcina Lutra. Do końca roku Nowy Testament został przetłumaczony na język angielski. W 1526 r. Nowy Testament Tyndale'a stał się pierwszym wydaniem Pisma Świętego wydrukowanym w języku angielskim. To było dobre! Gdyby ludzie mogli czytać Biblię w swoim własnym języku, Kościół katolicki nie miałby już nad nimi władzy. Ciemność strachu, która kontrolowała ludzi, nie była już zagrożeniem. Społeczeństwo będzie mogło zakwestionować władzę kościelną za każde ujawnione kłamstwo.

W końcu nadeszła wolność; zbawienie było dostępne dla wszystkich przez wiarę, a nie uczynki. Zawsze prawdziwe będzie Słowo Boże, a nie ludzkie. Słowo Boże jest prawdziwe, a Prawda cię wyzwoli.

Król Jakub VI:

W 1603 roku, kiedy Jakub VI został królem, pojawił się projekt nowego tłumaczenia Biblii. Powodem nowego tłumaczenia było to, że Wielka Biblia, Biblia Mateusza, Biblia Biskupa, Biblia Genewska i Biblia Coverdale'a, które były w użyciu, były uszkodzone. Na konferencji w Hampton Court król Jakub zatwierdził tłumaczenie Biblii. Czterdziestu siedmiu badaczy Biblii, teologów i lingwistów zostało starannie wybranych do tego wielkiego dzieła tłumaczenia. Tłumacze zostali podzieleni na sześć grup i pracowali na uniwersytetach Westminster, Cambridge i Oxford. Poszczególne księgi Biblii zostały przydzielone uczonym hebrajskim, greckim, łacińskim i angielskim. Istniały pewne wytyczne, których należało przestrzegać, aby tłumaczenie mogło się odbyć. Tłumaczenie Biblii z języków oryginalnych zostało ukończone w 1611 roku i rozpowszechnione na całym świecie.

PLAN 1: Szatan atakuje Słowo Boże w Aleksandrii w Egipcie.

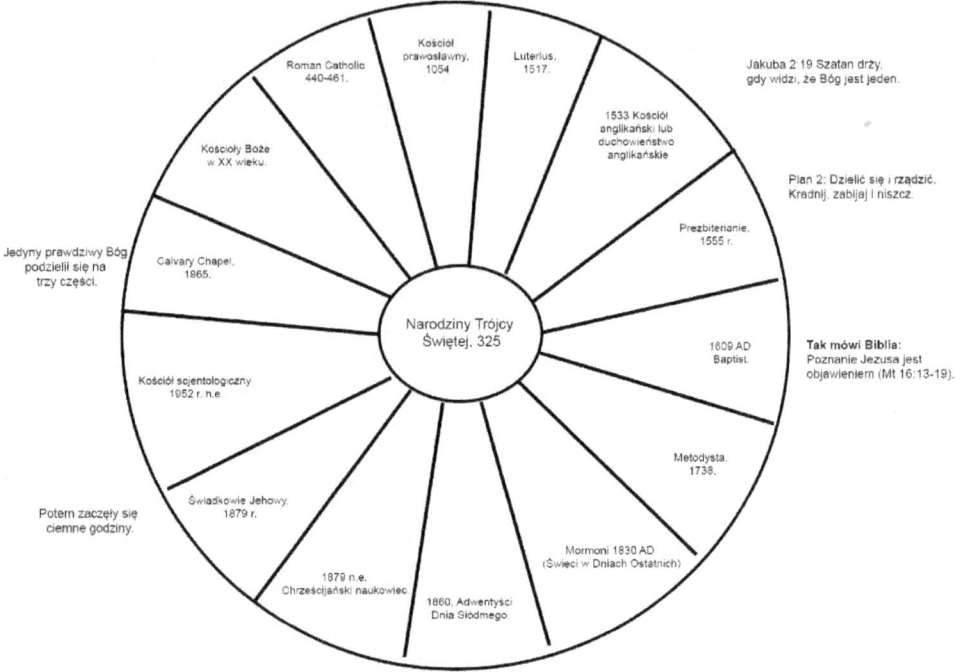

Kościół prawosławny, 1054

Roman Catholic 440-461.

Luterius, 1517.

Jakuba 2:19 Szatan drży, gdy widzi, że Bóg jest jeden.

1533 Kościół anglikański lub duchowieństwo anglikańskie

Kościoły Boże w XX wieku.

Plan 2: Dzielić się i rządzić. Kradnij, zabijaj i niszcz.

Jedyny prawdziwy Bóg podzielił się na trzy części.

Calvary Chapel, 1965.

Prezbiterianie, 1555 r.

Narodziny Trójcy Świętej, 325

Tak mówi Biblia: Poznanie Jezusa jest objawieniem (Mt 16:13-19).

1609 AD Baptist.

Kościół scjentologiczny 1952 r. n.e.

Metodysta, 1738,

Potem zaczęły się ciemne godziny.

Świadkowie Jehowy, 1879 r.

Mormoni 1830 AD (Święci w Dniach Ostatnich)

1879 n.e. Chrześcijański naukowiec

1860, Adwentyści Dnia Siódmego.

Dlatego właśnie istnieje wiele sekt.

C.

Tłumaczenia Biblii naszych czasów:

Prawda o różnych wersjach Biblii: Słowo Boże jest ostatecznym autorytetem dla naszego życia.

Obecnie istnieje wiele różnych tłumaczeń Biblii oprócz Wersji Króla Jakuba (KJV). Prawdziwi naśladowcy Chrystusa chcieliby wiedzieć, czy wszystkie wersje Biblii są poprawne, czy nie. Poszukajmy prawdy we wszystkich tych różnych wersjach Biblii. Mamy NIV, NKJV, Biblię Katolicką, Biblię Łacińską, Amerykańską Wersję Standardową, Poprawioną Wersję Standardową, Angielską Wersję Standardową, Nową Amerykańską Wersję Standardową, Międzynarodową Wersję Standardową, Biblię Grecką i Hebrajską, Biblię w Przekładzie Nowego Świata (Świadków Jehowy) itd. Istnieje również wiele innych Biblii przetłumaczonych w różnych czasach i epokach przez wielu różnych uczonych. Skąd wiemy, że wszystkie te różne wersje są poprawne lub zostały uszkodzone? Jeśli zostały uszkodzone, to jak i kiedy to się stało?

Rozpocznijmy naszą podróż przez te wiele odmian, aby znaleźć prawdę:

To, co musimy wiedzieć, to być w stanie określić, która z nich jest prawdziwą wersją:

Niedawno odkryte Oryginalne Pismo Aleksandryjskie zawiera linię, linie lub kreski nad słowami i wersetami. Oznaczało to pominięcie tych konkretnych słów i wersetów w ich tłumaczeniu. Znaleziono te linie nad słowami takimi jak: Święty, Chrystus i Duch, wraz z wieloma innymi słowami i wersetami. Uczeni w Piśmie, którzy mieli za zadanie edytować te manuskrypty, nie wierzyli w Pana Jezusa Chrystusa jako Mesjasza (Zbawiciela). Ktokolwiek dokonał edycji, usunął i zmienił wiele słów i wersetów. Manuskrypt ten został niedawno odkryty w Aleksandrii w Egipcie.

Jest to wspaniały dowód na to, że Biblia została zmieniona i zepsuta w Aleksandrii przez ich skorumpowanych przywódców religijnych i politycznych.

Biblia w wersji Króla Jakuba mówi:

Całe Pismo jest dane z natchnienia Bożego i jest pożyteczne do nauki, do nagany, do poprawy, do pouczenia w sprawiedliwości:
(2 Tm 3:16 KJV)

Wiedząc to najpierw, że żadne proroctwo Pisma nie jest prywatną interpretacją. Albowiem proroctwo nie przyszło w dawnych czasach z woli człowieka, ale święci mężowie Boży mówili tak, jak poruszał ich Duch Święty. (2 Piotra 1:20-21)

To prawdziwe słowo Boże napisane przez jedynego Boga.

Słowo Boże jest wieczne:

Zaprawdę bowiem powiadam wam: Dopóki niebo i ziemia nie przeminą, ani jedna jota, ani jedna dziesiąta nie przeminie z zakonu, aż się wszystko spełni.
(Mateusza 5:18)

I łatwiej jest niebu i ziemi przeminąć, niż jednemu ułamkowi zakonu uchybić". (Łukasza 16:17)

Nie dodawaj ani nie odejmuj od Słowa Bożego:

Słowa Bożego nie można odjąć, dodać ani przeinaczyć:

Albowiem oświadczam każdemu, kto słucha słów proroctwa tej księgi: Jeśliby kto dołożył do tych rzeczy, Bóg dołoży mu plag, które są napisane w tej księdze: A jeśliby kto odstąpił od słów księgi proroctwa tego, Bóg odejmie część jego z księgi żywota i z miasta świętego, i od rzeczy, które są napisane w tej księdze". (Objawienie 22:18-19)

Nie będziecie dodawać do słowa, które wam nakazuję, ani nie będziecie go pomniejszać, abyście przestrzegali przykazań Pana, Boga waszego, które wam nakazuję. (Powtórzonego Prawa 4:2)

Słowo Boże jest żywe i ostrzejsze niż obosieczny miecz:

Każde Słowo Boga jest czyste: On jest tarczą dla tych, którzy w Nim pokładają ufność. (Przysłowie 30:5)

Psalm 119 mówi nam, że Słowo Boże pomaga nam zachować czystość i wzrastać w wierze. Słowo Boże jest jedynym przewodnikiem w prowadzeniu czystego życia.

*Twoje słowo jest **lampą** dla moich stóp i **światłem** na mojej ścieżce. (Psalm 119:105)*

*Narodzić się na nowo, nie ze zniszczalnego nasienia, ale z niezniszczalnego, przez **słowo Boże**, które żyje i trwa na wieki.*
(1 Piotra 1:23)

Spośród wielu dostępnych obecnie angielskich wersji, tylko King James Version (1611) bezbłędnie podąża za doskonałym tradycyjnym hebrajskim tekstem masoreckim. Ta skrupulatna metoda była stosowana przez masoretów przy sporządzaniu kopii Starego Testamentu. Godny zaufania dowód Bożej obietnicy zachowania Jego Słowa nigdy nie zawiódł.

Bóg zachowa swoje Słowo:

*Słowa Pana są **słowami czystymi**, jak srebro wypróbowane w piecu ziemnym, oczyszczone siedem razy. Zachowasz je, Panie, zachowasz **je od tego pokolenia na zawsze**. (Ps. 12:6, 7)*

Dzisiejsza technologia dowiodła, jak dokładna i prawdziwa jest Biblia w wersji Króla Jakuba.

Journal of Royal Statistical Society and Statistical Science jest nową agencją badawczą:

Hebrajscy uczeni, dwóch matematyków z Harvardu i dwóch matematyków z Yale, wykorzystali te dwie statystyczne techniki naukowe i byli zdumieni dokładnością Biblii KJV. Przeprowadzili oni komputerowe badanie informacyjne z wykorzystaniem sekwencjonowania liter w równej odległości. Wprowadzili imię z pierwszych pięciu ksiąg (Tory) Biblii KJV, a po wprowadzeniu tego imienia test sekwencjonowania równych liter był w stanie automatycznie wypełnić datę urodzenia, śmierci oraz miasto, w którym się urodzili i zmarli. Okazało się, że jest to najdokładniejszy raport. Z łatwością i dokładnością odnotowano osoby, które żyły na początku wieku. Były to proste testy, ale wyniki były bardzo dokładne.

Ta sama technika zawiodła, gdy umieścili nazwy używane w NIV, New American Standard Version, The Living Bible i innych językach i tłumaczeniach z tych wersji. Metoda ta dowodzi niedokładności uszkodzonych kopii Biblii.

Próbowali tej samej analizy matematycznej dla Pięcioksięgu Samarytańskiego, a także Wersji Aleksandryjskiej i również nie zadziałała.

Księga Objawienia mówi nam, że:

A jeśli ktoś odstąpi od słów księgi tego proroctwa, Bóg odejmie jego część z księgi życia i ze świętego miasta, i od tego, co jest napisane w tej księdze. (Objawienie 22:19)

Dzięki tym badaniom doszli do wniosku, że Biblia KJV jest najbardziej prawdziwą Biblią, jaką obecnie posiadamy.

Tekst grecki oparty na Tekście Masoreckim i Textus Receptus (co oznacza po prostu teksty przyjęte przez wszystkich), który został pierwotnie napisany, stanowi podstawę Biblii KJV. Ponad pięć tysięcy manuskryptów zgadza się w 99% z Biblią KJV.

Biblia KJV jest własnością publiczną i nie wymaga pozwolenia na wykorzystanie jej do tłumaczenia.

Współczesne wersje Biblii nie używają hebrajskiego tekstu masoreckiego. Używają one Manuskryptu Leningradzkiego, zredagowanego przez Septuagintę, skorumpowaną grecką wersję Starego Testamentu. Oba te fałszywe teksty hebrajskie Biblia Hebraica oferują w swoich własnych przypisach sugerowane zmiany. Fałszywe teksty hebrajskie, BHK lub BHS, są używane dla Starego Testamentu we wszystkich współczesnych wersjach tłumaczeń.

Tradycyjny hebrajski tekst masorecki, na którym opiera się KJV, jest dokładnie taki sam jak oryginalny manuskrypt. Obecnie archeolodzy odnaleźli wszystkie księgi Biblii, co dowodzi, że Biblia KJV jest dokładnym tłumaczeniem oryginalnej księgi.

Słowo Boże uległo zmianie:

Biblia mówi, że Słowo Boże jest naszym mieczem i jest używane jako jedyna broń przeciwko wrogowi; jednak we współczesnych tłumaczeniach Słowo Boże nie może być używane jako obraza lub miecz przeciwko wrogowi. Dokonano tak wielu zmian w Słowie Bożym, że gdy widzimy osobę, która używa współczesnych tłumaczeń, jest ona niestabilna, przygnębiona, niespokojna i ma problemy emocjonalne.

To dlatego psychologia i medycyna wkroczyły do kościoła; nowe tłumaczenia są za to odpowiedzialne.

Przyjrzyjmy się kilku zmianom i ich subtelnym przyczynom:

Zobaczymy zmiany w następujących wersjach Biblii. Wymieniam tylko kilka wersji, ale istnieje wiele innych wersji i tłumaczeń dokonanych na podstawie tej Biblii, które można również samodzielnie zbadać. New Living Translation, English Standard Version, New American Standard Bible, International Standard Version, American Standard Version, Biblia Świadków Jehowy, Biblia NIV i inne tłumaczenia.

*KJV: Łukasza 4:18 Duch Pański [spoczywa] na mnie, ponieważ namaścił mnie, abym głosił ewangelię ubogim; posłał mnie, abym **uzdrowił złamanych na duchu**, abym głosił wyzwolenie jeńcom i przywrócenie wzroku niewidomym, abym uwolnił tych, którzy są posiniaczeni,*

Pismo Święte mówi, że On leczy złamanych na duchu.

Łukasza 4:18 "Duch Pański spoczywa na Mnie, ponieważ Mnie namaścił, abym ubogim głosił dobrą nowinę. Posłał mnie, abym ogłosił więźniom wolność, a niewidomym wzrok, abym uciśnionych wypuścił na wolność;

(Uzdrowienie złamanych na duchu zostało pominięte w NIV i innych wersjach. Współczesne tłumaczenia nie potrafią leczyć złamanych serc).

*KJV: Marka 3:15: I mieć **moc uzdrawiania chorób** i wyrzucania diabłów:*

NIV: Marka 3:15: I mieć władzę wypędzania demonów.

("**I mieć moc uzdrawiania chorób**" jest pominięte w NIV i innych tłumaczeniach. Jesteś bezsilny, by uzdrawiać chorych).

*KJV: Dzieje Apostolskie 3:11 A gdy **chromy, który został uzdrowiony**, trzymał Piotra i Jana, cały lud zbiegł się do nich w ganku, który nazywa się Salomona, wielce się dziwiąc.*

NIV: Dzieje Apostolskie 3:11: Podczas gdy żebrak trzymał się Piotra i Jana, wszyscy ludzie byli zdumieni i przybiegli do nich na miejsce zwane Kolumnadą Salomona.

Biblia NIV usunęła: "**chromego, który został uzdrowiony**", co jest kluczowym wersetem.

Oprócz tego NIV usunął "Mercy Seat" pięćdziesiąt trzy razy. Miłosierdzie Boże zostało pominięte. Słowo Krew zostało pominięte czterdzieści jeden razy.

List do Efezjan 6:4 mówi o pielęgnowaniu kościoła... Słowo "pielęgnowanie" pochodzi od słowa "pielęgniarka". Podobnie jak trzymanie i opieka nad dzieckiem, Bóg pielęgnuje nas i upokarza, ale niektóre współczesne wersje mówią o "dyscyplinie" i "karceniu".

KJV Daniel 3:25b mówi: a kształt czwartego jest podobny do __Syna__
__*Bożego*__.

NIV Daniel 3:25b: zmienił słowa; a czwarty wygląda jak __syn bogów__".

Syn Boży nie jest synem bogów... to będzie wspierać politeizm.

Zmiana "The" na "A" będzie wspierać inne religie. Przykład:
Ewangelia, syn, zbawiciel....JEZUS NIE JEST JEDYNYM
ZBAWICIELEM?!!!?

Biblia mówi:

> *Jezus mu powiedział: Ja jestem drogą, prawdą i życiem; nikt nie*
> *przychodzi do Ojca, jak tylko przeze mnie. (Jana 14:6)*

> *KJV: Mat. 25:31: Gdy Syn Człowieczy przyjdzie w chwale swojej i*
> *wszyscy __święci aniołowie__ z nim, wtedy zasiądzie na tronie swojej*
> *chwały.*

> *NIV: Mat 25:31: Gdy Syn Człowieczy przyjdzie w swej chwale i*
> *wszyscy __aniołowie__ z Nim, zasiądzie na swoim tronie w niebiańskiej*
> *chwale*

(NIV usunęła słowo "święty". Wiemy, że Biblia mówi również o złych
i nieświętych aniołach).

Bóg jest Święty:

NIV usunęła również Ducha Świętego z niektórych miejsc. To tylko
kilka przykładów wielu zmian w NIV, NKJV, Biblii katolickiej, Biblii
łacińskiej, American Standard Version, Revised Standard Version,
Biblii greckiej i hebrajskiej, a także innych wersjach Biblii, które
zostały przetłumaczone ze starego, uszkodzonego pisma
aleksandryjskiego i NIV.

Poniższe dowodzi, że Biblia NIV jest antychrystem:

Wiele słów, takich jak Jezus Chrystus lub Chrystus, Mesjasz, Pan itp. zostało usuniętych z NIV i innych tłumaczeń Biblii. Biblia mówi, kim jest Antychryst.

Antychryst:

Kto jest kłamcą, jak nie ten, kto zaprzecza, że Jezus jest Chrystusem? Ten jest antychrystem, kto zaprzecza Ojcu i Synowi.
(KJV 1 Jana 2:22)

*Łaska Pana naszego **Jezusa Chrystusa** niech będzie z wami wszystkimi. Amen. (KJV: Objawienie 22:21)*

*Łaska Pana Jezusa niech będzie z ludem Bożym. Amen. (NIV: Objawienie 22:21 usunęło **Chrystusa**).*

Jana 4:29: Chodźcie, zobaczcie człowieka, który powiedział mi wszystko, co kiedykolwiek uczyniłem: czy to nie jest Chrystus?

NIV mówi Jana 4:29 "Chodźcie, zobaczcie człowieka, który powiedział mi wszystko, co kiedykolwiek uczyniłem. Czy to może być Chrystus?"

(Bóstwo Chrystusa jest kwestionowane). Usuwając słowa, zmienia się znaczenie.

Antychryst zaprzecza Ojcu i Synowi...

*KJV: Jana 9:35 "wierzysz w **Syna Bożego**".*

*NIV: Zmieniono na "Czy wierzysz w **Syna Człowieczego**".*

KJV Dzieje Apostolskie 8:37 "I rzekł Filip: Jeśli wierzysz z całego serca, możesz. A on odpowiedział i rzekł: Wierzę, że Jezus Chrystus jest Synem Bożym ".

Dzieje Apostolskie 8:37; cały werset został usunięty z NIV

*KJV: Galacjan 4:7 Dlatego nie jesteś już sługą, ale synem; a jeśli synem, to dziedzicem **Boga przez Chrystusa***

NIV: Galacjan 4:7 tak więc nie jesteś już niewolnikiem, lecz synem; a ponieważ jesteś synem, Bóg uczynił cię także dziedzicem.

NIV pominął dziedzica Boga przez Chrystusa.

*KJV: Efezjan 3:9 I aby wszyscy [ludzie] widzieli, jaka [jest] społeczność tajemnicy, która od początku świata była ukryta w Bogu, który stworzył wszystko **przez Jezusa Chrystusa**:*

NIV: List do Efezjan 3:9 i aby wyjaśnić wszystkim zarządzanie tą tajemnicą, która od wieków była ukryta w Bogu, który stworzył wszystko.

NIV usunął **"przez Jezusa Chrystusa"**. Jezus jest Stwórcą wszystkich rzeczy.

Jezus Chrystus przychodzi w ciele:

*1 Jana 4:3 KJV... A każdy duch, który nie wyznaje, że **Jezus Chrystus przyszedł w ciele**, nie jest z Boga.*

NIV mówi: Lecz każdy duch, który nie uznaje Jezusa, nie jest od Boga.

("Jezus Chrystus przyszedł w ciele" zostało usunięte)

Księga Dziejów Apostolskich 3:13, 26 KJV mówi, że jest Synem Bożym. NKJV usunął Syna Bożego i powiedział sługę Bożego.

Nowe wersje Biblii nie chcą, aby Jezus był "Synem Bożym". Syn Boży oznacza Boga w ciele.

*Jana 5:17-18 KJV, lecz Jezus im odpowiedział: **Ojciec mój** dotąd działa, a Ja działam. Dlatego Żydzi tym bardziej starali się go zabić, ponieważ nie tylko złamał szabat, ale także powiedział, że **Bóg jest jego Ojcem**, czyniąc się **równym Bogu***

Biblia KJV definiuje Jezusa lub Jezusa Chrystusa lub Pana Jezusa. Ale nowe współczesne tłumaczenia mówią zamiast tego "on lub on".

*KJV: I śpiewają pieśń Mojżesza, sługi Bożego, i pieśń Baranka, mówiąc: Wielkie i cudowne [są] dzieła Twoje, Panie, Boże Wszechmogący; sprawiedliwe i prawdziwe [są] drogi Twoje, **Tyś Królem świętych**.(Objawienie 15:3)*

*NIV: i śpiewali pieśń Mojżesza, sługi Bożego, i pieśń Baranka: "Wielkie i cudowne są Twoje czyny, Panie, Boże Wszechmogący. Sprawiedliwe i prawdziwe są Twoje drogi, **Królu wieków**".*
(Objawienie 15:3)

(On jest Królem świętych, którzy narodzili się na nowo. Którzy zostali ochrzczeni w imię Jezusa i otrzymali Jego Ducha).

*KJV: I otrze **Bóg** wszelką łzę z oczu ich;(Objawienie 21:4)*

*NIV: **On otrze** każdą łzę z ich oczu. (Objawienie 21:4)*

"**Bóg**" został zmieniony na "On". Kim jest "On"? (To będzie wspierać inne religie).

*KJV: I spojrzałem, a oto Baranek stał na górze Syjon, a z nim sto czterdzieści [i] cztery tysiące, mających **imię Ojca** swego wypisane na czołach swoich. (Objawienie 14:1)*

*NIV: Potem spojrzałem, a przede mną był Baranek, stojący na górze Syjon, a z nim 144 000, którzy mieli **imię jego i imię jego** Ojca wypisane na czołach. (Objawienie 14: 1)*

NIV dodał "Jego imię" z "imieniem Jego Ojca", teraz dwa imiona.

Jana 5:43b: Przyszedłem w imieniu Ojca mego.

Tak więc imieniem Ojca jest Jezus. Jezus w języku hebrajskim oznacza Jehowa Zbawiciel

*Zachariasza 14:9 I Pan będzie królem nad całą ziemią; w owym dniu będzie jeden Pan, a jego **imię jedno***

*KJV Izajasza 44: 5 Jeden powie: Jestem Pański; a inny nazwie siebie imieniem Jakuba; a inny podpisze się ręką do Pana i **nazwie** siebie imieniem Izraela.*

NIV: Izajasza 44:5 Jeden powie: "Należę do Pana"; inny nazwie siebie imieniem Jakub; jeszcze inny napisze na swej ręce: "Pański" i przyjmie imię Izrael.

(NIV usunęła słowo **"nazwisko"**)

Teraz słyszymy, że księga "Pasterza Hermasa" zostanie wprowadzona do współczesnej wersji Biblii. Księga Hermasa mówi: "Przyjmij imię, poddaj się bestii, stwórz jeden rząd światowy i zabij tych, którzy nie przyjmą Imienia". (Jezus nie jest imieniem, o którym tu mowa).

KJV Objawienie 13:17: I żeby nikt nie mógł kupować ani sprzedawać, tylko ten, kto ma znamię lub imię bestii, lub liczbę jej imienia.

I nie zdziw się, jeśli Księga Objawienia zniknie z Biblii. Księga Objawienia jest miejscem, w którym zapisana jest przeszłość, teraźniejszość i rzeczy, które mają nadejść. Pasterz Hermasa znajduje się w manuskrypcie Sinaiticus, który stanowi podstawę Biblii NIV.

Symbole:

Jakie jest znaczenie symbolu i kto używa tego symbolu:
Symbol to coś takiego jak konkretny znak, który reprezentuje jakąś informację, na przykład czerwony ośmiokąt może być symbolem "STOP". Na mapie obraz namiotu może reprezentować kemping.

666 =

Księga proroctw mówi:

*Oto mądrość. Kto ma rozum, niech policzy liczbę bestii, bo jest to
liczba człowieka, a jego liczba to sześćset trzydzieści i sześć.
(Objawienie 13:18)*

Ten symbol lub logo splecionych 666 (starożytny symbol trójcy) jest
używany przez ludzi wierzących w doktrynę trynitarną.

Bóg nie jest trójcą ani trzema różnymi osobami. Jeden Bóg Jehowa
przyszedł w ciele, a teraz Jego Duch działa w Kościele. Bóg jest Jeden
i zawsze będzie Jeden.

*Ale Dzieje Apostolskie 17:29 mówią: Ponieważ tedy jesteśmy
potomstwem Bożym, nie powinniśmy sądzić, że Bóstwo jest podobne
do złota albo do srebra, albo do kamienia, wyrzeźbionego sztuką i
zmyśleniem człowieka.*

(Stworzenie symbolu reprezentującego Boga jest sprzeczne ze Słowem
Bożym) New Agers przyznają, że trzy splecione szóstki lub "666" to
znak Bestii.

Biblia ostrzega nas, że szatan jest fałszywy:

*"I nic dziwnego, bo sam szatan przemienił się w anioła światłości. Nie
jest więc rzeczą wielką, jeśli i jego słudzy przemienią się w sługi
sprawiedliwości" (2 Koryntian 11:14-15).*

Szatan jest ostatecznie podróbką:

*Wzniosę się ponad wyżyny chmur; będę jak Najwyższy.
(Izajasza 14:14)*

Będę jak Bóg Najwyższy. Jest oczywiste, że szatan próbował odebrać tożsamość Jezusowi Chrystusowi, zmieniając Słowo Boże. Pamiętaj, że szatan jest subtelny i atakuje "Słowo Boże".

Nowa Wersja Króla Jakuba:

Zobaczmy tę wersję Biblii zwaną NKJV. New King James Version **nie** jest wersją króla Jakuba. Biblia Króla Jakuba została przetłumaczona przez 54 hebrajskich, greckich i łacińskich uczonych teologów w 1611 roku.

Nowa Wersja Króla Jakuba została po raz pierwszy opublikowana w 1979 roku. Studiując Nową Wersję Króla Jakuba dowiemy się, że jest ona nie tylko najbardziej śmiercionośna, ale także bardzo zwodnicza dla Ciała Chrystusa.

Dlaczego??????

Wydawca NKJV mówi:

.... Że jest to Biblia Króla Jakuba, co nie jest prawdą. KJV nie ma prawa do kopiowania; można ją przetłumaczyć na dowolny język bez konieczności uzyskania pozwolenia. NKJV ma prawo do kopiowania należące do Thomas Nelson Publishers.
.... Że opiera się na Textus Receptus, który jest tylko częściową prawdą. To kolejny subtelny atak. Należy uważać na tę Nową KJV. Za chwilę dowiesz się dlaczego.

Nowa Biblia Króla Jakuba twierdzi, że jest Biblią Króla Jakuba, tylko lepszą. "NKJV" pominęła i zmieniła wiele wersetów.

Dwadzieścia dwa razy "Piekło" jest zamienione na "Hades" i "Szeol". Ruch satanistyczny New Age twierdzi, że "Hades" jest środkowym stanem oczyszczenia!

Grecy wierzą, że "Hades" i "Szeol" to podziemna siedziba zmarłych.

Usunięto wiele następujących słów: pokutować, Bóg, Pan, niebo i krew. Słowa Jehowa, diabły i potępienie oraz Nowy Testament zostały usunięte z NKJV.

Nieporozumienia dotyczące zbawienia:

KJV	NKJV
1 List do Koryntian 1:18	
"Są zapisane"	Być zbawionym.
Hebrajczyków 10:14	
"Są uświęceni"	Są uświęcani.
II List do Koryntian 10:5	
"Odrzucenie wyobraźni"	Odrzucanie argumentów.
Mateusza 7:14	
"Wąska droga" II	Trudny sposób
List do Koryntian 2:15	
"Są zbawieni"	Być zbawionym

"Sodomici" zmieniono na "osoby zboczone". NKJV jest wersją przeinaczoną przez antychrysta

Największym atakiem szatana **jest atak na Jezusa jako Boga.**

*NIV: Izajasza 14:12 jest subtelnym atakiem na Pana Jezusa, który jest znany jako **Gwiazda Poranna.***

Jakże spadłeś z nieba, o gwiazdo poranna, synu jutrzenki! Zostałeś zrzucony na ziemię, ty, który niegdyś poniżałeś narody!

(NIV ma przypisy do tego wersetu *2 Piotra 1:19 "A my mamy słowo proroków bardziej pewne i dobrze zrobicie, jeśli zwrócicie na nie uwagę, jak na światło świecące w ciemnym miejscu, aż dzień zaświta i gwiazda poranna wzejdzie w waszych sercach".*

Dodając **Gwiazdę Poranną** i podając inne odniesienie w Objawieniu 2:28, wprowadza czytelnika w błąd, że Jezus jest Gwiazdą Poranną, która upadła).

Ale w KJV Izajasza 14:12 czytamy: "Jakże spadłeś z nieba, Lucyferze, synu poranka! [Jak] jesteś ścięty na ziemię, który osłabiłeś narody!"

(Biblia NIV usunęła imię Lucyfera i zastąpiła "syna poranka" "**Gwiazdą Poranną**"). W Księdze Objawienia Jezus jest określany jako "Gwiazda Poranna".

Ja, Jezus, posłałem mojego anioła, aby zaświadczył wam o tych rzeczach w kościołach. Ja jestem korzeniem i potomstwem Dawida, i gwiazdą jasną i poranną (KJV 22:16).

Tak więc wersja NIV Księgi Izajasza 14:12 błędnie interpretuje biblijne znaczenie, stwierdzając, że Jezus spadł z nieba i położył narody). Biblia KJV mówi, że Jezus jest Gwiazdą Jasną i Poranną.

*"Ja, Jezus, posłałem anioła mego, aby wam to oznajmił w kościołach. Ja jestem korzeniem i potomstwem Dawida, **i gwiazdą jasną i poranną**". (Objawienie 22:16 KJV)*

KJV:

Mamy też pewniejsze słowo proroctwa, na które dobrze uważajcie, jak na światło, które świeci w ciemnym miejscu, aż dzień zaświta, a gwiazda dzienna wzejdzie w waszych sercach:
(2 Piotra 1:19).

I będzie nimi rządził laską żelazną; jak naczynia garncarza zostaną rozbite na kawałki, tak jak Ja otrzymałem od mego Ojca. I dam mu **gwiazdę poranną**. *(Obj. 2:27-28)*

Współczesne tłumaczenia dostosowują się do wszystkich religii, używając "on" lub "jego" zamiast Jezusa, Chrystusa lub Mesjasza oraz usuwając wiele słów i wersetów o Jezusie. Tłumaczenia te dowodzą, że Pan Jezus nie jest Stwórcą, Zbawicielem ani Bogiem w ciele; czynią Go jedynie kolejnym mitem.

Ci odstępcy stworzyli manuskrypt Biblii, który bardziej im odpowiadał. Zaatakowali bóstwo Jezusa Chrystusa i inne doktryny zawarte w Biblii. Droga została utorowana dla Biblii New Age, która miała dać początek jednej światowej religii. Połączenie wszystkich kościołów i religii przyniesie "jedną światową religię".

Teraz rozumiesz, jaki przebiegły i subtelny plan opracował szatan. Ośmielił się nawet zmienić Słowo Boże. Szatan opracował zwodniczy plan, aby zmylić ludzi!

Pamiętaj, co powiedział szatan:

Wzniosę się ponad wyżyny chmur; będę jak Najwyższy.
(Izajasza 14:14)

D.

KJV a współczesna Biblia: Zmiany, które zostały dodane lub usunięte.

TŁUMACZENIE NIV:

Grecki tekst Westcott & Hort pochodzi z manuskryptów Sinaiticus i Vaticanus. Wczesny kościół uznał je za subtelny atak na Słowo Boże poprzez pomijanie i zmienianie prawdy biblijnej. Sinaiticus (Aleph) i Vaticanus (Codex-B) zostały odrzucone przez wczesny kościół i podziwiane przez fałszywych nauczycieli. Źródło Biblii NIV opiera się na uszkodzonych wersjach Westcott & Hort, które można znaleźć w przypisach do NIV. Nie mamy żadnego sposobu, aby dowiedzieć się, jak i gdzie powstał ten grecki tekst Westcott & Hort, bez szeroko zakrojonych badań. Kiedy widzimy odniesienia podane przez Westcotta i Horta, zwykle wierzymy im bez pytania, po prostu dlatego, że są wydrukowane w Biblii.

Biblia NIV jest podziwiana, ponieważ ludzie uważają, że jest ona łatwiejsza do zrozumienia, ponieważ stary angielski został zmieniony na współczesne słowa. W rzeczywistości Biblia KJV ma najprostszy język, który może być zrozumiany przez osoby w każdym wieku. Słownictwo KJV jest prostsze niż słownictwo NIV. Zmieniając słowa takie jak "ty", "twój", "ty" i "twój", ludzie myślą, że łatwiej jest je czytać. Jak wiadomo, Słowo Boże jest wyjaśniane tylko przez Ducha Świętego, który jest napisany przez Boga. Duch Boży jest w KJV, który pomaga nam pojąć Jego zrozumienie. Zmiany nie są potrzebne w Słowie Bożym; jednak prawdziwe Słowo musi zmienić nasze myślenie.

Tak wiele kościołów akceptuje obecnie wersję NIV zamiast KJV. Wprowadzanie niewielkich zmian z czasem warunkuje nasze myślenie i staje się subtelnym sposobem prania mózgu. Zmiany, jakie Biblia NIV wprowadziła do swojej wersji, subtelnie rozcieńczają Ewangelię. Zmiany te są w większości sprzeczne z panowaniem Pana Jezusa Chrystusa. Gdy to zostanie osiągnięte, wiele religii łatwiej zaakceptuje Biblię NIV, ponieważ wspiera ona ich doktryny. To z kolei staje się "międzywyznaniowością", celem jednej światowej religii, o której mówi Objawienie.

KJV opierała się na bizantyjskiej rodzinie rękopisów, które powszechnie nazywano rękopisami Textus Receptus. NKJV (New King James Version) jest najgorszym tłumaczeniem. Różni się od KJV 1200 razy. Nowa Wersja Króla Jakuba zdecydowanie nie jest tym samym, co Wersja Króla Jakuba. MKJV również nie jest KJV. Większość tłumaczeń Biblii nie jest inną wersją, ale perwersją i odbiega od prawdy.

Poniższych wersetów nie ma w **NIV** i **innych współczesnych przekładach**. Poniżej znajduje się lista "pominięć" w NIV.

Izajasza 14:12

*KJV: Iz. 14:12: Jakże spadłeś z nieba, **Lucyferze, synu poranka**! Jakże jesteś ścięty na ziemię, który osłabiłeś narody!*

*NIV Iz 14:12 Jakże spadłeś z nieba, o **gwiazdo poranna**, synu jutrzenki! Zostałeś zrzucony na ziemię, ty, który niegdyś poniżałeś narody!*

(Biblia NIV usunęła Lucyfera i zastąpiła "syna gwiazdy porannej " "gwiazdą poranną". To wprowadza w błąd, aby uwierzyć, że "JEZUS", który jest "GWIAZDĄ PORANNĄ", spadł z nieba.

*Ja, Jezus, posłałem mego anioła, aby wam o tym zaświadczył w kościołach. Ja jestem korzeniem i potomstwem Dawida, i jasnością, i mocą. **gwiazda poranna**. (Objawienie KJV 22:16)*

(Jezus jest gwiazdą poranną)

Izajasza 14:12 (NIV) to bardzo mylący werset. Ludzie myślą, że Jezus spadł z nieba i został ścięty.

NIV czyni Lucyfera (Szatana) równym Jezusowi Chrystusowi; jest to bluźnierstwo najwyższego rzędu. Właśnie dlatego niektórzy ludzie nie wierzą w Jezusa Chrystusa, ponieważ uważają go za równego Szatanowi.

Daniel 3:25

*KJV: Dan.3:25 Odpowiedział i rzekł: Oto widzę czterech mężów luźnych, idących pośród ognia, a nie mają żadnej rany; a kształt czwartego jest podobny do **Syna Bożego.***

*NIV: Dan. 3:25 Rzekł" :Patrzcie, widzę czterech mężów, którzy chodzą w ogniu, nieskrępowani i nieuszkodzeni, a czwarty wygląda jak **syn bogów**".*

(Zmiana Syna Bożego na **Syna bogów** uwzględni wiarę w politeizm, a to wesprze inne religie).

Mateusza 5:22

*KJV Mt 5:22 Ale powiadam wam, że ktokolwiek **gniewa się na swego brata bez powodu**, będzie zagrożony sądem; a ktokolwiek powie swemu bratu: Raca, będzie zagrożony radą; ale ktokolwiek powie: Ty głupcze, będzie zagrożony ogniem piekielnym.*

*NIV Mt 5:22 Lecz powiadam wam, że każdy, kto się **gniewa** na swego brata, będzie podlegał sądowi. I znowu, każdy, kto mówi do swego brata: "Raca", **odpowiada przed Sanhedrynem**. Ale każdy, kto powie: "Ty głupcze!", będzie zagrożony ogniem piekielnym.*

(Biblia KJV mówi, **zły bez powodu**, NIV mówi po prostu zły. Prawda Słowa jest taka, że możemy się **złościć**, jeśli jest ku temu powód, ale nie pozwolimy, by słońce nad tym zachodziło).

Mateusza 5:44

*KJV Mt 5:44 Ale Ja wam powiadam: Miłujcie nieprzyjaciół waszych, **błogosławcie tym, którzy was przeklinają**, dobrze czyńcie tym, którzy was nienawidzą, i módlcie **się za tych, którzy was lekceważą** i prześladują;*

NIV Mt.5:44 Ale powiadam wam: Miłujcie waszych nieprzyjaciół i módlcie się za tych, którzy was prześladują,

(Podkreślenie w KJV zostało usunięte z Biblii NIV)

Mateusza 6:13

*KJV Mt 6:13 I nie wódź nas na pokuszenie, ale nas zbaw ode złego: **Albowiem Twoje jest królestwo i moc, i chwała na wieki wieków. Amen.***

*NIV Mt 6:13 I nie wódź nas na pokuszenie, ale nas zbaw ode złego. **zły**.*

(**Zło** nie jest złem. ***Albowiem Twoje jest królestwo i moc, i chwała na wieki. Amen***: usunięte z NIV)

Mateusza 6:33

> *KJV Mt 6:33 Ale szukajcie najpierw **królestwa Bożego** i sprawiedliwości jego, a to wszystko będzie wam dodane.*

> *NIV Mt 6:33 Ale szukajcie najpierw jego królestwa i **jego** sprawiedliwości, a wszystko to będzie wam dane.*

(**królestwo Boże** zostało zastąpione " przezjego" królestwo... NIV zastąpił Boga swoim. Kto jest "jego"?)

Mateusza 8:29

> *KJV Mt 8:29 A oto wołali, mówiąc: Co mamy z tobą zrobić, **Jezusie**, Synu Boży? czy przyszedłeś tu, aby nas dręczyć przed czasem? (Konkretny)*

> *NIV Mt 8:29 "Czego chcesz od nas, **Synu Boży**?" krzyczeli. "Przyszedłeś tu, by torturować nas przed wyznaczonym czasem?"*

(**Jezusa** nie ma w Biblii NIV i zachowali tylko Syna Bożego... *Jezus* jest Synem Bożym. Syn Boży oznacza Boga Wszechmogącego chodzącego w ciele).

Mateusza 9:13b

> *KJV Mt 9:13b Bo nie przyszedłem wzywać sprawiedliwych, ale grzeszników do **pokuty**.*

> *NIV Mt 9:13b Bo nie przyszedłem powołać sprawiedliwych, ale grzeszników.*

(**Pokuta** odpada. Skrucha jest pierwszym krokiem; odwracasz się od grzechu i grzesznego stylu życia poprzez uświadomienie sobie i przyznanie się do błędu).

Mateusza 9:18

*KJV: Mt 9:18 Gdy mówił do nich te rzeczy, oto przyszedł pewien władca i oddał **mu pokłon**, mówiąc: Córka moja nawet teraz umarła; ale przyjdź i połóż na nią rękę, a będzie żyła.*

(Czcił Jezusa)

*NIV Mt 9:18 Gdy to mówił, przyszedł władca, **ukląkł przed Nim** i powiedział: "Moja córka właśnie umarła. Ale przyjdź i połóż na nią rękę, a będzie żyła".*

(Uwielbienie **zmienia się na klęczenie**. Uwielbienie czyni Jezusa Bogiem).

Mateusza 13:51

*KJV Mt 13:51 Jezus rzekł do nich: Czy zrozumieliście to wszystko? Oni mu mówią: **Tak, Panie**.*

NIV Mt 13:51 "Czy to wszystko zrozumieliście?" zapytał Jezus.

(JEZUS JEST PANEM. NIV usunął **Yea Lord**; pomijając panowanie Jezusa Chrystusa).

Mateusza 16:20

*KJV Mt 16:20 Następnie nakazał swoim uczniom, aby nikomu nie mówili, **że jest Jezusem** Chrystusem.*

(Imię "JEZUS" zostało usunięte z kilku wersetów Biblii NIV).

NIV Mt 16:20 Następnie ostrzegł swoich uczniów, aby nikomu nie mówili, że jest Chrystusem.

(Kim jest "on"? Dlaczego nie Jezus, Chrystus? "Chrystus" oznacza Mesjasza, Zbawiciela tego świata: Jana 4:42).

Mateusza 17:21

KJV: Mt 17:21: Aczkolwiek ten rodzaj nie wychodzi, tylko przez modlitwę i post.

(Modlitwa i post zniszczą silną pozycję diabła. Post zabija nasze ciało).

NIV całkowicie usunęła ten fragment. Został on również usunięty z "Biblii" Świadków Jehowy. Obecnie post został zmieniony na dietę Danielsa. To kolejne kłamstwo. (Post to brak jedzenia i wody. Jedzenie nie jest postem, a post nie jest jedzeniem ani piciem).

Kilka przykładów biblijnego postu w Biblii KJV

Estery 4:16 KJV:

*Idź, zbierz wszystkich Żydów, którzy są obecni w Szuszan, i **pośćcie** za mnie, i **nie jedzcie ani nie pijcie przez trzy** dni, w nocy i we dnie: Ja i moje dziewczęta również będziemy pościć; i tak pójdę do króla, co nie jest zgodne z prawem; a jeśli zginę, zginę*

*Jonasza 3:5, 7 KJV Tak więc mieszkańcy Niniwy uwierzyli Bogu i **ogłosili post**, i ubrali się w wory, od największego z nich do najmniejszego z nich. I sprawił, że zostało to ogłoszone i opublikowane w Niniwie dekretem króla i jego szlachty, mówiąc: Niech ani człowiek, ani zwierzę, stado ani trzoda **nie skosztują niczego: niech się nie karmią ani nie piją wody**:*

Mateusza 18:11

KJV Mt 18:11: **_Albowiem Syn Człowieczy przyszedł zbawić to, co zginęło._**

(Ten werset został usunięty z NIV i wielu innych wersji Biblii. Jezus nie jest jedynym Zbawicielem. Mason naucza, że możemy zbawić się sami i nie potrzebujemy Jezusa).

Mateusza 19:9

KJV: Mt 19:9: A ja wam powiadam: Ktobykolwiek oddalił żonę swoją, chyba dla wszeteczeństwa, a poślubił inną, cudzołoży; **_a kto by tak poślubił oddaloną, cudzołoży._**

NIV: Mt 19:9 Powiadam wam, że każdy, kto się rozwodzi z żoną swoją, z wyjątkiem niewierności małżeńskiej, i żeni się z inną kobietą, popełnia cudzołóstwo".

("kto poślubia oddaloną, popełnia cudzołóstwo" zostało pominięte)

Mateusza 19:16,17

KJV Mt 19:16 A oto przyszedł jeden i rzekł do niego: **_Dobry Mistrzu,_** *co dobrego mam czynić, abym miał życie wieczne?*

17 I rzekł mu: Dlaczego nazywasz mnie dobrym? Nie ma nikogo dobrego oprócz jednego, to jest Boga; ale jeśli chcesz wejść do życia, przestrzegaj przykazań.

NIV Mt 19:16 Pewien człowiek podszedł do Jezusa i zapytał: "Nauczycielu, co dobrego mam czynić, aby otrzymać życie wieczne?

17 "Dlaczego pytasz mnie o to, co jest dobre?" Jezus odpowiedział. "Jest tylko jeden, który jest dobry. Jeśli chcesz wejść do życia, przestrzegaj przykazań.

(Jezus powiedział: "Dlaczego nazywasz mnie dobrym?". Tylko Bóg jest dobry, a jeśli Jezus jest dobry, to musi być Bogiem. Dobry Mistrz został zmieniony na "Nauczyciel" w NIV, a znaczenie zostało utracone. Również niektóre religie wspierają wiarę w samozbawienie).

Mateusza 20:16

*KJV Mt 20:16: Tak więc ostatni będą pierwszymi, a pierwsi ostatnimi; **bo wielu jest powołanych, ale niewielu wybranych**.*

(Ważne jest, co wybierzemy. Możesz się zgubić, jeśli nie wybierzesz poprawnie)

NIV I RSV

NIV Mt 20:16: "Ostatni będą pierwszymi, a pierwsi ostatnimi".

(nie chcę wybierać)

Mateusza 20:20

*KJV Mt 20:20: Wtedy przyszła do niego matka dzieci Zebedeusza ze swoimi synami, **oddając mu pokłon** i pragnąc od niego pewnej rzeczy.*

*NIV Mt 20:20: Wtedy matka synów Zebedeusza przyszła do Jezusa ze swoimi synami i **uklęknąwszy**, poprosiła Go o przysługę.*

(**Czczenie czy klęczenie**...? Pomijając panowanie Jezusa Chrystusa, Żydzi czczą tylko jednego Boga).

Mateusza 20:22, 23

*KJV Mt 20:22, 23: Lecz Jezus odpowiedział i rzekł: Nie wiecie, o co prosicie. Czy jesteście w stanie pić z kielicha, z którego ja będę pił, i być **ochrzczeni chrztem, którym ja jestem ochrzczony**? Rzekli do Niego, jesteśmy w stanie.*

*I rzekł im: Kielich mój pić będziecie **i chrztem, którym ja jestem ochrzczony, ochrzczeni** będziecie; ale siedzieć po prawicy mojej i po lewicy mojej nie daję, ale tym, którym to przygotował Ojciec mój.*

(Czy mógłbyś przejść przez cierpienie, przez które ja przeszedłem?)

NIV Mt 20:22, 23: "Nie wiecie, o co prosicie" - powiedział do nich Jezus. "Czy możecie pić kielich, który Ja mam pić?". "Możemy", odpowiedzieli. Jezus rzekł do nich: "Będziecie pić z kielicha mojego, ale nie daję wam siedzieć po mojej prawicy ani po mojej lewicy. Te miejsca należą do tych, dla których zostały przygotowane przez mojego Ojca".

(Wszystkie wyróżnione i podkreślone wyrażenia w KJV zostały usunięte z NIV)

Mateusza 21:44

*KJV Mt 21:44: A kto by upadł na ten kamień, będzie rozbity; ale na kogo by upadł, **zmieli go na proch**.*

*NIV Mt 21:44: Kto upadnie na ten kamień, będzie rozbity **na kawałki**, a na kogo on spadnie, będzie zmiażdżony".*

(Zmiel go na proszek został usunięty)

Mateusza 23:10

*KJV Mt 23:10: Nie nazywajcie się też **panami**, bo jeden jest wasz **Mistrz**, nawet **Chrystus**.*

NIV Mt 23:10: I wy nie nazywajcie się "nauczycielami", bo macie jednego Nauczyciela, Chrystusa.

(Trzeba sprowadzić Boga do poziomu mistyków, aby Jezus stał się kolejnym mistykiem. Prawda jest taka, że Chrystus zaspokaja wszystkich).

Mateusza 23:14

KJV: Mt 23:14: Biada wam, uczeni w Piśmie i faryzeusze, obłudnicy! Bo pożeracie domy wdów i dla pozoru długo się modlicie; dlatego otrzymacie większe potępienie.

(NIV, New LT, English Standard Version, New American Standard Bible i przekłady Nowego Świata mają ten werset usunięty. Sprawdź to sam w swojej Biblii).

Mateusza 24:36

KJV: Mt 24:36: Lecz o dniu owym i godzinie nikt nie wie, ani aniołowie niebiescy, tylko Ojciec mój.

*NIV: Mt 24:36: "O dniu owym lub godzinie nikt nie wie, nawet aniołowie w niebie, **ani Syn**, tylko Ojciec.*

("ani syn" jest dodane w Biblii NIV. Jana 10:30 **Ja i Ojciec mój jedno jesteśmy**. Tak więc Jezus zna swój nadchodzący czas. Sugeruje to, że Jezus nie jest w Bóstwie. Ale w owych dniach, po ucisku, słońce się zaćmi, a księżyc nie da swego światła (Marka 13:24). Trudno będzie określić czas).

Mateusza 25:13

*KJV: Mt 25:13 Czuwajcie więc, bo nie znacie dnia ani godziny, **o której Syn Człowieczy przyjdzie**.*

NIV: Mt 25:13 "Czuwajcie więc, bo nie znacie dnia ani godziny".

("**W którym Syn Człowieczy przychodzi**". Pomijając, kto powróci? Jakiego zegarka?)

Mateusza 25:31

*KJV: Mt 25:31Kiedy Syn Człowieczy przyjdzie w swojej chwale i wszyscy **święci aniołowie** z Nim, wtedy zasiądzie na tronie swojej chwały*

*NIV: Mt 25:31 "Gdy Syn Człowieczy przyjdzie w swej chwale i wszyscy **aniołowie** z Nim, wtedy zasiądzie na swoim tronie w niebiańskiej chwale".*

(KJV mówi o wszystkich "świętych" aniołach. NIV mówi tylko "aniołowie". Sugeruje to, że upadli lub nieświęci aniołowie przyjdą z Jezusem. Czyż nie? Istnieje herezja, która głosi, że nie ma znaczenia, co zrobisz dobrego lub złego, i tak pójdziesz do nieba. Duchy naszych zmarłych bliskich, którzy nigdy nie uwierzyli w Jezusa, mają powrócić, aby powiedzieć swoim bliskim, że są w porządku w niebie i nie musisz nic robić, aby dostać się do nieba. To jest doktryna diabła).

Mateusza 27:35

*KJV MT 27:35: I ukrzyżowali go, i rozdzielili szaty jego, rzucając losy: **aby się wypełniło, co było powiedziane przez proroka: Rozdzielili między siebie szaty moje, a na szatę moją rzucali losy.***

NIV MT 27:35: Gdy Go ukrzyżowali, podzielili Jego szaty, rzucając losy.

("aby się wypełniło to, co powiedział prorok, rozdzielili między siebie moje szaty i rzucali losy na moją szatę". Całkowicie zaczerpnięte z Biblii NIV)

Marka 1:14

*KJV MAREK 1:14: Po tym, jak Jan został wtrącony do więzienia, Jezus przyszedł do Galilei, **głosząc ewangelię królestwa Bożego***

*NIV MAREK 1:14: Po uwięzieniu Jana Jezus udał się do Galilei, **głosząc dobrą nowinę o Bogu.***

(Ewangelia Królestwa Bożego została pominięta w NIV)

Marka 2:17

*KJV Marka 2:17: Gdy Jezus to usłyszał, rzekł do nich: Ci, którzy są zdrowi, nie potrzebują lekarza, ale ci, którzy są chorzy: Nie przyszedłem wzywać sprawiedliwych, ale grzeszników do **pokuty**.*

NIV Marka 2:17: Słysząc to, Jezus rzekł do nich: "To nie zdrowi potrzebują lekarza, ale chorzy. Nie przyszedłem powoływać sprawiedliwych, ale grzeszników".

(Tak długo, jak wierzysz, że to jest w porządku, możesz robić cokolwiek i to jest w porządku. Lekko zmieniając Pismo Święte, grzech jest mile widziany).

Marka 5:6

*KJV Marka 5:6: Lecz gdy ujrzał Jezusa z daleka, pobiegł i oddał **mu poklon**,*

(Uznaje, że Jezus jest Panem Bogiem).

*NIV Marka 5:6: Gdy ujrzał Jezusa z daleka, pobiegł i **upadł przed Nim na kolana.***

(Okazuje szacunek jako człowiek, ale nie uznaje go za Pana Boga).

Marka 6:11

*KJV: Marka 6:11 "A ktokolwiek by was nie przyjął i nie wysłuchał, gdy stamtąd odejdziecie, strząśnijcie proch spod nóg waszych na świadectwo przeciwko nim. **Zaprawdę powiadam wam: Sodoma i Gomora będą bardziej znośne w dniu sądu niż to miasto**.*

NIV Marka 6:11 "A jeśli cię kto nie przyjmie lub nie usłucha, niech otrząśnie proch z nóg swoich, gdy odejdzie, na świadectwo przeciwko niemu".

(NIV usunął: "Zaprawdę powiadam wam: Sodoma i Gomora będą bardziej znośne w dniu sądu niż to miasto". Sąd został usunięty, ponieważ oni w niego nie wierzą i nie ma znaczenia, jakiego wyboru dokonasz. Wszystkie złe słowa i uczynki zostaną naprawione w czyśćcu lub reinkarnacji).

Marka 7:16

KJV Mark 7:16: Jeśli ktoś ma uszy do słuchania, niech słucha

(NIV, Biblia Świadków Jehowy i współczesne tłumaczenia usunęły ten werset. WOW!).

Marka 9:24

*KJV Marka 9:24: I zaraz zawołał ojciec dziecięcia, i rzekł ze łzami: **Panie**, wierzę; dopomóż niedowiarstwu memu.*

NIV Marka 9:24: Natychmiast ojciec chłopca wykrzyknął: "Wierzę; pomóż mi przezwyciężyć moją niewiarę!".

(W NIV brakuje Lorda, pominięto panowanie Jezusa Chrystusa).

231

Marka 9:29

*KJV Mark 9:29: I rzekł do nich: Ten rodzaj nie może wyjść przez nic, tylko przez modlitwę i **post**.*

NIV Mark 9: 29: Odpowiedział: "Ten rodzaj może wyjść tylko przez modlitwę".

(**Post** jest usuwany. Poprzez post zrywamy silne uściski szatana. Poszukiwanie oblicza Boga poprzez biblijny post i modlitwę przynosi specjalne namaszczenie i moc).

Mark 9 :44

KJV Mark 9:44: Gdzie ich robak nie umiera, a ogień nie gaśnie.

(Pismo zostało usunięte z NIV, nowoczesnej transformacji i Biblii Świadków Jehowy. Nie wierzą oni w karę w piekle).

Marka 9:46

KJV: Marka 9:46: Gdzie ich robak nie umiera, a ogień nie gaśnie.

(Pismo Święte zostało usunięte z NIV, nowoczesnego tłumaczenia i Biblii Świadków Jehowy. Ponownie, oni nie wierzą w sąd).

Marka 10:21

*KJV Marka 10:21: Wtedy Jezus, widząc go, umiłował go i rzekł mu: Jednego ci brakuje: idź swoją drogą, sprzedaj wszystko, co masz, i rozdaj ubogim, a będziesz miał skarb w niebie; i chodź, **weź krzyż** i chodź za mną.*

(Chrześcijanin ma krzyż do niesienia. Nastąpiła zmiana w twoim życiu).

NIV Marka 10:21: Jezus spojrzał na niego i pokochał go. "Jednego ci brak", powiedział. "Idź, sprzedaj wszystko, co masz, i rozdaj ubogim, a będziesz miał skarb w niebie. Potem przyjdź i chodź za Mną".

(NIV usunął "wziąć krzyż", nie ma potrzeby cierpieć za prawdę. Żyj tak, jak chcesz żyć. Krzyż jest bardzo ważny dla chrześcijańskiego życia).

Marka 10 :24

*KJV Marka 10:24: A uczniowie byli zdumieni jego słowami. Ale Jezus ponownie odpowiada i mówi do nich: Dzieci, jak trudno jest tym, **którzy ufają bogactwom**, wejść do królestwa Bożego!*

NIV Marka 10:24: Uczniowie byli zdumieni Jego słowami. Lecz Jezus powtórzył: "Dzieci, jak trudno jest wejść do królestwa Bożego!

(**"którzy pokładają ufność w bogactwach"** zostało usunięte; słowa te nie są potrzebne w Biblii NIV, ponieważ chcą jałmużny. To również sprawia, że czujesz, że trudno jest wejść do Królestwa Bożego i zniechęca cię).

Marka 11:10

*KJV Mark 11: 10: Błogosławione niech będzie królestwo naszego ojca Dawida, **które przychodzi w imieniu Pana**: Hosanna na wysokościach.*

*NIV Marka 11:10: "Błogosławione **nadchodzące królestwo** naszego ojca Dawida!" "Hosanna na wysokościach!"*

(NIV: usunięto "który przychodzi w imieniu Pana")

Marka 11:26

KJV: Marka 11:26 Lecz jeśli nie przebaczycie, to i Ojciec wasz, który jest w niebie, nie przebaczy wam waszych przewinień.

(Pismo to zostało całkowicie usunięte z NIV, Biblii Świadków Jehowy (zwanej Przekładem Nowego Świata) i wielu innych współczesnych przekładów. Przebaczenie jest bardzo ważne, jeśli chcesz otrzymać przebaczenie).

Mark 13 :14

*KJV Marka 13:14: Ale gdy ujrzycie ohydę spustoszenia, **o której mówił prorok Daniel**, stojącą tam, gdzie nie powinna (niech ten, kto czyta, zrozumie), wtedy ci, którzy są w Judei, niech uciekają w góry:*

NIV Marka 13:14: "Gdy ujrzycie 'ohydę, która powoduje spustoszenie' stojącą tam, gdzie nie należy - niech czytelnik zrozumie - wtedy ci, którzy są w Judei, niech uciekają w góry.

(Informacje o Księdze Daniela zostały usunięte z NIV). Studiujemy czasy ostateczne w Księdze Daniela i Objawienia. BŁOGOSŁAWIENI, KTÓRZY CZYTAJĄ SŁOWA TEJ KSIĘGI. Błogosławiony ten, który czyta, i ci, którzy słuchają słów tego **proroctwa** i zachowują to, co jest w nim napisane, bo czas jest bliski. (Objawienie 1: 3) Usuwając imię Daniela, pozostawia cię zdezorientowanym)

Marka 15:28

KJV: Marka 15:28: I wypełniło się Pismo, które mówi: i został policzony z przestępcami.

(Usunięto z NIV, Biblii Świadków Jehowy i współczesnych przekładów)

Łukasza 2:14

KJV: Łukasza 2:14 Chwała Bogu na wysokościach, a na ziemi pokój, **dobra wola wobec ludzi.**

Łukasza 2:14: Chwała Bogu na wysokościach, a na ziemi pokój ludziom, na których spoczywa Jego łaska".

(Subtelna zmiana. zamiast "dobra wola wobec ludzi"; Biblia NIV mówi o pokoju tylko dla niektórych ludzi, których Bóg faworyzuje. Jest to również sprzeczne z Bożą zasadą).

Łukasza 2:33

Łukasza 2:33: A **Józef** *i jego matka*

NIV Łukasza 2:33: Ojciec i matka dziecka.

(**Joseph** zostaje usunięty)

Łukasza 4:4

KJV Luke 4: 4 A Jezus mu odpowiedział, mówiąc: Jest napisane, że człowiek nie będzie żył samym chlebem, **ale każdym słowem Bożym**.

Łukasza 4:4 Jezus odpowiedział: "Jest napisane: 'Nie samym chlebem żyje człowiek'.

Szatan atakuje **SŁOWO BOŻE** W Księdze Rodzaju 3: Szatan zaatakował SŁOWO BOŻE. Ma subtelny atak "**Ale przez każde słowo Boże**" zostało usunięte z NIV

NIV i współczesne tłumaczenia Biblii dla foramtor nie dbają o Słowo Boże. Zmieniają sformułowania, aby dopasować je do swoich doktryn, ze względu na swoją stronniczość co do tego, co ich zdaniem powinno ono mówić. Słowo Boże jest żywe i przynosi przekonanie do samego siebie. Kiedy Bóg przekonuje cię o grzechu, przynosi pokutę. Jeśli słowo Boże zostało zmienione, nie może przynieść prawdziwego przekonania, a zatem nie będzie się dążyć do pokuty. W ten sposób NIV wskazuje, że wszystkie religie są w porządku, co, jak wiemy, nie jest prawdą.

Łukasza 4:8

*Łukasza 4:8 A Jezus odpowiadając, rzekł mu: **Pójdź za mną, szatanie**; albowiem napisano: Panu, Bogu swemu, będziesz oddawał pokłon i tylko jemu samemu służyć będziesz.*

(Jezus skarcił szatana. Ty i ja możemy skarcić szatana w imię Jezusa).

Łukasza 4:8 Jezus odpowiedział: "Jest napisane: 'Pana, Boga swego, czcijcie i tylko jemu służcie'

("**Pójdź za mną, szatanie**" pochodzi z NIV).

Łukasza 4:18

*Łukasza 4:18: Duch Pański spoczywa na mnie, ponieważ namaścił mnie, abym głosił ewangelię ubogim; posłał mnie, abym **uzdrowił złamanych na duchu**, abym głosił wyzwolenie jeńcom i odzyskanie wzroku niewidomym, abym uwolnił tych, którzy są posiniaczeni,*

Łukasza 4:18 "Duch Pański spoczywa na Mnie, ponieważ Mnie namaścił, abym ubogim głosił dobrą nowinę. Posłał mnie, abym ogłosił więźniom wolność, a niewidomym przejrzenie, abym uciśnionych wypuścił na wolność".

("**leczyć złamanych na duchu**" zostało usunięte z NIV: Ludzie, którzy używają tej uszkodzonej wersji, są zazwyczaj niespokojni, niestabilni emocjonalnie i przygnębieni. Zmiana Słowa Bożego odbiera mu moc. Prawda uczyni cię wolnym, więc usunęli prawdę ze współczesnej Biblii).

Łukasza 4:41

*Łukasza 4:41: I z wielu wyszły diabły, wołając i mówiąc: **Ty jesteś Chrystus, Syn Boży**. A On, ganiąc je, pozwolił im nie mówić, bo wiedzieli, że to Chrystus.*

(Czy ludzie wyznają "Ty jesteś Chrystus, Syn Boży?". Nie, chyba że jest to objawione przez Jego Ducha).

*Łukasza 4:41: Co więcej, z wielu ludzi wychodziły demony, krzycząc : "**Ty jesteś Synem Bożym!**". Lecz On je zgromił i nie pozwolił im mówić, ponieważ wiedziały, że jest Chrystusem.*

(Usuwając "**Chrystusa**", demon nie wyznał Chrystusa jako Syna Bożego. Szatan nie chce, aby ludzie przyjęli Jezusa jako Jehowę Zbawiciela, więc zmienia Słowo Boże z głębszym zamiarem. Demon wiedział, że Jezus jest Bogiem w ciele).

Łukasza 8:48

*Łukasza 8:48: I rzekł do niej: Córko, **pociesz** się; twoja wiara cię uzdrowiła; idź w pokoju.*

Łukasza 8:48: Wtedy rzekł do niej: "Córko, twoja wiara cię uzdrowiła. Idź w pokoju".

("Bądźcie dobrej myśli" zostało pominięte w NIV. Tak więc pocieszenie zniknęło, nie możesz być pocieszony czytając Biblię NIV).

Łukasza 9:55

*Łukasza 9:55: Lecz on odwrócił się, zgromił ich i rzekł: **Nie wiecie, jakiego ducha jesteście**.*

Łukasza 9:55: Lecz Jezus odwrócił się i zgromił ich.

(NIV usunął te słowa: "**Nie wiecie, jakiego ducha jesteście**").

Łukasza 9:56

*KJV: Łukasza 9:56: Albowiem **Syn Człowieczy nie przyszedł zniszczyć życia** ludzkiego, **ale je zbawić**. I poszli do innej wioski.*

NIV Łukasza 9:56 i poszli do innej wioski.

(NIV USUNIĘTO: **Syn Człowieczy nie przyszedł zniszczyć życia ludzkiego, ale je zbawić**. Powód przyjścia Jezusa został zniszczony przez usunięcie tej części Pisma Świętego).

Łukasza 11:2-4

*Łukasza 11:2-4: I rzekł im: **Gdy się modlicie, mówcie: Ojcze nasz, któryś jest w niebie**, święć się imię Twoje. Przyjdź królestwo Twoje. **Bądź wola Twoja jako w niebie, tak i na ziemi**. Chleba naszego powszedniego daj nam na każdy dzień. I odpuść nam nasze grzechy, bo i my odpuszczamy każdemu, kto ma wobec nas dług. I nie wódź nas na pokuszenie, **ale nas zbaw ode złego**.*

Łukasza 11:2-4: Powiedział im: "Kiedy się modlicie, mówcie: "Ojcze, święć się imię Twoje, przyjdź królestwo Twoje. Chleba naszego powszedniego daj nam na każdy dzień. Przebacz nam nasze grzechy, bo i my przebaczamy każdemu, kto przeciw nam zgrzeszy. I nie wódź nas na pokuszenie".

(NIV nie jest szczegółowy, a wszystkie podkreślenia z KJV zostały pominięte w NIV i innych współczesnych wersjach Biblii).

Łukasza 17:36

Łukasza 17:36 Dwóch mężczyzn będzie na polu; jeden zostanie zabrany, a drugi pozostawiony.

(NIV, wersja współczesna i Biblia Świadków Jehowy usunęły cały fragment Pisma Świętego)

Łukasza 23:17

Łukasza 23:17: (Ponieważ z konieczności musi wydać im jednego na ucztę).

(NIV, Biblia Świadków Jehowy i wiele współczesnych wersji biblijnych całkowicie usunęło ten fragment).

Łukasza 23:38

*Łukasza 23:38: I napisano nad nim **literami greckimi, łacińskimi i hebrajskimi**: TO JEST KRÓL ŻYDÓW.*

NIV Łukasza 23:38: Nad nim było napisane ogłoszenie, które brzmiało: TO JEST KRÓL ŻYDÓW.

(NIV i inne współczesne tłumaczenia usunęły: "**literami greckimi, łacińskimi i hebrajskimi**", usuwając dowody na języki używane w tamtym czasie).

Łukasza 23:42

*Łukasza 23:42: I rzekł do Jezusa: **Panie**, wspomnij na mnie, gdy przyjdziesz do swego królestwa.*

(Złodziej zrozumiał, że Jezus jest Panem)

Łukasza 23:42: Wtedy powiedział: "Jezu, wspomnij na mnie, gdy przyjdziesz do swego królestwa".

(Nie chcąc uznać panowania Jezusa)

Łukasza 24:42

*Łukasza 24:42: I dali mu kawałek pieczonej ryby i **plaster miodu**.*

Łukasza 24:42: Dali mu kawałek pieczonej ryby.

(Współczesne Biblie podają połowę informacji. Brak " słowaplaster miodu" w NIV i innych wersjach Biblii)

Jana 5:3

*KJV John 5: 3: W nich leżało wielkie mnóstwo bezsilnych ludzi, ślepych, zatrzymanych, uschłych, **czekających na poruszenie wody***

NIV Jana 5:3: Tutaj leżało wielu niepełnosprawnych: niewidomych, chromych, sparaliżowanych.

(Usunęli informację, że w tym miejscu miał miejsce cud "w oczekiwaniu na poruszenie wody").

Jana 5:4

KJV: Jana 5:4: Albowiem anioł zstąpił o pewnej porze do sadzawki i wzburzył wodę; ktokolwiek więc pierwszy po wzburzeniu wody wszedł, został uzdrowiony z jakiejkolwiek choroby, którą miał.

(NIV i współczesne tłumaczenia wraz z Biblią Świadków Jehowy całkowicie usunęły to pismo).

Jana 6:47

*KJV: Jana 6:47: Zaprawdę, zaprawdę, powiadam wam: Kto **we mnie wierzy**, ma żywot wieczny.*

NIV: Jana 6:47: Mówię wam prawdę, kto wierzy, ma życie wieczne.

(**Believeth on me** zostało zmienione na **Believes**. W kogo wierzyć? Słowo Believeth ma "eth" na końcu, co oznacza, że słowo to jest ciągłe. Każde słowo, które ma "eth" na końcu, oznacza, że jest ciągłe, a nie tylko jednorazowe).

Jana 8:9a

> *KJV John 8: 9a: A ci, którzy to słyszeli, **będąc przekonani przez własne sumienie**, wyszli.*

> *NIV Jana 8:9a: Ci, którzy usłyszeli, zaczęli odchodzić.*

(NIV usunął "**będąc przekonanym przez własne sumienie**" - oni nie wierzą w posiadanie sumienia).

Jana 9:4a

> *KJV John 9: 4a: Muszę wykonywać dzieła tego, który mnie posłał.*

> *NIV Jana 9:4a: **Musimy** wykonywać dzieło Tego, który mnie posłał.*

(Jezus powiedział "**ja**", NIV i kilka innych wersji zmieniło "**ja**" na "**my**").

Jana 10:30

> *KJV: Jana 10:30: Ja i Ojciec **mój** jedno jesteśmy.*

> *NIV: Jana 10:30: Ja i Ojciec jedno jesteśmy".*

(Ja i mój Ojciec jesteśmy **jednym**, a nie dwoma. "Mój ojciec" czyni Jezusa Synem Bożym. Oznacza to Boga w ciele. NIV usunął "mój" i zmienił całkowite znaczenie pisma świętego).

241

Jana 16:16

KJV: Jana 16:16: Jeszcze chwila, a nie ujrzycie mnie; i znowu,
*jeszcze chwila, a ujrzycie mnie, **bo idę do Ojca**.*

NIV: Jana 16:16: "Za chwilę już Mnie nie ujrzycie, a potem po
krótkiej chwili ujrzycie Mnie".

(NIV usunął "ponieważ idę do Ojca. Wiele religii wierzy, że Jezus udał
się w Himalaje lub w inne miejsce i nie umarł).

Dzieje Apostolskie 2:30

KJV: Dzieje Apostolskie 2:30: Dlatego będąc prorokiem i wiedząc, że
Bóg złożył mu przysięgę, że z owocu jego lędźwi, według ciała,
__wzbudzi Chrystusa, aby zasiadł na jego tronie__

NIV: Dzieje Apostolskie 2:30: Ale był prorokiem i wiedział, że Bóg
obiecał mu pod przysięgą, że posadzi na swoim tronie jednego z jego
potomków.

(**NIV usunął "wzbudzi Chrystusa, aby zasiadł na jego tronie**",
proroctwo o przyjściu Jezusa w ciele zostało wymazane).

Dzieje Apostolskie 3:11

*KJV: Dzieje Apostolskie 3:11: A gdy **chromy człowiek, który został***
__uzdrowiony__, trzymał Piotra i Jana, cały lud pobiegł do nich na
ganek, który nazywa się Salomona, wielce się dziwiąc.

NIV: Dzieje Apostolskie3:11: Podczas gdy żebrak trzymał się Piotra i
Jana, wszyscy ludzie byli zdumieni i przybiegli do nich na miejsce
zwane Kolumnadą Salomona.

("**chromy, który został uzdrowiony**" jest kluczową częścią tego
wersetu, NIV to usunął).

Dzieje Apostolskie 4:24

*KJV: Dzieje Apostolskie 4:24: A gdy to usłyszeli, jednomyślnie podnieśli głos do Boga i rzekli: Panie, **Ty jesteś Bogiem**, który stworzyłeś niebo i ziemię, i morze, i wszystko, co w nich jest:*

NIV: Dzieje Apostolskie 4:24: Gdy to usłyszeli, podnieśli wspólnie głosy w modlitwie do Boga. "Wszechwładny Panie", powiedzieli, "Ty stworzyłeś niebo i ziemię, i morze, i wszystko, co w nich jest

(NIV i współczesne tłumaczenia usunęły "Ty jesteś Bogiem". Nie wyznając jedynego prawdziwego Boga, który uczynił cud).

Dzieje Apostolskie 8:37

KJV: Dzieje Apostolskie 8:37: I rzekł Filip: Jeśli wierzysz z całego serca, możesz. A on odpowiedział i rzekł: Wierzę, że Jezus Chrystus jest Synem Bożym.

(NIV i współczesne wersje Biblii całkowicie usunęły ten fragment).

Słowo "Mistrz" z KJV zostało usunięte we współczesnych wersjach Biblii i zmienione na "nauczyciel", stawiając Jezusa w tej samej klasie, co wszystkich innych nauczycieli różnych religii. Powodem tej zmiany jest głównie ruch ekumeniczny, który twierdzi, że nie można przedstawiać Jezusa jako jedynej drogi do zbawienia, ponieważ obniża to wszystkie inne wyznania, które nie wierzą, że Jezus jest naszym jedynym prawdziwym Zbawicielem. Na przykład hinduiści i większość innych religii wschodnich.

Dzieje Apostolskie 9:5

*KJV Dzieje Apostolskie 9:5: I rzekł: Kim jesteś, Panie? A Pan odpowiedział: Ja jestem Jezus, którego ty prześladujesz; **trudno ci kopać przeciwko kłusownikom**.*

NIV: Dzieje Apostolskie 9:5: Kim jesteś, Panie?" zapytał Saul. "Jestem Jezus, którego ty prześladujesz" - odpowiedział.

(NIV i współczesne tłumaczenia usunęły "**trudno jest ci kopać przeciwko kutasom**". Oznacza to, że usuwając cały ten fragment Pisma Świętego, nie zwyciężą).

Dzieje Apostolskie 15:34

KJV: Dzieje Apostolskie 15:34: Mimo to spodobało się Silasowi pozostać tam nadal.

(Biblia NIV i inne współczesne tłumaczenia Biblii usunęły ten fragment).

Dzieje Apostolskie 18:7

*KJV Dzieje 18:7: I odszedł stamtąd, i wszedł do domu pewnego człowieka, imieniem Justus, który czcił Boga, **którego dom mocno przyłączył się do synagogi**.*

NIV: Dzieje Apostolskie 18:7: Wtedy Paweł opuścił synagogę i udał się obok do domu Titiusa Justusa, czciciela Boga.

("**którego dom mocno przylegał do synagogi**" zostało usunięte)

Dz 23:9b

***KJV** ... Nie walczmy przeciwko Bogu*

(NIV, współczesna Biblia i Biblia Świadków Jehowy usunęły "**Nie walczmy z Bogiem**" Powód jest oczywisty, są ludzie, którzy ośmielają się walczyć z Bogiem).

Dzieje Apostolskie 24 :7

KJV: Dzieje Apostolskie 24:7: Ale naczelny kapitan Lysias przyszedł na nas i z wielką przemocą zabrał go z naszych rąk,

(NIV i współczesne wersje Biblii całkowicie usunęły ten fragment).

Dzieje Apostolskie 28:29

KJV: ACTS: 28:29: A gdy powiedział te słowa, Żydzi odeszli i mieli wielkie rozumowanie między sobą

(NIV i inne wersje Biblii całkowicie usunęły ten fragment. Widać, że był tam konflikt. Rozumowanie dotyczyło tego, kim był Jezus? Dlatego konieczne jest usunięcie tego wersetu).

Rz 1:16

KJV: Rzymian 1:16: Albowiem nie wstydzę się ewangelii **Chrystusowej**, *gdyż jest ona mocą Bożą ku zbawieniu dla każdego, kto wierzy; najpierw dla Żyda, a także dla Greka.*

NIV: Rzymian 1:16: Nie wstydzę się ewangelii, ponieważ jest ona mocą Bożą ku zbawieniu każdego, kto wierzy: najpierw Żyda, potem poganina.

(NIV usunął Ewangelię "Chrystusa" i zachował tylko "Ewangelię". Większość ataków dotyczy Jezusa jako Chrystusa. Ewangelia to śmierć, pogrzeb i zmartwychwstanie Jezusa Chrystusa. Ten fragment nie jest potrzebny).

Rz 8:1

KJV: Rzymian 8:1: Nie ma więc teraz potępienia dla tych, którzy są w Chrystusie Jezusie, **którzy nie postępują według ciała, ale według Ducha**.

NIV: Rzymian 8:1: Dlatego teraz nie ma potępienia dla tych, którzy są w Chrystusie Jezusie

("**którzy nie postępują według ciała, ale według Ducha**" zostało usunięte z NIV, więc możesz żyć tak, jak chcesz).

Rz 11:6

*KJV: Rzymian 11:6 A jeśli z łaski, to już nie z uczynków: inaczej łaska nie jest już łaską. **Ale jeśli z uczynków, to już nie jest łaska, inaczej praca nie jest już pracą.***

NIV: Rz 11:6 A jeśli z łaski, to już nie z uczynków; gdyby tak było, łaska nie byłaby już łaską.

("Ale jeśli z uczynków, to już nie jest łaska; w przeciwnym razie praca nie jest już pracą". Część tego fragmentu została usunięta z NIV i innych wersji).

Rz13:9b

*KJV: Romans13:9b: **Nie będziesz składał fałszywego świadectwa***

(NIV usunął te słowa z Pisma Świętego. Biblia mówi: nie dodawaj, nie odejmuj)

Rz 16:24

KJV: Rzymian 16:24: Łaska Pana naszego Jezusa Chrystusa niech będzie z wami wszystkimi. Amen.

NIV: Rzymian 16:24: (NIV i inne współczesne Biblie całkowicie usunęły ten fragment Pisma Świętego).

1 Koryntian 6:20

*KJV: 1Kor 6:20: Albowiem drogoście kupieni, przeto chwalcie Boga w ciele waszym **i w duchu waszym, które są** Boże.*

NIV:1Kor 6:20: Zostaliście kupieni za cenę. Dlatego czcijcie Boga waszymi ciałami.

(Współczesna Biblia i NIV usunęły "i w duchu waszym, który jest Boży". Nasze ciało i duch należą do Pana).

1 Koryntian 7:5

*KJV: 1 Koryntian 7:5: Nie oszukujcie się nawzajem, chyba że za zgodą na jakiś czas, abyście mogli oddać się **postowi i modlitwie**; i zbierzcie się ponownie, aby szatan nie kusił was za nietrzymanie moczu.*

*NIV:1 Koryntian 7:5: Nie pozbawiajcie się nawzajem, chyba że za obopólną zgodą i na pewien czas, abyście mogli poświęcić się **modlitwie**. Potem znowu się spotkajcie, aby szatan nie kusił was z powodu braku samokontroli.*

(NIV i współczesne wersje Biblii usunęły "post", ponieważ ma on na celu zburzenie silnych więzów szatana. Post zabija również ciało).

2 Koryntian 6:5

*KJV: 2 Koryntian 6: 5: W chłostach, w więzieniach, w zamieszkach, w pracy, w czuwaniu, w **postach**;*

*NIV:2 Koryntian 6:5: w biciu, więzieniu i zamieszkach; w ciężkiej pracy, bezsennych nocach i **głodzie**;*

(**Post nie jest głodem**, zmianą Słowa Prawdy. Diabeł nie chce, abyś miał bliższą, silniejszą, głębszą relację z Bogiem. Pamiętaj, królowa

Estera i Żydzi pościli, a Bóg zwrócił plan Szatana z powrotem do wroga).

2 Koryntian 11:27

*KJV: 2Kor 11:27: W zmęczeniu i bólu, w częstych czuwaniach, w głodzie i pragnieniu, **w częstych postach**, w zimnie i nagości.*

NIV:2Koryntian 11:27: Pracowałem i trudziłem się i często nie spałem; znałem głód i pragnienie i często nie jadłem; byłem zimny i nagi.

(Ponownie, post nie występuje w NIV i współczesnych wersjach Biblii).

Efezjan 3:9

*KJV Efezjan 3:9: I aby wszyscy ludzie zobaczyli, jaka jest społeczność tajemnicy, która od początku świata była ukryta w Bogu, który stworzył **wszystko przez Jezusa Chrystusa**:*

NIV List do Efezjan 3:9: i aby wyjaśnić wszystkim zarządzanie tą tajemnicą, która od wieków była ukryta w Bogu, który stworzył wszystko.

(NIV i inne wersje Biblii usunęły **"wszystko przez Jezusa Chrystusa"**. Jezus jest Bogiem i Stwórcą wszystkiego).

Efezjan 3:14

*KJV: Efezjan 3:14: Z tego powodu zginam kolana przed Ojcem **Pana naszego Jezusa Chrystusa**,*

NIV: List do Efezjan 3:14: Dlatego klęczę przed Ojcem,

("**naszego Pana Jezusa Chrystusa**" zostało usunięte z NIV i innych wersji. To jest dowód na to, że Jezus jest Synem Bożym. "Syn Boży" jest Potężnym Bogiem w ciele, który przyszedł, aby przelać krew za ciebie i za mnie. Pamiętaj, że szatan wierzy, że jest jeden Bóg i drży. Jakuba 2:19)

Efezjan 5:30

KJV: Efezjan 5:30: Albowiem jesteśmy członkami ciała jego, z ciała jego i z kości jego.

NIV:Efezjan 5:30: Jesteśmy bowiem członkami jego ciała.

("**Z ciała i z kości jego**". Część Pisma Świętego została usunięta z NIV i wielu innych wersji Biblii).

Kolosan 1:14

KJV: Kolosan 1:14: W którym mamy odkupienie przez jego krew, a nawet odpuszczenie grzechów:

NIV:Kolosan 1:14: w którym mamy odkupienie, odpuszczenie grzechów.

("**przez jego krew**", Jezus jest nazywany Barankiem Bożym, który przyszedł, aby zgładzić grzechy tego świata. Odkupienie **jest tylko** przez krew. Bez przelania krwi nie ma odpuszczenia grzechów (Hebr. 9:22). Dlatego właśnie chrzcimy w imię Jezusa, aby Jego krew została przelana za nasze grzechy).

1 Tymoteusza 3:16b

*KJV: 1 Tymoteusza 3:16b: **Bóg** objawił się w ciele*

NIV: 1 Tymoteusza 3:16b: Pojawił się w ciele.

(Czy nie wszyscy pojawiamy się w ciele? NIV i większość współczesnych wersji mówi, " żeon" pojawił się w ciele. Cóż, ja też pojawiam się w ciele. "On" kto? W powyższym wersecie ponownie zmieniają sformułowanie, aby "On" był innym bogiem. Ale w KJV możemy wyraźnie zobaczyć "I bez kontrowersji wielka jest tajemnica pobożności: **Bóg** objawił się w ciele". Jest tylko jeden Bóg. Dlatego Jezus powiedział, że jeśli mnie widzieliście, to widzieliście Ojca. Ojciec jest duchem, ducha nie można zobaczyć. Ale duch przyoblekł się w ciało i można go było zobaczyć).

*Dzieje Apostolskie 20:28b mówią: Aby żywił **Kościół Boży**, który nabył **własną krwią**.*

Bóg jest duchem i aby przelać krew, potrzebuje ciała z krwi i kości. **Jeden Bóg**, który przywdział ciało.

Prosty przykład: Lód, woda i para - to samo, ale inna manifestacja.

*KJV 1 John 5: 7: "Albowiem trzej są, którzy w niebie zanoszą świadectwo: Ojciec, Słowo i Duch Święty, a ci **trzej jedno są**".*

Bóg, Jezus (Słowo, które stało się ciałem) i Duch Święty są jednym, a nie trzema. (1 Jana 5:7 został całkowicie usunięty z NIV i innych aktualnych tłumaczeń).

2 Tymoteusza 3:16

*KJV: 2 Tymoteusza 3:16: **Całe** Pismo jest dane z natchnienia Bożego i jest przydatne do nauki, do nagany, do poprawy, do pouczenia w sprawiedliwości:*

*ASV: 2 Tymoteusza 3:16: **Każde** pismo natchnione przez Boga jest również przydatne do nauczania.*

(Tutaj zdecydują, który z nich jest, a który nie. Herezja będzie karana śmiercią).

1 Tesaloniczan 1:1

*KJV: 1 Tesaloniczan 1:1: Paweł i Sylwan, i Tymoteusz, do zboru Tesaloniczan, który jest w Bogu Ojcu i w Panu Jezusie Chrystusie: Łaska wam i pokój **od Boga, Ojca naszego, i Pana Jezusa Chrystusa**.*

NIV:1 Tesaloniczan 1:1: Paweł, Sylas i Tymoteusz, Do zboru Tesaloniczan w Bogu Ojcu i Panu Jezusie Chrystusie: Łaska wam i pokój.

("od Boga, Ojca naszego, i Pana Jezusa Chrystusa" zostało usunięte ze współczesnych tłumaczeń i NIV).

Hebrajczyków 7:21

*KJV: Hebrajczyków 7:21: (**Albowiem ci kapłani zostali ustanowieni bez przysięgi**; ale ten z przysięgą przez tego, który mu powiedział: Pan przysiągł i nie będzie żałował: Ty jesteś kapłanem na wieki **według porządku Melchizedeka**):*

*NIV: Hebrajczyków 7:21: ale stał się kapłanem **z przysięgą**, gdy Bóg powiedział do niego: "Pan przysiągł i nie zmieni zdania": ' Jesteś kapłanem na zawsze".*

(NIV usunął "Albowiem ci kapłani zostali ustanowieni bez przysięgi" i "według porządku Melchizedeka").

Jakuba 5:16

*KJV: Jakuba 5:16: Wyznawajcie sobie nawzajem swoje **winy** i módlcie się jeden za drugiego, abyście zostali uzdrowieni. Skuteczna żarliwa modlitwa sprawiedliwego przynosi wiele korzyści.*

*NIV: Jakuba 5:16: Dlatego wyznawajcie sobie nawzajem **grzechy** i módlcie się za siebie nawzajem, abyście zostali uzdrowieni. Modlitwa prawego człowieka jest potężna i skuteczna.*

(**Wady a grzechy**: Grzechy, które wyznajesz Bogu, ponieważ tylko On może przebaczyć. Zmiana słowa "winy" na "grzechy" wspiera katolicki pogląd na wyznawanie "grzechów" księdzu).

1 Piotra 1:22

*KJV: 1 Piotra 1:22: widząc, że oczyściliście dusze wasze w posłuszeństwie prawdzie **przez Ducha ku** nieskalanej miłości braci, patrzcie, abyście się wzajemnie **gorliwie** miłowali **czystym sercem**:*

NIV: 1 Piotra 1:22: Teraz, gdy oczyściliście się przez posłuszeństwo prawdzie, tak że macie szczerą miłość do braci, miłujcie się wzajemnie głęboko, z serca.

("**przez Ducha do**" i "**czystego serca żarliwie**" zostały usunięte z NIV i innych współczesnych wersji).

1 Piotra 4:14

*KJV: 1 Piotra 4:14: Jeśli będziecie zelżeni dla imienia Chrystusa, szczęśliwi jesteście; bo duch chwały i Boga spoczywa na was: **z ich strony źle się o nim mówi, ale z waszej strony jest uwielbiony**.*

NIV: 1 Piotra 4:14: Jeśli jesteście znieważani z powodu imienia Chrystusa, jesteście błogosławieni, ponieważ spoczywa na was duch chwały i Boga.

("**Z ich strony źle się o nim mówi, ale z waszej strony jest uwielbiony**" zostało usunięte z NIV i innych współczesnych wersji).

1 Jana 4:3a

*KJV: 1 Jana 4:3a: A każdy duch, który nie wyznaje, że Jezus **Chrystus przyszedł w ciele**, nie jest z Boga.*

NIV: 1 Jana 4:3a: Ale każdy duch, który nie uznaje Jezusa, nie pochodzi od Boga.

("**Chrystus przyszedł w ciele**", usuwając te słowa, NIV i inne wersje udowadniają, że są antychrystem).

1 Jana 5:7-8

*KJV: 1 Jana 5:7: **Albowiem trzej są, którzy w niebie zapisują, Ojciec, Słowo i Duch Święty, a ci trzej są jednym.***

(Usunięto z NIV)

KJV: 1 Jana 5:8: A są trzej, którzy świadczą na ziemi, Duch, woda i krew; a ci trzej zgadzają się w jednym.

*NIV: 1 Jana 5:7, 8: **Albowiem trzej są, którzy świadczą**: 8 Duch, woda i krew; a te trzy są w zgodzie*

(Jest to jeden z NAJWIĘKSZYCH wersetów świadczących o Bóstwie. Jeden Bóg, a nie trzech bogów. **Trójca** nie jest biblijna. Słowo **Trójca** nie występuje w Biblii. Dlatego NIV, współczesne wersje Biblii i Świadkowie Jehowy pominęli je w tym wersecie. Nie wierzą oni w Bóstwo i nie wierzą, że w Jezusie mieszka cieleśnie cała pełnia Bóstwa. W Biblii nie ma żadnych korzeni ani dowodów na akceptację **Trójcy**. Dlaczego NIV to pomija...? Napisano całe książki na temat dowodów rękopiśmiennych, które wspierają włączenie tego wersetu do Biblii. Czy wierzysz w Trójcę? Jeśli tak, to usunięcie tego wersetu powinno cię urazić. Jezus nigdy nie nauczał o Trójcy i nigdy o niej nie wspominał. Szatan podzielił jednego Boga, aby mógł dzielić ludzi i rządzić).

1 Jana 5:13

KJV: 1Jn 5:13: To napisałem wam, którzy wierzycie w imię Syna Bożego, abyście wiedzieli, że macie życie wieczne, i abyście wierzyli w imię Syna Bożego.

NIV:1John 5:13: Piszę to do was, którzy wierzycie w imię Syna Bożego, abyście wiedzieli, że macie życie wieczne.

("**i abyście uwierzyli w imię Syna Bożego**". Usunięto z NIV i innych współczesnych tłumaczeń)

Objawienie 1:8

*KJV: Objawienie1:8: Jam jest Alfa i Omega, **początek i koniec**, mówi Pan, który jest i który był, i który ma przyjść, Wszechmogący*

NIV: Objawienie1:8: "Jam jest Alfa i Omega", mówi Pan Bóg, "który jest i który był, i który ma przyjść, Wszechmogący".

(NIV usunęła **początek i zakończenie**)

Objawienie 1:11

*KJV: Objawienie 1:11: **Mówiąc: Jam jest Alfa i Omega, pierwszy i ostatni; i: Co widzisz, napisz w księdze i poślij do siedmiu kościołów, które są w Azji**; do Efezu i do Smyrny, i do Pergamos i Tyatyrze, i Sardyce, i Filadelfii, i Laodycei.*

NIV: Objawienie 1:11: które mówiło: "Napisz na zwoju to, co widzisz, i wyślij do siedmiu kościołów: do Efezu, Smyrny, Pergamonu, Tiatyry, Sardyki, Filadelfii i Laodycei".

(Alfa i Omega, początek i koniec, pierwszy i ostatni; te tytuły są nadawane Jehowie Bogu w Starym Testamencie, a w Objawieniu są również nadawane Jezusowi. Ale NIV i inne współczesne wersje usunęły to z Objawienia, aby udowodnić, że Jezus nie jest Bogiem Jehową).

Objawienie 5:14

*KJV: Objawienie 5:14: A **cztery bestie** powiedziały: Amen. **A czterej i dwudziestu** starszych upadło i oddało pokłon Temu, **który żyje na wieki wieków**.*

NIV: Objawienie 5:14: Cztery żywe istoty powiedziały" :Amen", a starsi upadli i oddali pokłon.

(NIV i inne wersje podają tylko połowę informacji. "**cztery bestie**", zmienione na cztery stworzenia, "**cztery i dwadzieścia**", "**który żyje na wieki wieków**" zostało usunięte).

Objawienie 20:9b

*KJV: Objawienie 20:9b: Ogień zstąpił **od Boga** z nieba.*

NIV: Objawienie 20:9b: Ogień zstąpił z nieba

(NIV i inne wersje usunęły "**od Boga**").

Objawienie 21:24a

*KJV: Objawienie 21:24a: A narody **tych, którzy są zbawieni**, chodzić będą w światłości jego.*

NIV: Objawienie 21:24a: Narody będą chodzić przy jego świetle.

("**z tych, którzy są zbawieni**" zostało usunięte z NIV i współczesnych wersji Biblii. Nie wszyscy idą do nieba, ale ci, którzy są zbawieni).

2 Samuela 21:19

> *KJV: 2 Samuela 21:19: I znowu była bitwa w Gob z Filistyni, gdzie Elhanan, syn Jaareoregima, Betlejemita, zabił **brata Goliata**, Getyty, którego włócznia była jak snop* tkacki.

> *NIV:2 Samuela 21:19: W innej bitwie z Filistynami pod Gob Elhanan, syn Jaare-Oregima, Betlejemita, **zabił Goliata**, Getyty, który miał włócznię z trzonkiem jak pręt* tkacki.

(Brat Goliata został zabity tutaj, a nie Goliat. "Dawid zabił Goliata." NIV błędnie przedstawia tę informację).

Ozeasza 11:12

> *KJV: Ozeasza 11:12: Efraim otacza mnie kłamstwem, a dom Izraela oszustwem; **ale Juda jeszcze rządzi z Bogiem i jest wierny ze świętymi.**

> *NIV: Ozeasza 11:12: Efraim otoczył mnie kłamstwem, dom Izraela podstępem. A Juda jest **niesforny wobec** Boga, nawet wobec wiernego Świętego.*

(NIV błędnie przedstawia to pismo, przekręcając znaczenie tego słowa). Słowo "Jehowa" jest wspomniane cztery razy w Biblii KJV. NIV usunęła je wszystkie. Dzięki subtelnym ZMIANOM wprowadzonym w Biblii NIV misja Szatana staje się jasna. Z powyższych wersetów widać, że atakowany jest Jezus. Tytuły Bóg, Mesjasz, Syn Boży i Stwórca czynią Jezusa Bogiem. Usuwając te tytuły, zamieszanie sprawia, że tracisz zainteresowanie i nie ufasz Słowu Bożemu. (I Koryntian 14:33 Albowiem Bóg nie jest sprawcą zamieszania, lecz pokoju).

Biblia Świadków Jehowy (Przekład Nowego Świata) zawiera te same skreślenia, co NIV. Jedyną różnicą między skreśleniami w NIV i Przekładzie Nowego Świata jest to, że Biblia Świadków Jehowy nie zawiera żadnych przypisów! Metody te znieczulają na subtelne zmiany, które są stopniowo i nieustannie wprowadzane do Słowa Bożego.

Dzisiejsze zajęte i leniwe pokolenie wpłynęło na wielu wyznających chrześcijan, którzy przyjęli drogę lenistwa. Poświęcanie czasu na studiowanie i upewnianie się, że przekazywane nam informacje są prawdziwe, to ciężka praca. Staliśmy się zbyt zajęci codziennym życiem, które jest pełne nieistotnych wydarzeń i rzeczy. Nasze priorytety dotyczące tego, co jest naprawdę ważne dla życia wiecznego, uległy rozmyciu i pomieszaniu. Przyjmujemy większość informacji, które są nam przekazywane, bez żadnych wątpliwości; czy to od rządu, lekarzy, naukowców, zawartości naszej żywności, a lista jest długa.

Wiele współczesnych wersji Biblii zostało napisanych przez mężczyzn, którzy przedstawiają swoją interpretację i doktrynę zamiast tego, co naprawdę mówią manuskrypty. Na przykład "inkluzywność płci" nie występowała w oryginalnych manuskryptach. Jest to nowoczesna koncepcja feministyczna zrodzona z REBELII. Zachęcam do nabycia Biblii w wersji Króla Jakuba. Jeśli czytasz współczesną Biblię, poświęć czas na porównanie pism świętych; pragnienie podjęcia właściwej decyzji. Zostaniemy pociągnięci do odpowiedzialności za nasze decyzje. Różnica między pójściem do nieba lub piekła jest wystarczającym powodem, aby upewnić się, że wybieramy Jego Słowo! Pamiętaj, że Nowa Wersja Międzynarodowa usuwa wiele słów, takich jak: Bogarodzica, odrodzenie, odpuszczenie, niezmienny, Jehowa, Kalwaria, siedzenie miłosierdzia, Duch Święty, Pocieszyciel, Mesjasz, ożywiony, wszechmocny, nieomylny itd. Większość współczesnych Biblii jest zgodna z NIV; wraz z Biblią w Przekładzie Nowego Świata (Biblią Świadków Jehowy).

To jest dzieło Antychrysta.... (poniższe fragmenty pochodzą z KJV)

*Dziatki, jest czas ostateczny; a jak słyszeliście, że **antychryst*** *przyjdzie, tak i teraz jest wielu **antychrystów**; stąd wiemy, że jest czas ostateczny. (1 Jana 2:18)*

*Kto jest kłamcą, jak nie ten, kto zaprzecza, że Jezus jest Chrystusem? Ten jest **antychrystem**, kto zaprzecza Ojcu i Synowi. (1 Jana 2:22)*

*A każdy duch, który nie wyznaje, że Jezus Chrystus przyszedł w ciele, nie jest z Boga; i to jest ten duch **antychrysta**, o którym słyszeliście, że ma przyjść; a nawet teraz już jest na świecie.*
(1 Jana 4:3)

*Albowiem wielu zwodzicieli weszło na świat, którzy nie wyznają, że Jezus Chrystus przyszedł w ciele. To jest zwodziciel i **antychryst**.*
(2 Jana 1:7)

Przypomina nam to "PRZYPOWIEŚĆ O NASIENIU", KTÓRA JEST "SŁOWO BOŻE" w Biblii

Inną przypowieść przedstawił im, mówiąc: Królestwo niebieskie podobne jest do człowieka, który posiał dobre nasienie na swoim polu: Lecz gdy ludzie spali, przyszedł jego nieprzyjaciel, nasiał kąkolu między pszenicę i poszedł swoją drogą. A gdy źdźbło wzeszło i przyniosło owoc, ukazał się i kąkol. Przyszli więc słudzy gospodarza i rzekli do niego: Panie, czyż nie posiałeś dobrego nasienia na swoim polu? Skąd więc to łzy? Odpowiedział im: Uczynił to nieprzyjaciel. Rzekli mu słudzy: Chcesz, abyśmy poszli i zebrali je? Lecz on rzekł: Nie; abyście, zbierając kąkol, nie wykorzenili razem z nim i pszenicy. Pozwólcie obojgu rosnąć razem aż do żniwa, a w czasie żniwa powiem żniwiarzom: Zbierzcie najpierw kąkol i zwiążcie go w snopki, aby go spalić, pszenicę zaś zgromadźcie do mojej stodoły. Amen!
(Mateusza 13:24-30)

AMEN!

www.ingramcontent.com/pod-product-compliance
Lightning Source LLC
Chambersburg PA
CBHW071412090426
42737CB00011B/1437